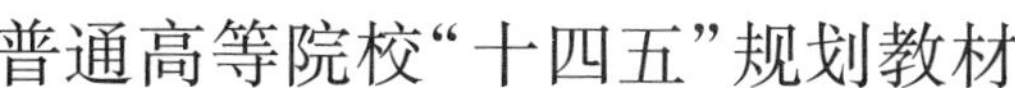

经济应用文写作

肖　琳　缪春光◎主　编
田　君　于　婷　杨静雪◎副主编

中国铁道出版社有限公司
CHINA RAILWAY PUBLISHING HOUSE CO., LTD.

内 容 简 介

本书依据社会经济发展对经济应用文写作的实际需求，坚持理论与实践相结合的原则编写。本书采用总分结构，共七大类文体，九章内容。第一章主要介绍经济应用文的基本理论，后八章详细分析了七类文体的具体写作方法。本书内容涵盖了行政文书、事务文书、日常应用文书、经济协约文书、经济报告文书、经济传播文书、经济诉讼文书等。

本书不仅可作为高等院校工商管理、财务管理、市场营销、人力资源管理、国际经济与贸易等经济类、管理类专业的学生用书，还可作为社会上各企业管理人员的参考书。

图书在版编目(CIP)数据

经济应用文写作/肖琳，缪春光主编．—北京：中国铁道出版社有限公司，2021. 11

普通高等院校"十四五"规划教材

ISBN 978-7-113-28465-7

Ⅰ．①经… Ⅱ．①肖… ②缪… Ⅲ．①经济-应用文-写作-高等学校-教材 Ⅳ．①F

中国版本图书馆 CIP 数据核字(2021)第 211845 号

书　　名：经济应用文写作
作　　者：肖　琳　缪春光

策　　划：潘星泉　　　**编辑部电话**：(010)51873090
责任编辑：潘星泉　李学敏
封面设计：曾　程
责任校对：孙　玫
责任印制：樊启鹏

出版发行：中国铁道出版社有限公司(100054，北京市西城区右安门西街 8 号)
网　　址：http://www. tdpress. com/51eds/
印　　刷：三河市宏盛印务有限公司
版　　次：2021 年 11 月第 1 版　2021 年 11 月第 1 次印刷
开　　本：787 mm×1 092 mm 1/16　**印张**：16. 5　**字数**：382 千
书　　号：ISBN 978-7-113-28465-7
定　　价：45. 00 元

前　　言

随着我国经济建设的发展，人们在社会经济活动中的交往和关系变得日益频繁复杂，这就使得各类经济应用文体逐渐成为联系各项经济活动的桥梁和纽带，越来越受到社会的重视，经济应用文写作能力也成为人们在社会经济活动中必备的能力。熟练掌握经济应用文写作知识与技能，也成为当代大学生步入职场的职业核心能力之一。正因如此，越来越多的高校开始重视大学生经济应用文写作能力的培养，并在经管类专业中开设了“经济应用文写作”等相关课程。虽然经济应用文写作的教材数量繁多，但在编写上有新意，并真正适合教学与应用训练，能给教学提供便利的教材却少之又少。为此，我们精心编写了本书，以期满足高校人才培养的迫切需要！

本书以“实用、够用、实效”为原则，对教学内容进行了科学整合与编排，构建了“思考—学习—阅读—评析—归纳—训练”的内容体系，注重学生写作能力的训练和素质的培养，体现了极大的创新性和实践性。具体而言，本教材具有如下突出特色：

1. 科学编排，精选文种

本书基于社会需求，对当前常用的经济应用文体进行了系统、全面的梳理，遴选了目前经济工作中最常使用的38种。全书共分九章，除第一章绪论以外，其余八章分别围绕行政文书、事务文书、日常应用文书、经济协约文书、经济报告文书、经济传播文书、经济诉讼文书七个方面，对38种文种作了系统、全面的介绍，构建了较为科学的逻辑框架。全书理论阐述、典型范文与写作实践有机编排，实现了学习与训练的有机统一，充分体现了本书的创新性、实用性与时代性。

2. 内容精练，语言简洁

本书在内容编写上力求简明、通俗，尽量抛开冗长的理论知识。知识阐述以“必需”“够用”为度，去枝强干，压缩理论讲授的内容，加大技能训练的比重。教材重点介绍每一种文种的格式和范文，篇幅适中，重视基础知识和写作要求的讲解，内容精练、行文流畅、语言简明、深入浅出、提纲挈领，使学生能够轻松掌握经济应用文的写作知识和格式规范。

3. 体例活泼，设计独特

本书体例新颖，跳出传统教材编写框架，除第一章外各章以节划分为不同文种，每节均按“学习目标、情景引入、知识指要、写作格式、实例展示、模板归纳、知识检测、应用训练”八个栏目设计了完整的学习流程。每个文种以贴近生活的情景案例进行导入，激发学生学习兴趣，使其带着问题进行思考学习；然后，以范文为引领，学习写作知识，归纳写作要点；最后通过知识检测与应用训练，使学生逐步形成知识体系，最终实现由模仿写作到独立写作的跨越。

4．形式丰富，可读性强

本书在编写上遵循“以学生为主体”的原则，内容上力戒传统教材理论知识生硬灌输的弊端，采用文图表有机结合的方式展示教材内容，以图表突出操作性、可读性。同时，教材设计了思维导图、情景引入、实例展示、应用训练等内容，并在教材中嵌入了二维码形式的“知识链接”，以增加启发性和互动性，使本书的可读性更强，内容更易于理解。通过教材的丰富设计，引导学生独立思考、体验，构建知识、掌握技能。

5．实例经典，种类齐全

本书在编写中注重实用，在提供简洁知识要点与写作要求的同时，每一文种给出了典型实例。全书共编写实例范文64例，模板归纳范文38例。所选实例力求找到同一文种的不同类型，使学生能够从不同角度透彻地把握各种类型文体的写法。本书实例种类齐全、结构完整、格式规范、语言简洁、源自实际、评析简练，不仅便于教师教学使用，更便于学生现学现用、现用现查。

6．强化训练，任务多样

本书编写从实际出发，强调学生应用能力培养。每章后均设置知识检测、应用训练两个栏目。题型多样，难易适中。知识检测分为“填空题”“选择题”“判断题”与“简答题”四种题型，帮助学生消化巩固理论知识；应用训练分为“病文诊改”和“写作训练”两种，并编入了大量训练任务，帮助学生将知识迁移为技能，切实提高经济应用文写作的能力，极大地体现了教材的操作性和实战性特征。

本书由肖琳、缪春光任主编，田君、于婷、杨静雪任副主编。具体编写分工如下：第一章由于婷编写，第二章、第三章由田君编写，第四章、第五章、第八章由缪春光编写，第六章、第七章、第九章由肖琳编写，各章案例及相关资料收集、配套数字化资料编写由杨静雪负责。肖琳负责本教材的总体设计、审定、修改、总撰和定稿工作。

本书在编写过程中，参考、借鉴和引用了国内外众多专家、学者的相关著作，在此向各位作者表示深深的谢意和崇高的敬意！鉴于编写时间以及编者水平有限，书中难免存在疏漏和不妥之处，恳请各位专家、读者不吝赐教，以臻完善。

编　者

2021年6月

目　　录

第一章 绪 论

随着中国经济水平、经济规模的不断提高与扩大，社会组织、个人与经济的关系越来越密切，这种日益密切的关系促使经济应用文的使用越来越普遍、广泛与深入。可以说，当今以市场经济发展为中心的中国，经济应用文已经成为参与各种社会经济活动的必备工具之一，如何正确地撰写经济应用文成为当前迫切的社会需要。对于当代大学生而言，掌握经济应用文的基本写作知识，具备一定的写作能力，已成为其将来在工作中得心应手处理各项事务的一个基本条件。因此，本章主要介绍经济应用文写作概述、经济应用文的写作要素与经济应用文写作常用特定用语。

本章的具体架构如下：

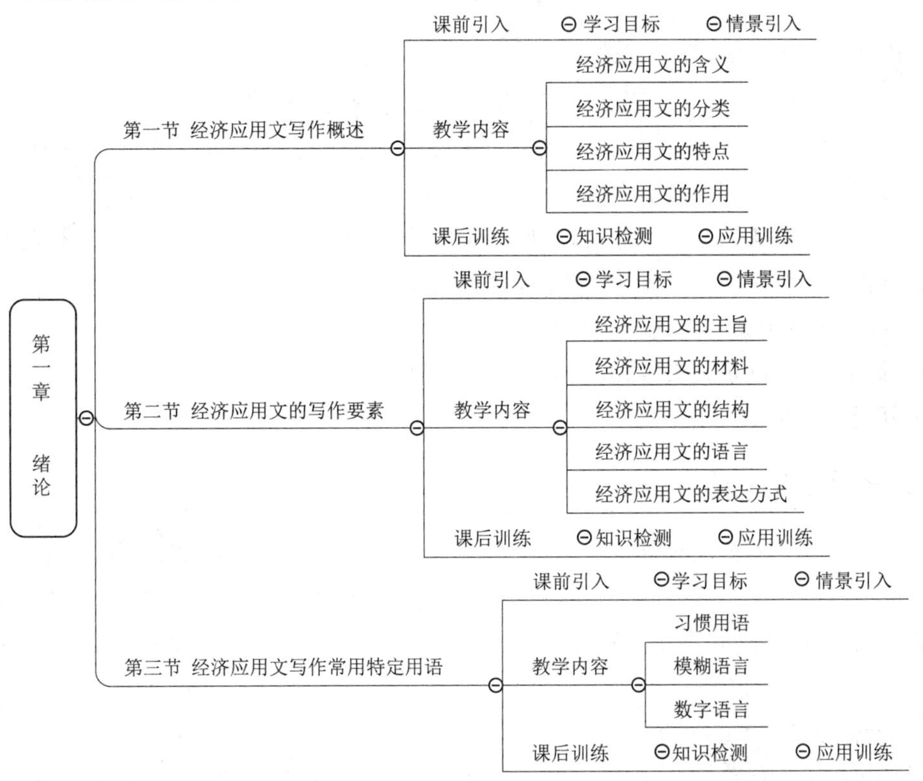

第一节　经济应用文写作概述

【学习目标】

1. 了解经济应用文的含义、作用；
2. 掌握经济应用文的分类和特点；
3. 能够辨识经济应用文的不同类型。

【情景引入】

叶圣陶先生在《作文要道》中曾说过："大学毕业生不一定要能写小说、诗歌，但是一定要会写工作和生活中实用的文章，而且非写得既通顺又扎实不可。"可见，与工作和生活密切相关的经济应用文写作能力，已成为当代大学生必需的基本素养和能力。那么什么是经济应用文？经济应用文与其他文体相比有什么特点？经济应用文分为什么类型，又有什么作用呢？

【知识指要】

一、经济应用文的含义

应用文是国家机关、社会团体、企事业单位和个人在日常工作、学习和生活中为办理公私事务而经常使用的、具有实用价值和一定惯用格式的文字信息载体。

经济应用文是应用文中的一种，是指组织和个人在社会经济活动中，用来处理经济事务、传播经济信息、协调经济活动的具有惯用格式的各种文体的总称。

经济应用文有狭义和广义之分。狭义的经济应用文专指经济工作者在进行各种经济活动的过程中所专用的经济文书，如市场预测报告、经济活动分析报告等。广义的经济应用文，远远不止专用文书中的经济文书，还包括与其他组织和个人发生关系的行政文书、事务文书、日常文书、诉讼文书等，其包含的范围极其广泛。本书所选的文种属于广义的经济应用文范畴。

二、经济应用文的分类

经济应用文的分类没有统一的标准和规范。由于视角不同，人们对经济应用文的分类方法和标准也不完全一致。本书从人们的经济生活需要的角度，将性质相似、特点和作用相近的文书归为一类，并采用这种分类标准，将经济应用文划分为七种常用类型，具体细分如下：

1. 行政文书

行政文书是指党政机关、企事业单位、社会团体等在日常工作中广泛使用的，用以处理行政工作的文书。本书重点介绍通知、通报、通告、公告、报告、请示、批复、会议纪要、函九种常用的文书。这类文书是经济管理工作中的重要工具，具有一定的法律效力，行文也有统一的规定。

2. 事务文书

事务文书是国家机关、企事业单位、社会团体等在处理日常事务过程中形成的管理工具。这类文书用途广泛，常用于沟通信息、交流经验、制订计划等。事务文书行文灵活，富有针对性，反映信息迅速及时。本书重点介绍的事务文书主要包括条据、启事、工作计划、工作总结、述职报告、工作简报等内容。

3. 日常应用文书

日常应用文书是指人们在日常工作、学习、生活中，处理公私事务时常用的、有惯用格式的一类文体，简称日用文。本书主要介绍的日常应用文书主要包括邀请函、介绍信、证明信、感谢信、贺信等。

4. 经济协约文书

经济协约文书是指在经济活动中，用来订立协约、规范人们的经济行为，并起着宣传、推广作用的各种文书。这类文书内容真实，讲究时效，语言灵活。本书重点介绍的经济协约文书主要包括商务信函、招标书、投标书、意向书、协议书、经济合同。

5. 经济报告文书

经济报告文书是指在经济活动开展的不同阶段、经济项目实施的不同环节，通过各种途径调查研究，提示经济规律，总结经验教训，找出经济工作中存在的问题，为制定决策提供依据的文书。这类文书讲事实、重分析，从事实中提示本质、找出规律，写法上以叙事为主，就事论理，语言简洁，概括力强。本书重点介绍的经济报告文书主要包括市场调查报告、市场预测报告、经济活动分析报告和可行性研究报告。

6. 经济传播文书

经济传播文书是指向大众传播经济信息，使大众了解企业的生产经营状况、产品特点以及性能等方面的文书。这类文书内容真实，语言灵活，具有宣传性和鼓动性。本书重点介绍的经济宣传文书主要包括产品说明书、商业广告和经济新闻。

7. 经济诉讼文书

经济诉讼文书是指在经济活动中，用来解决经济活动中的各种纠纷、协调人们之间的行为和关系的文书。这类文书文本形式比较固定，以党和国家的有关法规、政策为依据，具有协商性、约束性等特点。本书重点介绍的经济诉讼文书主要包括仲裁申请书、仲裁答辩书、经济纠纷起诉状、经济纠纷上诉状、经济纠纷答辩状。

三、经济应用文的特点

经济应用文写作区别于文学创作和其他应用写作，除具有一般应用文体的属性外，还具有自身显著的特点。

1. 政策性

政策性是指经济应用文写作必须以党和国家的路线、方针、任务以及颁布的经济政策、法律、法规、条例、章程等为准则和依据。经济应用文写作是为适应经济活动实践的需要而产生的，又直接受到经济活动的制约，而党和国家的法律法规、方针政策又是一切经济工作的生命线,贯穿于经济活动的始终,同时也贯穿于以经济活动为写作对象的经济应用文写作之中。所以,经济应用文写作是传达贯彻党和国家经济方针政策、处理经济事务的一种重要工具,具有鲜明的政策性。

2. 实用性

实用性是经济应用文写作最显著的特点。所谓“实用”,就是处理解决实际问题。其实,任何文章都具有一定的实用价值,但是与一般文章写作相比较,经济应用文写作具有更强的实用价值。因为它的写作目的不是供人品鉴和欣赏,而是服务于经济生活、经济活动、经济工作和经济建设的需要,处理与解决经济领域中发现和提出的各种问题,从而推动国民经济持续、稳定、健康地向前发展。

3. 真实性

真实性是指经济应用文所反映的内容,必须从实际出发、实事求是地反映客观事物的真实面貌,准确无误地传递经济信息。也就是说,经济应用文所阐述的事实要真实可靠,不能虚构编造;所得出的结论是在广泛收集材料、深入调查后分析得出的,不能主观臆测,弄虚作假;所使用的数字必须反复核实,确凿无误。总之,不能以想象、传闻、估计、推测的材料进行经济应用文的写作。

4. 时效性

经济应用文的时效性体现在两个方面。一方面,市场瞬息万变,在经济活动中,大多数经济文书只在规定的时限内发生作用和效力,因此在写作时必须有时间上的要求,在一定的时间内完成。写作时必须迅速及时,处理时应适时合拍,讲求时效,只有这样才能真正地发挥经济应用文的实际效用。另一方面,时效性体现出来的就是经济效益和社会效益。经济应用文作为直接指挥、推动、保障经济活动正常有序开展的重要工具,在时代飞速发展的今天,它的双重效益和价值正在不断提升。

5. 专业性

经济应用文写作的专业性体现在三个方面。一是写作内容的专业性。经济应用文写作反映的是经济领域的各种现象、活动和工作,所要解决的是经济领域的实际问题,其专业性非常明显。二是写作语言表述的专业性。经济应用文写作会用到大量专业术语、统计数据、图表指标来说明问题,明显区别于其他应用文的语言表述。三是作者的专业性,因为前两者的专业性,要求作者具备扎实的专业理论知识,熟悉和精通业务,具备专业性。

6. 规范性

经济应用文作为一种特定的文体,与其他的文体相比较而言,大多数经济应用文均具有其惯用的格式和写作程序。文学写作拒绝模式化,而经济应用文在其长期发展进程中,逐渐形成被大家承认和接受的约定俗成的格式。具体体现在体裁的规范性、文章格式的规范性和语言用语的规范性,以便于更为顺畅的表达和理解。违反了经济应用文惯用的格式,人们就会感到不习惯,甚至达不到行文的目的。

四、经济应用文的作用

经济应用文是社会经济活动的产物,在社会主义市场经济建设中及经济全球化背景下发挥着越来越大的作用。具体体现在以下几个方面:

1. 规范行为、提高效率的作用

市场经济是一种有序的经济，任何无序、无效的经营实体在激烈、公平的市场竞争中都将难以生存。各种经济实体在市场中开展经济业务活动，都要讲究规范性和效率性原则，遵循市场的惯例准则来规范自己的活动行为，不能随心所欲、杂乱无章地从事经济业务活动，应在规范管理、规范经营的基础上提高自身的工作效率。而经济应用文写作中的经济报告文书、经济协约文书、经济诉讼文书等都将在这方面起到积极的作用。

2. 宣传政策、传播信息的作用

经济应用文写作中有一些文体，例如，“决定”“通知”“通报”等本身就是政策载体，是被用以宣传党和国家的方针、政策，以及表彰先进、批评错误、推广经验等，并以此统一、警示、规范人们的思想行为，起到了良好的宣传政策的作用。另一方面，市场经济条件下，信息不仅是一种资源，还是一种产业。企业经营活动离不开信息的搜集与传播，作为信息的载体。经济应用文在内外交流、捕捉战机、宣传产品和树立企业形象等方面具有极为重要的传播信息的作用。经济工作者可以通过报纸、电视、网络等载体，发布经济新闻，登载产品广告，传播经济信息。

3. 科学决策、防范风险的作用

在竞争激烈的市场经济中，各类经济主体在开展经济业务活动中，必然面临着一定的风险与挑战，例如，新项目投入、产品开发、市场运营、个人投资等，一旦经营决策失误，势必给企业带来极大的经济损失。而经济应用文写作中的一些文体，例如，“市场调查报告”“市场预测报告”“经济活动分析报告”“可行性研究报告”等，能够保障企业在经营过程中，进行周密计划、深入调查及科学分析、前瞻预测，从而确保经营决策的科学性和准确性，防范市场风险。这些工作的开展大都要通过经济应用文来得以体现，充分体现了经济应用文具有科学决策、预防市场风险的重要作用。

4. 沟通联系、协调行动的作用

随着经济的全球化和世界经济的一体化，现代社会中人们参与各类活动的范围极为广泛，彼此之间的合作交流日益增多，人与人之间、企业与企业之间，乃至国家与国家之间都存在着千丝万缕的关系，都需要进行信息传递，加强沟通与联系，这是工作得以顺利开展的重要前提。经济应用文是加强上下级联系、内外交流的纽带，也是开展经济业务联系的有效工具。例如，上下级之间的上情下达、下情上报，各单位之间的信息交流、经验交流，工作中的协商事宜、协调行动等，都要通过相应经济应用文写作的载体来进行联系衔接。因此，经济应用文写作在经济活动中具有沟通联系、协调行动的作用。

5. 文字记载、凭证依据的作用

经济应用文在记录经营管理内容、反映经济业务活动情况的同时，用文字记载了大量的事实材料和决定性意见，使之成为从事经济管理工作和经济业务活动的重要凭证和依据。经济应用文这种凭证依据功能在实务中起着非常重要的作用：一是相关部门在制定经济政策、做出经济决策时，可以把经济应用文客观反映的事实作为依据凭证；二是下级机关、企事业单位在开展工作、处理问题时，上级机关发布的有关指示、通知、决定等文件成为处理和解决问题的重要依据与凭证；三是当企业在经营过程中发生经济纠纷、矛盾冲突时，经济来往中的合同、借款书、催款书、招标文件、广告文稿、说明书等是解决纠纷的重要凭证和依据。四是有些经济文书不仅具有现实指导作用,在归档后也能作为文献资料对今后的经济工作具有查考、参阅、凭证作用。

【知识检测】

一、填空题

1. 经济应用文写作具有________、________、________、________、专业性、规范性的特点。

2. 经济应用文的________特点是指所反映的内容,必须从实际出发、实事求是地反映客观事物的真实面貌,准确无误地传递经济信息。

二、选择题

1. 讲求实效,为解决实际问题而写,这指的是经济应用文写作的(　　)特点。

A. 时效性　　B. 专业性　　C. 真实性　　D. 实用性

2. 通知、通告属于经济应用文写作中的(　　)类文书。

A. 行政文书　　B. 事务文书　　C. 经济协约文书　　D. 经济报告文书

3. 经济应用文与其他文体相比,多数经济应用文均具有其惯用的格式和写作程序,体现了经济应用文的(　　)特点。

A. 时效性　　B. 政策性　　C. 专业性　　D. 规范性

三、判断题

1. 应用文写作从属于经济应用文写作,是经济应用文写作的一个分支。(　　)

2. 经济应用文写作具有很强的专业性,解决的是经济领域的实际问题,大量使用专业术语和数据指标。(　　)

3. 经济应用文是加强上下级联系、内外交流的纽带,也是开展经济业务联系的有效工具。(　　)

四、简答题

1. 什么是经济应用文?经济应用文有什么特点?

2. 经济应用文有什么作用?

【应用训练】

一、病文诊改

1. 请指出下文材料的问题,并进行修改。

关于20××年招生计划的申报

××市教育委员会:

我们对教委文件《关于申报20××年招生专业计划的通知》进行了认真学习,大家一致表示要落实教委的意见,积极发展高等职业教育,办好社会所需要的各种新型专业。经我校各院系研究,决定20××年申报25个专业,招收本专科学生共3 000名。特申报给你们。

××大学

20××年×月×日

2. 请认真阅读下文材料，尝试分析其存在的问题并进行修改。

> **通　知**
>
> 全体职工：
>
> 总公司反腐倡廉小组本次年底大检查，发现各单位年底宴请频繁，名目繁多地请客送礼，导致很大浪费，广大职工对这种腐败现象极为不满。各单位要加强廉政建设，刹住歪风邪气，维护企业利益，所以总公司办公会议研究决定，各单位必须成立纪检小组，加强自检，并在一个月内，将自检报告上报给总公司。
>
> 特此通知。
>
> ××市工业总公司
>
> 20××年×月×日

二、写作训练

1. 请思考，在你的学习生活中见过哪些经济应用文？请列出10个标题。

2. 为了学好本学期的经济应用文写作课程，请你撰写一份学习计划。

第二节　经济应用文的写作要素

【学习目标】

1. 了解经济应用文的写作过程和写作要素；
2. 掌握经济应用文各写作要素的写作要求和技巧；
3. 通过研读经济应用文，能够体会各写作要素的写作要领。

【情景引入】

明明在中学阶段的作文底子不错，特别是记叙文写得形象生动，颇有文采。而且，他还会写散文、小说和诗歌。在大学学习“经济应用文写作”课程时，他翻翻教材中经济应用文体，发现一看即懂，所以没有把经济应用文写作放在眼里，心想不就是开头结尾，套套格式吗，还不是小菜一碟！所以没有认真去学习。可现在明明大学毕业了，在工作中经常涉及应用文写作，他每次都是卖弄文笔，结果写出来的经济应用文不伦不类，不能解决任何问题。那么，明明的问题出在哪里呢？就在于他没有弄清楚经济应用文的写作要求和构成要素。经济应用文看似平实简易，但要根据实际需要做到简明扼要，中规中矩，也并非易事。这一节就来学习一下经济应用文的写作要素！

【知识指要】

一篇规范完整的经济应用文，一般由主旨、材料、结构、语言和表达方式五个要素构成。主旨主要解决言之有理的问题；材料主要解决言之有物的问题；结构主要解决言之有序的问题；语言和表达方式主要解决言之有法的问题。如果将经济应用文比作人的话，那么主旨是灵魂，材料是血肉，结构是骨骼，语言表达方式是细胞，只有具备这几个基本要素，并相互作用,才能形成经济应用文的有机整体。

一、经济应用文的主旨

(一)主旨的含义

主旨是作者在文章中通过各种材料所表达的对客观事物的认识、评价和写作意图。主旨是构成文章必不可少的因素。通常一篇文章只有一个主题或主旨。

在议论性文体中,主旨是作者对某个问题的观点、意见和看法;在说明性文体中,主旨是对某个事物或事理的解说和诠释;在记叙性文体中,主旨是对人和事带有倾向性的、具有感情色彩的陈述表达。而在经济应用文体中,主旨往往是针对某项工作所提出的原则或具体实施的方案、规章,是解决实际问题的务实性决策。

主旨是经济应用文写作的关键,在文章的构思行文过程中起着纲领性作用,对文章的质量和效用至关重要。经济应用文的其他要素如材料的选择、结构的安排、表达的方式,甚至遣词造句都要听命于主旨,为其服务,受其制约。

(二)经济应用文对主旨的写作要求

经济应用文的主旨要准确地表达中心思想、基本观点,要清晰地说明主要问题、工作意图,原则上必须达到以下要求:

1. 主旨正确

经济应用文写作的本质属性决定了其主旨必须正确,一个正确的主旨是正确思想的集中反映,有利于指导经济工作,推动经济工作发展,提高经济效益。主旨正确体现在两个方面:一是经济应用文的作者在确立主旨时,必须遵循党的方针、政策,必须符合国家法律、法规,同时遵照上级单位的各项规章、决定;二是经济应用文的作者在确立主旨时,必须从实际出发,实事求是地反映客观事实、全面公正地分析实际情况、切实可行地制订工作措施,所确立的主旨还要能反映出社会经济活动的规律性,才能真正地解决相关社会经济问题。

2. 主旨鲜明

经济应用文的主旨要求鲜明,是指文章要直接表达作者的写作意图,观点直白明确,分析问题开门见山。作者赞成什么、反对什么、宣扬什么、谋求什么、追求什么,应表述清楚,言简意赅。具体来说,一是指经济应用文在行文时,体现其主旨的各个观点应当鲜明突出、语言表达具体清晰,不能模棱两可、含糊其词;二是指经济应用文的主旨涉及一定的政策或规定时,界限一定要清晰,当主旨对某一问题做结论时,定性一定要表达准确,不能引起理解上的歧义。

3. 主旨集中

所谓集中,就是主旨单一,只有一个中心。主旨是经济应用文的灵魂,是统率所有材料的中心。一篇经济应用文只能表达一个主要意图或基本观点,不能多个中心。倘若一篇文章头绪纷繁,主旨分散,就会使人难以把握。主旨集中,可以从两个方面理解:一是主旨要单一,就题论事,不宜贪多而湮没主旨,除了综合性的大型报告外,一般要一文一事,一题一议,一个主要意图、基本观点贯穿全篇;二是动笔之前要明确写作目的,不能在文章中塞进与主旨无关的材料,顾左右而言他、节外生枝、引入歧途。把握好以上两点,做到主旨集中,重点突出,既有利于提高工作效率,也有利于主旨的表达。

4. 主旨深刻

主旨深刻是指经济应用文的主旨要有思想深度,能够透过纷繁复杂的现象,反映和揭示蕴藏在事物内部的本质意义。无论写什么文章,都不能停留在对事物表面现象的罗列上,而要反映事物的本质。这就要求经济应用文作者必须具有很强的观察事物的能力,善于发现材料,并根据写作目的和受文对象的要求,提出经济活动中的重要问题,表达出自己的观点、意见。要做到经济应用文主旨深刻,关键是作者要多思多想、深入地进行理性思考,拓展思维空间。思维肤浅是不可能使主旨深刻的,思考越深,所获越多,见解就越深刻。

(三)经济应用文主旨确定的方式

经济应用文的主旨所要体现的是作者在社会经济活动中所要达到的目的。确定经济应用文的主旨一般有以下四种方式。

1. 领导确定主旨

领导确定主旨方式是指一些经济应用文体在确定主旨时,或者依据领导的指导思想,或者遵照领导的发文要求,或者服从领导的审核意见。甚至有时领导在审定文稿时,亲自对主旨做了修改,都可视为领导确定主旨。例如,决定、请示、批复、纪要等行政文书以及单位的工作计划、工作总结、规章等事务文书,其主旨一般都要由领导确定。

2. 事实概括主旨

事实概括主旨方式是指一些经济应用文体在确定主旨时,需要在对社会经济活动中的客观实际情况进行科学的调查、收集、整理、分析、研究的基础上确定。例如,情况报告、市场调查报告、可行性研究报告以及通告、起诉状等,其主旨一般都是由事实概括出来的。

3. 问题引出主旨

问题引出主旨方式是指某份经济应用文在确定主旨时,是针对现实社会或实际经济工作中存在的亟待解决的问题而提出的,目的是使有关单位或人员更好地了解、认识、对待和处理这些重大性、普遍性、倾向性、苗头性的社会问题。例如,调查报告、会议报告、经济活动分析报告、科研项目申请书等,其主旨一般都是由问题引出的。

4. 目的悟出主旨

目的悟出主旨方式是指某份经济应用文在确定主旨时,是根据发文所要达到的目的或者所要实现的意图而领悟出来的。例如,通知、通报、函、协议书、意向书等,其主旨一般都是由发文目的和意图悟出的。

二、经济应用文的材料

(一)材料的含义

材料的含义有广义和狭义之分。广义的材料是指人们为了写作而搜集积累、以备选用的具有一定意义和价值的全部素材,是写作准备阶段获得的具体成果。狭义的材料是经过作者选择后写入文本用来表现主旨的客观事物、现象、理论依据、数据等,是构成文章的要素之一。

经济应用文中的材料，是指作者从实际生活和经济工作中收集、提取以及写入文章的事实和依据。材料既是经济应用文确立主旨、形成观点的基础，又起着证明观点、表现主旨的作用。如果说主旨是经济应用文的灵魂，那么材料就是文章的血肉。材料越丰富、越全面，越有利于形成正确、深刻的主旨。

（二）材料的组织过程

1. 材料的收集

写文章，素材是非常重要的，作者要做的第一项工作就是搜集大量的材料和信息。而经济应用文涉猎的范围较广，选择材料也是多方面的，既需要现实的、具体的材料，又需要间接的、历史的材料。搜集材料工作可以从以下途径实现：

(1)实际调查研究

确立主旨最有力的依据是第一手材料。获取第一手材料的主要途径是深入实际，实地考察，在写作经济应用文时，应注意调查研究，保证所获材料的真实可靠。

(2)查阅文献

查阅文献主要是通过文字材料、媒体、文件、互联网、书籍、报刊和历史档案获取信息与材料。在查阅的基础上可以根据实际需要选取材料，在对材料进行有效分析后，对历史和现状作纵向或横向的考察比较，提出观点，得出结论。这种搜集材料方式十分便捷、灵活，值得借鉴。

2. 材料的选择

材料是阐述主旨的依据，材料的收集积累讲究一个“多”字，但不能把所有收集的材料都写进文章中去，这就有一个材料的选择取舍问题。一般而言，材料的选择并不是多多益善、面面俱到，而是要以一当十。具体围绕以下几个原则来选材：

(1)要选择真实准确的材料

经济应用文写作的材料要以真实准确的材料为基础。真实的材料，是指在经济活动中真实发生或存在的事物，包括时间、人物、地点，也包括问题、数据、政策、法令等。准确，是指所选择的材料要反复核实、查对，保证确凿无误。只有基于准确的数据和真实的情况，才能推出正确的结论，才具有普遍指导意义。因此，要使经济应用文真正体现处理事务、交流沟通、规范经济活动的工具功能，必须注重选材的真实、准确。同时要求作者也要具有科学求实的作风，具备严肃认真的态度。

(2)要选择典型的材料

所谓典型材料，是指具有代表性，具有说服力，能深刻揭示事物的本质和规律，能充分表现文章主旨的材料。要选择典型的材料，就必须以表现主旨为依据，而不能孤立地着眼于材料本身。对收集的材料能动地进行比较，对其性质、特点以及所包含的意义，进行细心研究，逐一分析，认真鉴别，从中选取最能说明问题、最能突出主旨的材料。收集材料提倡以十当一，以多为佳；选择材料则应主张以一当十，以严为上。与主旨无关或关系不大的、不能表现和支撑观点的材料，无论是否真实、准确、新颖，都应坚决剔除，避免材料堆砌、淹没主旨。当然，经济应用文材料的典型性是相对的，要因时、因地、因人、因文的不同而有所区别。

(3)要选择新颖的材料

新颖的材料主要是指新发生的事物、新发现的事例、新搜集到的信息、新出现的观点。这类材料具有时代特征,有魅力,给人以新鲜感,能预示新的趋势和前景,能反映符合时代特点的新情况,容易使人产生共鸣。总之,写文章最忌讳随大流,新颖的材料能充分地体现文章的价值。经济领域中的新问题、新事物、新经验、新矛盾层出不穷,只有选择符合实际需要,符合市场经济运行发展的大趋势,能解决实际问题并与热点、难点、要点、疑点、重点密切相关的新颖材料,经济应用文才能有吸引力、感染力,切实地解决新问题。

3. 材料的使用

选择材料之后,还有个如何使用的问题。材料的使用是经济应用文材料运用中的最后一个环节,直接关系到文章主旨的表现。使用得好,就可以有力地表现主题,使用不好,也会相应地削弱主题。材料的使用要掌握一个原则,即集中、强烈。材料的使用重在一个"活"字,材料吃得透,运用就灵活,笔下功夫深,材料就活脱。具体来说,使用材料要注意以下两个方面:一是要决定不同材料和同类材料叙述、说明的先后顺序;二是要确定材料叙述说明的详略程度。只有把握住了以上两点,才能保证经济应用文写作中材料虽多,但有主有次,有详有略,疏密相间,配置均匀。

(三)材料的组织形式

材料的收集、整理固然重要,但更为重要的是如何组织好这些材料。材料是为主旨服务的,应当围绕着主旨的阐述来妥善地组织好材料。因而,我们在具体的应用文写作时,可以按以下三种形式来组织好材料,使其更好地为主旨服务。

1. 先列材料,后亮观点

这种形式即先叙后议,将各种事实、情况、数据等材料,依据主旨阐述的需要,分层次、按逻辑、有条理地进行陈述或说明,在对这些材料进行充分的议论、分析、论证后,再鲜明地提出符合主旨的观点或主张。这样既能做到逻辑严明、层层递进,又能达到事实胜于雄辩的效果。例如,《起诉状》采用的就是这种组织材料的形式。

2. 先亮观点,再列材料

这种形式即先议后叙,先将有关于某一项工作的意义、目的、意图等开门见山地阐述于应用文的开头部分,再分条列项地将各种工作情况、要求、措施等陈述或说明于后。这样可以先统一认识、形成共识,在此基础上对后面的各种工作情况、要求、措施等就能顺利地接受了。例如,贯彻类的《决定》就常常采用这种组织材料的形式。

3. 边列材料,边亮观点

这种形式即夹叙夹议,也就是在一些综合性的应用文写作中,由于所述的事项过多,只能一边陈述或说明相关的材料,一边提出符合主旨的观点或主张,这样做可以收到事事洞明、有理有据的效果。例如,某一年度的《工作总结》就应当采用这种组织材料的形式。

三、经济应用文的结构

当主旨明确,文章材料大概理清后,我们就需要确定文章的结构。

(一)结构的含义

结构是指文章内容的组织方式和文章的内部构造。结构的具体作用就是根据主旨的需求，合理地安排材料，使主旨和材料有机地结合在一起，使之成为完整严密的有机体。

文章的结构就如同建筑的图纸一样，它是施工的蓝图，工程质量的好坏首先取决于蓝图的好坏。因此，作者在经济应用文写作之前，一定要安排好文章的结构。

(二)结构的基本类型

由于经济应用文主要以规范的文体结构为主，因此不同的目的和主旨要用不同的文体结构。选择适当的文体结构是写好经济应用文的关键。经济应用文的结构形态一般有以下六种。

1. 总分式

总分式是指在经济应用文写作中，先将相关的宗旨、原则等采用总体概括的方式加以阐述，再用分条列项的方式展开各个层次的内容。其结构一般由两个或三个部分内容组成，或先总述再分述，或先分述再总述，或先总述再分述最后总述。这种结构形态在经济应用文中使用比较普遍，具体见表 1-1。

表 1-1　总分式结构具体分类

序　号	类　型	解释说明
1	先总后分式	即开头先点出主旨，统领全文，然后分头表述。如在布置安排某项工作的带有指示性的行政性通知中往往先总说某项工作开展的意义和目的，后分条分项列明如何做的具体内容
2	先分后总式	即先讲情况、根据、缘由等，然后总述主旨。这种结构形态多见于请示、公函、通报、经济活动分析报告、审计报告、述职报告等
3	总分总式	即先总述再分述，最后予以总结。这种结构形态常见于揭露问题的调查报告、工作总结、财务分析报告等

2. 并列式

并列式是指写作中先将主旨的阐述划分为几个平行并列的层次，再采用分条列项、分头阐述的方式来展开各个层次的内容。这种结构方式也称横式结构，在总结、咨询报告、分析报告中比较常见。例如，写作《年度工作总结》，可以先将全年所完成的若干主要工作分成平行并列、互不交叉的几个部分，再分条列项地用一个部分对一项工作进行总结，以推进全文的展开。

3. 递进式

递进式是指以时间为顺序，或以现象到本质、从因到果等逻辑关系为顺序，逐层深入展开的结构形式，也称纵式结构。写作中一般先将主旨的阐述划分为几个相互联系的层次，再采用分层递进、循序渐进的方式来展开各个层次的内容。例如，开头提出问题，而后剖析研究问题，再找出原因得出结果，最后提出解决问题的办法和建议，这是一种从因到果的递进式。

4. 比较式

比较式是指写作中先将所收集到的相关材料，按照一定的标准进行分类，再采用相互比较、准确鉴定的方式展开各个层次的内容。例如，写作《市场调查分析报告》时，就可以先将有关市场的各方面情况、数据进行合理的分类，再逐一进行比较、分析，找出这些情况之间的关系、规律，从而得出科学的结论，完成比较全面的分析报告。

5. 推理式

推理式是指写作中先将所收集到的相关材料，按照一定的逻辑次序进行组合，再采用归纳共性、演绎特性的方式展开各个层次的内容，例如，《可行性研究报告》就可以先将有关市场的各种材料加以整理、归纳，得出规律，再将相关的设计或方案按照这种规律去加以演化，分析其可行性的程度，得出科学的研究结论。

6. 因果式

因果式是指在应用文的写作中，先将相关的事实与理由罗列清楚，再采用由因探果或由果测因的方式展开各个层次的内容，例如，《起诉状》就可以先将涉案的有关事实陈述清楚，再阐述相关的理由或法律依据，进而提出相应的诉讼请求。

（三）经济应用文结构的段落形式

经济应用文的结构也包括段落的安排，其常见的段落形式大致有以下九种：

1. 一段式

一段式亦称篇段合一式，即全篇只有一个自然段。由于内容少而简单，不便分开，往往采用一段式的写法，主要表现在行政文书的某些文种中，如发布法规性文件的命令、转发和批转文件的通知、公函等。

2. 两段式

两段式即全篇有两个自然段，这种形式一般为第一段写缘由和事项，第二段写要求或希望。例如，行政文书中的《通报》，可以采用两段式。前一段说明受表彰或批评的有关人员、情况以及所做出的相关处理，第二段提出一些要求或希望，作为全文的结束。

3. 三段式

三段式的段落形式，一般为一段缘由，一段事项，一段结束语。例如，下级机关上报的《请示》，通常都是第一段落说明请示的缘由，第二段落提出请示的事项，最后以一句“以上事项，敬请核准！”等作为结束语。

4. 多段式

采用多段式的经济应用文写作，一般既有前言，又有主体，主体又分若干段。例如，《专项工作报告》，可以先在前言部分概述该工作的依据、概况、成效，然后分多段阐述该工作的具体情况、主要成绩、经验教训，今后打算等内容。

5. 分部式

分部式的段落形式，一般是指正文分成若干部分，甚至还有序号或小标题。例如，某份《年度工作总结》，可以先将全年所完成的若干主要工作分成平行并列、互不交叉的几个部分，再分条列项地用一个部分对一项工作进行总结。

6. 贯通式

贯通式的段落形式，是指在某份经济应用文正文中，按某种事理或认知顺序进行说明。例如，有关药品的《产品说明书》，就可以按照名称、成分、性状、功能、主治、规格、用法用量禁忌,注意事项的顺序,贯通式地说明相关的内容。

7. 条款式

条款式段落形式也称章断条连式。在某份应用文的正文中,虽有每一章的断开,但每一条却都依次相连。例如,《条例》就是采用这种章断条连式的方法,来组织全文的内容。

8. 条文式

条文式可以从两个方面去理解:一是一般文章的分条列项式;二是法规、规章类文件的内在条文式。例如,《中国共产党章程》就是采用这种总分条文式的方法,来组织全文的内容。

9. 不成文式

不成文式是指在某些经济应用文的正文中,无须用文章的外在结构形式来表达。例如,《海报》《启事》等,都是采用不成文式的方法,来组织全文的内容。

(四)经济应用文结构的写作要求

要使经济应用文在结构上完美无缺,就需要掌握其结构特点、基本形态、基本内容以及基本要求,具体来说,应做到以下几点:

1. 完整严谨

完整严谨是指文章有开头、有中段、有结尾,几部分的安排精严细密,无懈可击。

2. 比例恰当

比例恰当是指文章的开头、中间、结尾的比例应是"凤头、猪肚、豹尾"。

3. 层次分明

层次分明是指段落层次安排应清楚明晰,有条不紊,先后顺序有很强的逻辑性,条理清楚。

4. 前后连贯

前后连贯是指文章中句子与句子、段落与段落、层次与层次、开头与结尾之间,通过文字使之衔接、沟通,浑然一体。

5. 首尾圆合

首尾圆合是指文章应有头有尾,相互照应,完整匀称。

四、经济应用文的语言

语言是文章写作、思想交流的表达工具,"言之无文,行之不远",孔子的话道出了语言运用对文章写作的重要性。要提高经济应用写作能力,就要不断提高语言驾驭能力。

(一)语言的含义

语言是人类思维、交际的重要工具,也是进行写作、表达内容、构成文章的手段。文章的结构须用语言去组织,材料须用语言去表述,主旨须用语言去显示。只有通过语言的充实,主旨、材料、结构等要素才能变成有形的东西。经济应用文写作使用的语言属于事务语体,是用来处理事务、沟通信息的一种直接交际性的语言系统,有其鲜明的个性特点和表现要求。

(二)经济应用文对语言的基本要求

1. 准确通俗

经济应用文具有很强的政策性和实践性,其内容材料必须绝对真实。这就要求经济应用文的语言表达必须清楚明白、准确无误。语言不准确,就不能如实反映客观实际,容易产生歧义,引起误会,也就无法解决实际问题。语言的准确通俗具体表现在三个方面:

第一,要准确选择词语。汉语词汇丰富,每个词都有它独特、丰富的含义,因此在选择词语时,一定要弄清词语的内涵和外延,以便恰当地选用,使之准确反映概念的内涵,如实反映客观实际。

第二,要选用通俗易懂的词语。经济应用文语言选用要注意通俗易懂,合乎逻辑和语法规范。不要用过时、冷僻的词语,更不要生造词语。

第三,用词要讲究分寸。就是语言表达要适度,注意分寸,表述周密;论断要准,不含糊,不用模棱两可、易生歧义的词语,讲究使用标点符号。

2. 朴实得体

经济应用文具有实用性,是为解决实际问题而写,因此,经济应用文的语言与普通文章的语言,特别是与欣赏性文章的语言有很大不同,不宜作太多的描写形容、渲染夸张,不宜过分追求文采,而应朴实得体。具体来说,语言朴实是指经济应用文写作要注意用词朴实无华,强调直陈其事,无论是叙述事实,还是说明事理,不绕弯子,不兜圈子,不层层修饰,更不追求华丽的辞藻;语言得体就是注意语言的运用能力与写作的特定目的、特定需要、特定对象一致,使行文收到预期的效果。尽量不使用语气词、感叹词、儿化词,不用具有描绘性、形象性的词语。

3. 简明扼要

经济应用文既要言之有物,又要简明扼要。所谓简明扼要,就是指叙事简明完备、简而不漏、要而不繁,用最少的话将内容说得清清楚楚、明明白白。经济应用文就是为了更迅速、更有效地传递信息,处理业务,解决问题,因此语言上要做到简明扼要,具体来说,需注意两个方面:一是叙事说理开门见山,主旨确定之后,就要抓住关键,话不离题,不说大话、空话、套话;二是遣词造句,要惜字如金,干净利落,删去一切多余的字、词、句、段,尽量使字、词、句、篇简约化,做到言简而意明。

4. 庄重规范

经济应用文的各类文种,大都不宜使用口头语言和文学语言,而必须使用庄重规范的书面语言。庄重,就是端庄、郑重,这是处理经济事务应有的严肃持重的态度的体现。规范,就是要合乎应用文写作中约定俗成或明文规定的标准。经济应用文语言的庄重规范主要表现在:一是要使用规范的书面语言,不使用口语词语和方言词语,不滥用简称、略语;二是恰当使用专用语。

(三)经济应用文的语言特点

1. 有一套固定的习惯用语

由于经济应用文的写作必须开门见山、主题鲜明突出,所以不同的文种根据不同的对象、不同的需要,在用语上形成了若干固定的习惯用语。例如,行政文书的标题,其事由部分一般都用介词“关于”和表达中心内容的动宾短语或偏正短语,组成介词结构作公文名称的定语。又如,在不少文件的开头常用“根据”“为了”“鉴于”“现将”等惯用语。

2. 保留了某些文言词语

经济应用文为实而写,应言简意赅,这在客观上要求保留某些文言词语。例如,“业经”“兹将”“顷奉”“谨悉”“惠鉴”“接洽”“定夺”“函达”“此复”“尚希”“恕不”“查照”等词语。在经济应用文中适当使用一些文言词语,可以起到白话文起不到的语言效果。

五、经济应用文的表达方式

表达,也称表达方式、表现手法,是指作者在确立主旨,选好材料,考虑好结构后,运用语言把思想内容表达出来的方法和手段。文章的表达方式有五种:叙述、描写、说明、议论、抒情。经济应用文写作以实用为目的,文风平实,描写、抒情这两种表达方式较少使用,常用的表达方式是叙述、说明和议论。不同的文种语言表达方式会有较大差异。在某一文书中,或者混合应用,或者以一种表达方式为主。

(一)叙述

1. 叙述的含义

叙述是经济应用文写作中最基本和最常用的一种表达方式,它是指有次序、有层次地叙说、介绍人物的经历、言行或事物的变化过程的一种表达方式。叙述的基本要素有时间、地点、人物、事件、起因、结果。

在经济应用文中,叙述的作用大致有以下两个方面:

第一,介绍作用。多数经济应用文都涉及一定的人物、事件,因此常用叙述手段陈述事实、交代背景,以使人们进一步加深对该人、事、物的正确认识。

第二,依据作用。经济应用文还可以通过运用叙述,具体地叙说某一事物的发生、发展以及变化的过程,为议论、说明提供更多的事实依据。

2. 叙述的方法

叙述的方法有很多,有顺叙、倒叙、插叙,有概述、详述等。经济应用文写作一般只采用顺叙和概述的方法,具体见表1-2。

表1-2 经济应用文写作常用的叙述方法

序号	类型	解释说明
1	顺叙	顺叙是在经济应用文的写作中,根据人物经历或事件发生发展的自然时序而进行的叙述。经济应用文的叙述均应采用顺叙的方法,而不能采用倒叙或插叙的方法
2	概述	概述是在经济应用文的写作中,要对一定的人或事进行叙述,大多数情况下都只能进行概要叙述,只要交代清楚叙述的要素即可。即使是要叙述相关的经过,也只需概述几个关键性的环节和大致过程,而不需对细节进行详尽描写

3. 叙述的人称

叙述存在人称的问题。在一般的文体中,基本上都是运用“我、你、他”,但在经济应用文的写作中,人称的运用就要有所改变。叙述的人称具体见表1-3。

表 1-3 叙述人称的具体类型

序号	类型	解释说明
1	第一人称	在经济应用文中采用第一人称进行叙述，一般都是主观性叙述，能给阅读对象以真实、亲切的感受，如撰写总结、拟订计划、汇报工作等。例如“我校”“本院”等
2	第三人称	在经济应用文中采用第三人称进行叙述，一般都是客观性叙述，可不受时空或是否亲身经历的限制，叙述面较广，比较自由。例如撰写市场调查报告、情况报告等，如“该市”“该局”“该区”“该公司”等
3	第二人称	在经济应用文中采用第二人称进行叙述，一般都是交流性叙述，有直接对话的亲临感。例如拟写信函、贺信、感谢信等，如对下级机关或单位可称“你市”“你单位”“你公司”等，对平行的机关或单位可称“贵局”“贵处”“贵校”“贵公司”等

（二）说明

1. 说明的含义

说明是以简明而准确的文字，对事物或事理的性质、状态、特征、成因、关系、功能、构成等进行阐释和解说的一种表达方式。说明在经济应用写作中运用十分广泛。有时，需要说明某个观点和主张，有时又需要说明某个事物或现象，有时要说明的是一份材料和一件商品，有时要说明的是某种方法和过程。说明和叙述是有区别的。说明侧重于记写客观事物的静态，叙述则侧重于记写客观事物的动态。

2. 说明的方法

说明常用的写作方法主要有以下八种，见表 1-4。在经济应用文写作实践中，常常多种说明方式同时使用。

表 1-4 说明的具体写作方法

序号	类型	解释说明
1	定义说明	定义说明即用下定义来说明事物的一种科学而严谨的说明方法。它用简明扼要的语言揭示事物的本质特点，又为被说明的事物划定一个范围和界限。定义说明的关键是定义下得准，概括定义的内涵和外延须恰如其分
2	诠释说明	诠释说明是指对定义做较全面、详细、具体的阐释和解说，使人们对客观事物有一个全面认识
3	举例说明	举例说明是指在进行经济应用文写作时，用具体或典型的事例来说明事物和事理，即通过个别认识一般
4	分类说明	分类说明是指在说明一些构成较复杂的事物时，进行分门别类的介绍说明。分类说明实际上是逻辑方法，在运用时要注意合乎逻辑
5	数字说明	数字说明是经济应用文写作中运用最多的说明方法。它是运用数字对事物的属性和特点进行解说的说明方法，其目的是增强说明的精确性和可信度
6	图表说明	图表说明是指在进行经济应用文写作时，用表格、图形来说明经济活动中的现象、情况和作者的观点、理论。它比其他说明方法更直观、形象
7	比较说明	比较说明是在进行经济应用文写作时，通过对相同事物之间的比较，不同事物之间的比较，找出它们之间的异同，进而说明该事物的属性、特征的方法
8	引用说明	引用说明是在进行经济应用文写作时，通过对某一事物恰当地、有针对性地引用一些相关的名言、公理、谚语等，以便更为直截了当地、不容置疑地进行说明的方法

（三）议论

1. 议论的含义

所谓议论，就是对客观事物或某个问题、事件进行分析、评论，表明自己的观点、意见、态度的一种表达方式。在经济应用文写作中，议论一般多作说明、叙述的补充手段，处于从属地位。其作用大致有以下两个方面：

第一，评判作用。在经济应用文中，可以通过议论的手法，来对相关的人、事、物做出相应的评价、判断，以帮助主旨恰当的确立和人们准确的理解。

第二，阐明主张。在经济应用文中，还可以通过议论的手法，来具体阐述清楚自己的观点、原则、主张，以便更好地实现发文意图、达到发文目的。

2. 议论的构成

完整的议论由论点、论据、论证三要素构成。

(1)论点

论点是写作者在经济应用文中提出的各种观点、看法、主张、见解、态度等。论点是经济应用文的核心。

(2)论据

论据是写作者在经济应用文中引用的各种材料，包括各种事实、情况、数据、理论、言论、资料等依据。论据是经济应用文的基础。

(3)论证

论证是写作者在经济应用文中运用论据去证明论点的过程或方法，其中包括立论和驳论。立论就是用论据直接或间接证明自己论点的方法，绝大部分应用文采用立论的方法；驳论是用论据反驳对方的论点或论据的方法，如《答辩状》采用的就是驳论的方法。论证是联系论点和论据的桥梁。

3. 常用的议论方法

议论的方法有很多，但在经济应用文的写作中，常用的议论方法大致包括以下六种，具体见表1-5。

表1-5　常用的议论方法

序　号	类　型	解释说明
1	例证法	即通过运用实际案例，依据相关数据作为论据，进而直接或间接证明自己论点的方法
2	对比法	即通过进行正反比较、差异比较来找到所需证据，进而直接或间接证明自己论点的方法
3	引证法	即通过引用名言、公理、谚语等作为论据，进而直接或间接证明自己论点的方法
4	因果法	即通过采用由因及果、由果溯因来找到所需论据，进而直接或间接证明自己论点的方法
5	喻证法	即通过运用比方、借用常识等作为论据，进而直接或间接证明自己论点的方法
6	归谬法	即通过采用将错就错、引出荒谬的策略，进而反驳对方的论点或论据的方法

【知识检测】

一、填空题

1. 经济应用文的写作要素包括________、________、________、________及________五部分。

2. 经济应用文常用的表达方式有________、________和________三种类型。

二、选择题

1. 经济应用文的主旨如同文章的(　　)，没有主旨的文章，如同行尸走肉，是没有什么价值的。

A. 血肉　　B. 灵魂　　C. 骨架　　D. 皮肤

2. 我们常说写东西要做到言之有物，这指的是文章的(　　)。

A. 主旨要集中　　B. 材料要充实

C. 结构要严谨　　D. 语言要丰富

3. 请示写作一般先写请示理由，再写请示事项，最后提出审批请求，这种主体结构形式属于(　　)。

A. 并列式　　B. 总分式

C. 递进式　　D. 时序式

三、判断题

1. 写文章要言之有序，这是对文章"语言"的要求。　(　　)

2. 经济应用文写作为了引人入胜，感染读者，结构上常运用一些技巧：使用曲笔，制造悬念，铺陈渲染。　(　　)

3. 经济应用文写作中，主旨需要解决的是言之有序的问题。　(　　)

四、简答题

1. 经济应用文的写作要素都有什么？分别阐述其各有什么特点？

2. 叙述、说明、议论各有什么功用，三者如何区别？

【应用训练】

一、病文诊改

1. 请认真阅读下文材料，找出其存在的问题，并进行修改。

请　示

我公司冷库自建成至今已有25年，这期间虽经两次大规模的扩建，但仍无法满足我公司的生产需要。鉴于目前冷库面积过小、设备陈旧的现状，为了保证我公司能保质保量地按期完成今年的生产任务，需对冷库进行扩建和改造。经测算，此项工程共需经费200万元。目前，我公司已自筹120万元，尚有80万元缺口。为此，请总公司拨给专项经费80万元。妥否，请批复。另外，我公司离休干部的医疗费问题也亟待解决，请一并批准。

2. 请找出下文材料中存在的问题，并进行修改。

> 20××年给我中心下达培训纯收入为××万元，经过中心全体职工的努力，从1月份到10月份，已完成任务的85%，现将培训收入完成的情况报告如下：
>
> 随着中央工作重点的转移和经济体制的改革，一个大搞经济建设的高潮来到了。要搞建设，就要打好基础，抓好业务培训工作，培训的作用和地位也就很重要了，这便成了全体职工努力的动力。
>
> 公司在年初给我中心下达培训纯收入任务是××万元。这个数字是在去年计划完成的基础上重新调整确定的，比去年多了20%。任务多了，但职工并不害怕，而是更有信心地接受了。
>
> 1月份到10月份，从领导到全中心的工作人员，齐心协力，完成培训收入××万元，占全年计划的五分之四。现在到年底还有一个季度，完成全年计划是没有问题的。
>
> 以上是我们任务完成情况的报告，如有不妥之处，请指正。

二、写作训练

1. 请将食堂浪费粮食的现象，用叙述、说明、议论三种方式各写一段话，每段至少50个字以上。

2. 请结合自己的经历和性格特点，写一篇自传或自我介绍。

要求：自传要求1 000字以内，自我介绍500字以内。要有中心，自传要条理清楚，详略得当；自我介绍要短小精悍，写出自己的特点。要能使熟悉你的人一看就知道写的是你，而不认识你的人读了之后，也能够初步了解你。

3. 请对下列材料进行分析，并提炼出相应的分论点。

> 影响工程进展的主要原因，第一，××大学××学院因缺少资金至今仍未恢复施工；第二，××机场扩建在5月底开工，××公路计划在10月开工，今年计划新开工建设的11个工程项目，大部分仍在做前期准备工作；第三，工程报批报建时间长，征地拆迁难，工地霸工、阻工闹事现象屡禁不止，严重影响了工程进度。

第三节　经济应用文写作常用特定用语

【学习目标】

1. 了解经济应用文写作常用的特定用语；
2. 掌握经济应用文写作中特定用语的种类与要求；
3. 能够根据不同经济应用文文体使用恰当的特定用语。

【情景引入】

程然大学毕业应聘到一家高科技公司从事管理工作。马上到年底了，部门经理安排程然撰写一份工作总结，程然非常认真，熬了两个晚上终于把工作总结洋洋洒洒写完了。本以为可以得到部门经理的表扬，没想到却挨了部门经理的批评。程然的工作总结开头是这样写的：

"像跃出东海的一轮红日，像喜马拉雅山傲然盛开的雪莲，像茫茫戈壁上的清泉，像草原上铺锦刺绣的格桑，在科技强国的号角感召下，我们迎来了科技文化教育的明媚春光……"

被批评后，程然感到非常委屈，部门经理告诉他工作总结等经济应用文的写作，语言的运用是有一定的规范和要求的，他作为工作人员必须要熟练掌握。那么，经济应用文写作到底有哪些习惯用语和语言要求呢？

【知识指要】

经济应用文写作在长期使用过程中，逐渐形成了一些写作中常用的特定习惯用语。这些习惯用语语义已经约定俗成，具有确定性。使用它们可以准确、严谨地表述经济应用文内容，还能增强严肃、庄重的文体风格。为了更好地掌握经济应用文写作，就需要掌握经济应用文写作的特定用语。

一、习惯用语

1. 程式性词语

经济应用文中的程式性词语反映了经济动中的行文关系和工作程序，它们各有不同的功用，主要有以下几种：

(1)称谓用语：用于对单位或人的称呼，包括我、本、你、该。它包括三种人称，如"我公司""本厂""你店""该校"等，这四个称谓用语，使用上不含等级色彩，上下级均可使用。

(2)引叙用语：引述来文的用语，多用于复文、批复。常用词有接、近接、前接、悉、欣悉、敬悉、谨悉、电悉、已悉、收悉、现悉、惊悉等。

(3)过渡用语：用于文章中承前启后、连接下文的词语。常用词有对此、为此、据此、故此、为使、鉴于、鉴此、总之、综上所述、总而言之、由此可见、以上各点等。

(4)经办用语：说明工作处理过程的已然时态，表明处理时间和经过情况，包括经、业经、前经、兹经、均经、并经、后经等。

(5)期请用语：用于表达作者的期望、请求，写于文末。常用词有请、拟请、敬请、谨请、恳请、务请、烦、希、敬希、希望、望、尚望、请查收、请审核、即请查照、希即遵照等。

(6)征询用语：用于征求、询问意见时的用语，包括妥否、当否、是否可行、是否得当、能否、可否、意见如何、有何意见、是否同意等。

(7)期复用语：用于文末表示请求对方予以答复时。常用词有请批示、请指示、请核示、请复等，期复用语常和征询用语结合使用。

(8)表态用语：用于表示对经办事情的明确态度，包括应、理应、确应、应予、应将、应以、均应、本应、似应、准予、特予、不予、照准、拟于、订于、同意、拟同意、不拟同意、缓议、毋庸再议、我们认为、以为可行、不可行、宜等。

(9)谦敬用语:用于表达对对方的尊敬。常用词有蒙、承、承蒙、多蒙、荷、是荷、为荷、惠书、惠赠、惠寄、鼎力支持等。

(10)时态用语:用于表示时间、状态的词语。常用词有兹、现、顷、嗣后、暂时、片刻、曾经、正在、就、将要、行将、立即、即将、即行、时常、一向、一直、届时、届此、值此、定期、如期、按期、先期、预期、展期、亟、亟待、俟、已、着、方。

(11)感盼用语:用于表示感谢、期盼的词语。常用词有深表谢意、谨致谢忱、谢谢、以……为感、以……为盼、……是盼、渴盼、切盼等。

(12)报送用语:用于递送公文和规章制度等。常用词有呈请、呈报、呈送、报送、呈交、报请、申报、报批、提请、送达、径报、层报、呈上、附上等。

(13)令知用语:用于要求受文者知道、办理的用词。常用词有令、着令、着即、特命、勒令、责令、责成、务须、切勿、严禁、不得毋庸等。

(14)告诫用语:用于上级对下级的警告劝诫用词。常用词有为诫、引以为戒、切切不得有误、以……为要等。

2. 固定结尾句式和用语

经济应用文中的大多数文书一般都有较为固定的结尾句式和结尾用语,下面将主要文种的结尾句式和用词总结如下。

(1)指示。特此指示、望……执行、自……起施行、以……为要等。

(2)批复。特此批复、此复、望……执行等。

(3)通报。特此通报、特予通报、特通报……以资……、特通报……以示等。

(4)通知。特此通知、望……执行……、请……试行、按……办理等。

(5)决定。自……起施行、特此决定等。

(6)公告、布告、通告。特予公告、特此公告、此布、特此布告、特此布告周知、自……施行(执行)、自……起生效等。

(7)请示。当否请示、请审核批示、请批复、请核示、请即批复、请即批复为盼、请审批、请即见复等。

(8)报告。特此报告、此报告、妥否请核示、如有不当请指正、请批示、特此备案、特请查收、以上意见如无不当请批转……执行等。

(9)函。特此函告、特此函复、此复、请即复为盼、请即见复为感、请示复、……为盼、……为感、……为荷、谨致谢忱、非常感谢、切盼、此致等。

3. 介词结构

为使内容表述得周密、严谨,使用介词结构是经济应用文特有的一种语言现象。尤其是经济应用文在阐释方针、政策,提出问题、分析问题、解决问题、发表意见时,常常要说明依据、状态、方式、目的、原因、时间、范围等,因此要大量使用介词结构。常用的有以下几种。

(1)表示目的、原因的,如为、为了、由于、鉴于、兹因等。

(2)表示对象、范围的,如对、对于、关于、将、除了等。

(3)表示根据、方式的,如据、根据、依据、按照、遵照、据报、通过、在、随着等。

二、模糊语言

经济应用文的语言要准确，但并不排除使用模糊语言，这是由经济工作的多变性和复杂性所决定的。经济应用文都有一定的传播范围，由于各地区、各部门的情况不同，在表述上就须留有一定余地，在用语和措辞上要有弹性，以便使各地区各部门能按文件的精神和原则，结合本地区和本部门的实际情况，灵活地处理各种实际问题，所以经济应用文的语言是准确性与模糊性的高度统一。经济应用文的模糊语言常见的有以下几种。

1. 模糊时间词语

模糊时间词语，如“近年来”“最近一个时期”“在一个不太长的时期内”“过去的几十年”等。在无须或无法或不宜指明具体确切的时间时，适当运用这些词语，恰恰是准确表达的需要。

2. 模糊数量词语

模糊数量词语，如“一些地区”“某些单位”“部分干部职工”“少数单位和部门”“诸多因素”“存在不少问题”等。这些表示不确定数量的模糊语言，同样可以表示对事物的定性定量分析，另外，还有委婉的色彩，这又牵涉到工作方法和策略的问题。

3. 模糊形容词

模糊形容词，如“基本上是成功的”“质量是比较好的”“取得了一定成绩”“情节严重”“损失惨重”等。在经济工作中，对不少具体情况的判断不可能像统计数字那样精确，所以有时在表达某些事物的程度、性质、状态时，必须使用上述的模糊形容词，这样反倒切合实际，因而也是准确的表达。

值得注意的是，模糊语言也不能随意滥用，否则就可能造成模糊认识，给学习和工作带来损失。处理好语言的准确性与模糊性的关系，才能更准确地表达作者的写作意图。

三、数字语言

在经济应用文写作中，无数是不成文的。经济应用文写作是一种专业写作，根据实际表达的需要常使用一定数量的专业词语，用以说明经济工作的情况和问题，以强化实现文章实用功能所需的语体感。因此，在经济应用文写作中，数字语言的使用是十分广泛的。数字具有直观、精巧、概括的特点。用数字通报情况、分析问题或阐明观点，其作用往往胜于文字语言。但经济应用文写作并不是数字的堆砌，所以在使用数字语言时需要注意以下几点：

1. 数字要真实、准确

经济应用文使用数字要实事求是，不得任意夸大或缩小数字，只有真实、准确，才具备可信性、可行性和操作性。哪怕是一个数据的不真实，也会给经济工作带来严重的损失。

2. 数字要科学、规范

一是表述要科学、规范。恰当使用量词和模态词来表达数量的增减变化情况。首先，注意“基数”“增加数”“和数”“减少数”“差数”的准确表述。其次，要注意数字的可比性和比较结果的实际意义，注意相对数、绝对数、平均数的综合应用。二是书写要科学、规范严格按照国家对于数字用法的有关规定来正确使用。

3. 数字要适量、得体

数字的使用要与文字结合起来，不要堆砌数字。既要发挥数字在经济应用文写作中的作用，又要防止陷入滥用数字的深渊而不能自拔。

【知识检测】

一、填空题

1. 用于对单位或人的称呼，包括我、本、你、该，属于特定用语中的________用语。

2. 用于表示时间、状态的词语。常用词有兹、现、顷、嗣后、暂时等，属于于特定用语中的________用语。

二、选择题

1. 下列选项中属于引叙用语的是(　　)。

A. 鉴此　　B. 谨请　　C. 收悉　　D. 准予

2. (　　)用于表达对对方的尊敬。常用词有惠赠、惠寄、鼎力支持等。

A. 称谓用语　　B. 经办用语　　C. 期复用语　　D. 谦敬用语

3. “望……执行、自……起施行”一般是(　　)文种结尾句式。

A. 批复　　B. 批示　　C. 决定　　D. 函

三、判断题

1. 经济应用文使用数字要真实准确，不得任意夸大或缩小数字。(　　)

2. 经济应用文语言的使用要准确，不得使用模糊语言。(　　)

3. 征询用语是用于表示对经办事情的明确态度。(　　)

四、简答题

1. 经济应用文中的习惯用语都有哪些？请举例说明。

2. 经济应用文中的模糊语言使用有哪些要求？

【应用训练】

一、病文诊改

1. 请将下列加横线的词语改成符合经济应用文体风格的庄重词语。

> 地质勘探队所到的地方，非常希望各族人民予以帮助，现在特地发布以上各项规定，切不要轻信谣言，阻碍勘探队的正常工作。

2. 下面几组材料中文字使用并不是很规范，请你对其进行修改。

> (1)××市××仓库506库房保管员李××于20××年××月××日晚上值班时，违反仓库规定，带了5岁女儿私自燃火烧煮食品，9点多又抱了女儿外出采购食物。一小时后，当他匆匆回到仓库时，只见506库房淹没于滚滚浓烟之中，火舌还频频上窜，他顿时手脚失措，呆立一旁。总值班等人闻讯赶到后，立即打电话呼救，大火才得以熄灭，但库房已化为灰烬，××损失××千克，给国家造成××万元的巨大经济损失。
>
> (2)请告诉该厂把他们的主要产品开一个详细的清单，直接交给轻工业产品展览会办公室。
>
> (3)为此，请分行下达专项救灾贷款××万元。

3. 请分析下文商函的语言使用，并对其语言不规范之处进行修改。

关于订购“维妮牌”真丝绣花女衬衫的复函

××公司：

你们××月××日的来信我们刚刚收到，从信中我们了解到你们想购买我公司“维妮牌”真丝绣花女衬衫一事。我公司生产的“维妮牌”真丝绣花女衬衫，质量上乘，款式高雅，犹如盛开的鲜花风靡世界，博得各国客商的青睐。在此，万分感激你们对我公司产品的好感。

由于今年的订单已超出生产能力，所以一律不接受新订单，请你们不要误解。凭着我们双方之间良好的贸易关系，你们不必担心，一等到有货，我们一定会首先通知你们的。

××公司

20××年×月×日

二、写作训练

1. 请阅读下文材料，并对其主旨进行归纳。

祥福金店成立已有近二十年的时间，所销售的黄金珠宝原料均由国家权威机构认证认可，在其所在的××市与祥福金店竞争的还有庆兴、源盛等实力雄厚的企业。近两年来，××市黄金珠宝价格战不断，但有媒体揭露，其中有相当一部分是虚假打折，先涨后降，因此消费者对于各大黄金珠宝企业降价销售的广告已司空见惯，降价广告对消费者的吸引力大打折扣，甚至形成逆反心理，愈是降价的黄金珠宝愈少光顾。祥福为了吸引消费者决定不打折，不搞价格战，在消费者购买黄金珠宝时，与消费者签订协议，承诺凡在店内购买镶嵌饰品一年内免费调换，终身免费清洗，免费维修及改制圈口，免费提供咨询服务。祥福金店自建店以来，几乎没有任何消费者前去投诉，为××省消费者信得过企业。

2. 请分析下列文字中对模糊词语的使用。

当前土地管理特别是土地调控中出现了一些新动向、新问题，建设用地总量增长过快，低成本工业用地过度扩张，违法违规用地、滥占耕地现象屡禁不止，严把土地“闸门”任务仍然十分艰巨……

第二章 行政文书(一)

行政文书是行政文件材料的总称,是国家机关、企事业单位、社会团体等在处理公务过程中所形成的具有特定格式的文字材料,是行政管理活动重要的工具。行政文书看似距离我们的生活很远,其实很多文书我们并不陌生,例如,某市人民政府关于开展封山防火的通告、某市应对新型冠状病毒感染肺炎疫情工作指挥部第 23 号公告、某市每日最新疫情通报等。本章主要介绍国家机关等处理行政事务所使用的具有法定效力和规范体式的四种常用文书,即通知、通报、通告和公告。

本章的具体架构如下:

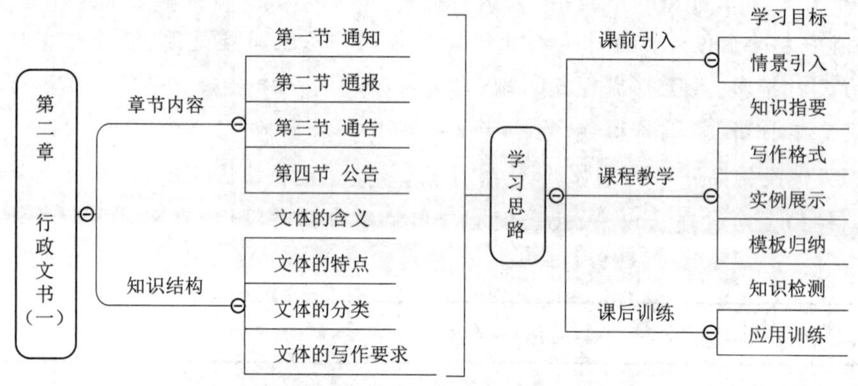

第一节 通 知

【学习目标】

1. 了解通知的含义、特点及类型;
2. 掌握通知的构成要素与写作格式;
3. 能够按照写作要求撰写通知。

【情景引入】

陈朵朵是一名会计专业的学生，毕业后在某汽车公司办公室工作，为了落实总公司关于安全生产的相关要求，公司拟组织召开一次安全生产工作会议，现需要发一则会议通知，公司办公室主任将这个任务交给了陈朵朵。如果你是陈朵朵，你应该向领导询问哪些信息？这则会议通知应该包含哪些内容呢？

【知识指要】

一、通知的含义

通知是各级党政机关、企事业单位、社会团体在公务活动中最常用的一种文书，适用于发布、传达要求下级单位执行和有关单位周知或者执行的事项，批转、转发不相隶属机关的公文。通知既可以用来传递公文，又可以用来指示工作、布置任务、告知事项、任免人员等。通知一般是下行文，有时也用于平行，具有传达和联系的作用。

二、通知的特点

1. 广泛性

通知的发文主体和内容具有广泛性特点。它不受发文内容重要与否的限制，无论国家大事还是单位内部的布置工作、召开会议等具体事务，都可以以通知的形式发布。

2. 双重性

通知的行文方向与功用具有双重性。通知既可作为下行文，也可作为平行文。通知作为下行文时，对受文对象一般会提出需要知晓、执行或办理的事项，具有指挥、指导作用。通知作为平行文时，由于受文单位不是下级单位，而是平级单位或不相隶属单位，通知内容不带指挥、指导性，只能表述告知性或周知性的内容。

3. 时效性

通知都是在受文对象对某件事情应知而未知、应办而未办的情况下下达的，事项一般是要求立即办理、执行或知晓的，不容拖延，否则会失效或误事。有的通知，如会议通知等，只在特定的一段时间里有效，行文要及时，具有较强的时间性。

三、通知的分类

通知的类型较多，按其使用性质划分，大体上有以下五种类型：

1. 发布性通知

用于上级机关发布一般行政法规、条例、办法等规章时所用的通知。例如，《国务院关于发布政府核准的投资项目目录的通知》。

2. 批转性通知

用于批转下级机关的公文，或者转发上级机关、同级机关和不相隶属机关的公文时所用的通知。例如，《××高校转发〈省文明办关于在公共场所悬挂文明用文宣传标语的意见〉的通知》。

3. 指示性通知

上级机关对下级机关的某项工作有所指示,要求办理或执行而根据公文内容又不适于用命令时,则用指示性通知。例如,《国务院关于切实减轻农民负担的通知》。

4. 知照性通知

用于通知所属单位或其他有关单位,需要其知道和了解的事项,如机构的设置、会议的召开、节假日安排、作息时间调整、停水停电等。例如,《国务院关于成立国家行政学院的通知》。

5. 任免性通知

上级机关在任免下级机关的领导人或上级机关的有关任免事项需要下级机关知道时,要发任免通知,例如,《××大学关于李××等三位同志担任处长职务的通知》。

四、通知的写作要求

1. 具体明确,重点突出

通知事项要具体清楚,不空泛,不含混,如果所告知的事项比较多,所作指示须说明道理,则一定要分条列项,分清主次,一一展开,使受文者能正确理解并准确执行。

2. 把握写法,切忌含糊

通知种类繁多,且不同种类有不同的写作要求。因此,在实际写作中,要准确判断通知的类型,掌握不同通知的写作结构,把握写作要领,避免张冠李戴、含糊了事。

3. 制发及时,措辞得体

撰写通知要及时、迅速,要提高效率,以免贻误时机,给工作带来影响。同时,要注意语言表述准确严密,语气庄重,既体现发文机关的权威性和严肃性,又要突出协调性和尊重性。

【写作格式】

通知的主体结构和写作要点见表2-1。

表2-1 通知的主体结构和写作要点

<table>
<tr><th colspan="2">结构名称</th><th>写作要点</th></tr>
<tr><td rowspan="2">标题</td><td>直述式</td><td>一般由“发文机关+事由+通知”三部分构成,也可简化为“事由+文种”或由“文种+通知”单独作标题。例如,《国务院关于完善出口退税负担机制有关问题的通知》《关于废止和修改部分财政规章中行政处罚条款的通知》等</td></tr>
<tr><td>转述式</td><td>由“发文机关+批转(转发、印发)+被批转(转发、印发)公文标题+通知”构成,例如,《国务院办公厅转发全国妇幼卫生工作会议纪要的通知》。
转述式通知由于原文标题较长,可由“关于转发”或“关于批转”四字与原文编号加“文件”二字组成,例如,《××省人民政府关于转发国发〔2021〕8号文件的通知》</td></tr>
<tr><td colspan="2">主送机关</td><td>主送机关即受文单位,一般是发文机关的直属下级机关,或需要了解通知内容的不相隶属的单位。主送机关可以是一个也可以是多个,应当在标题之下,正文之前,左侧顶格标明</td></tr>
</table>

续表

<table>
<tr><th colspan="2">结构名称</th><th colspan="2">写作要点</th></tr>
<tr><td rowspan="5">正文</td><td rowspan="4">直述式</td><td colspan="2">一般发布性通知、指示性通知、知照性通知、任免性通知等都是直述式。通知的正文包括通知缘由、通知事项、通知要求三部分。不同种类的通知,其正文的写法有所不同</td></tr>
<tr><td>通知缘由</td><td>通知的引言。主要用来说明发文目的、制发依据、意义作用等,接着以“现将有关事项通知如下”或“具体要求如下”等过渡语引出下文</td></tr>
<tr><td>通知事项</td><td>要求受文机关执行或办理的事情,一般可分条列项,把相关的工作、原则、步骤、措施、方法和要求写清。如内容简短,也可在一段里概述</td></tr>
<tr><td>执行要求</td><td>通知的结束语,一般对执行通知事项提出希望和要求。常用“特此通知”“请认真贯彻执行”“请遵照执行”“请结合本地区本部门的实际做好落实工作”等语句结尾,也可无结尾语</td></tr>
<tr><td>转述式</td><td colspan="2">一般转述性通知的正文包括三个部分:
1. 标明发文机关对被批转转发文件的态度;
2. 叙述作出批转、转发、印发决定;
3. 提出执行要求</td></tr>
<tr><td colspan="2">落款</td><td colspan="2">签署发文机关和日期。发出单位和时间分两行写在正文末尾的右下方,单位名称在上行,日期在下行,有的还要加盖公章</td></tr>
<tr><td colspan="2">附件</td><td colspan="2">如有附件,应将附件标题标注于正文后。一般知照性通知及指示性通知常带有附件</td></tr>
</table>

【实例展示】

实例 2-1:

国务院办公厅关于20××年部分节假日安排的通知

各省、自治区、直辖市人民政府,国务院各部委、各直属机构:

经国务院批准,现将20××年元旦、春节、清明节、劳动节、端午节、中秋节和国庆节放假调休日期的具体安排通知如下:

一、元旦:20××年1月1日至3日放假,共3天。

二、春节:2月11日至17日放假调休,共7天。2月7日(星期日)、2月20日(星期六)上班。

三、清明节:4月3日至5日放假调休,共3天。

四、劳动节:5月1日至5日放假调休,共5天。4月25日(星期日)、5月8日(星期六)上班。

五、端午节:6月12日至14日放假,共3天。

六、中秋节:9月19日至21日放假调休,共3天。9月18日(星期六)上班。

续表

七、国庆节:10月1日至7日放假调休,共7天。9月26日(星期日)、10月9日(星期六)上班。

节假日期间,各地区、各部门要妥善安排好值班和安全、保卫等工作,遇有重大突发事件,要按规定及时报告并妥善处置,确保人民群众祥和平安度过节日假期。

国务院办公厅

20××年11月25日

【评析】这是一篇知照性通知,详细说明了20××年部分节假日具体安排,每个节假日说明,内容详尽,最后提出放假期间的相关要求。

实例2-2:

国务院办公厅印发关于切实解决老年人运用智能技术困难实施方案的通知

各省、自治区、直辖市人民政府,国务院各部委、各直属机构:

《关于切实解决老年人运用智能技术困难的实施方案》已经国务院同意,现印发给你们,请结合实际认真贯彻落实。

各地区、各部门要落实主体责任,加强工作统筹,建立工作台账,明确时间表和路线图,聚焦涉及老年人的高频事项和服务场景,坚持传统服务方式与智能化服务创新并行,切实解决老年人在运用智能技术方面遇到的突出困难,确保各项工作做实做细、落实到位,为老年人提供更周全、更贴心、更直接的便利化服务。

国务院办公厅

20××年11月15日

【评析】这是一份批转下级机关文件的通知。仅一句话,由批转的文件和批示语组成,批转的文件即需执行的内容,批示语简洁明确,但却具有行政约束力。

实例2-3:

体育总局关于召开20××年全国体育宣传工作会议的通知

各省、自治区、直辖市、新疆生产建设兵团体育局,中央军委训练管理部军事体育训练中心,各司、局,驻体育总局纪检组,各直属单位,中国足球协会,中国篮球协会,各改革试点项目协会:

为深入学习贯彻党的十九大精神,做好体育宣传思想文化工作,定于20××年4月在北京召开全国体育宣传工作会议。现将有关事项通知如下:

一、会议时间

20××年4月24日(星期二)至4月25日(星期三),会期2天。

4月23日(星期一)报到,26日(星期四)离会。

二、会议地点

体育总局机关办公楼102会议室

续表

三、会议主题

高举习近平新时代中国特色社会主义思想伟大旗帜,深入学习宣传贯彻党的十九大精神,围绕体育事业改革发展大局,努力开拓体育宣传思想文化工作新局面。

四、会议主要议程

总局领导讲话;宣传司负责同志作工作报告;新体育网推介;专家授课;分组讨论;会议总结。

五、参会人员

(一)总局领导;

(二)各省、自治区、直辖市、新疆生产建设兵团体育局分管宣传工作的领导及处室负责人,每单位2人;

(三)中宣部新闻局、中央网信办应急局,各1人;

(四)中央军委训练管理部军事体育训练中心分管宣传工作的领导,1人;

(五)总局机关各厅、司、局,驻体育总局纪检组分管宣传工作的领导,各1人;

(六)各直属单位,中国足球协会,中国篮球协会,各改革试点项目协会分管宣传工作的领导,各1人;

(七)主要新闻单位体育部门,各1人。

六、食宿安排及费用

京外参会人员食宿安排在天坛饭店;京内参会人员在天坛饭店就餐,原则上不安排住宿。食宿费用由会议负担,交通费自理。

七、会议报名

请各单位填写“全国体育宣传工作会议报名表”,于4月13日前通过传真(加盖印章)及电子邮件报名。报名表可从总局政府网站—宣传司—文件公告栏目中下载。

八、会议报到

京外会议代表请于4月23日(星期一)到天坛饭店一层大厅报到。地址:北京市东城区体育馆路1号。

京内会议代表请于4月24日(星期二)8:30前到体育总局机关办公楼一层102会议室报到并参会。地址:北京市东城区体育馆路2号。

联系人:丛××　王××

电　话:(010)8718××××　8718××××

传　真:(010)6711××××

邮　箱:ti××××@sport.gov.cn

体育总局办公厅

20××年4月8日

【评析】这是一篇会议通知。正文开头写会议名称。承启语后的事项部分具体、详细写明了会议时间、地点、议程、与会人员及其他有关注意事项,考虑周全,内容详细具体,值得借鉴。

实例 2-4：

关于纪××等同志职务任免的通知

××建筑分公司：

你公司上报的选举过程和结果已收悉。经董事会会议研究决定：

任纪××为经理，主持全面工作；

任吴××为副经理，主持施工工作。

免去蒋××的经理职务和刘××的副经理职务，由公司安排其他工作。

特此通知。

××集团公司董事会（公章）

20××年××月××日

【评析】任免通知的正文，第一部分一般说明任免的依据，多用“经××××研究决定”，“根据××××、经××××研究决定”一类用语领起第二部分，即任免事项，每个事项单独为一个段落，以达到醒目的效果。本文简明扼要，直陈其事，符合一般任免通知的写法。

【模板归纳】

通知的参考模板如下。

内容	结构	
国务院办公厅关于建设第三批大众创业万众创新示范基地的通知	标题	
各省、自治区、直辖市人民政府，国务院各部委、各直属机构：	主送机关	
为贯彻落实《政府工作报告》部署，更好发挥大众创业万众创新示范基地对促改革、稳就业、强动能的带动作用，进一步推动大众创业万众创新向纵深发展，更大程度激发市场活力和社会创造力，以新动能支撑保就业保市场主体，经国务院同意，决定在部分地区、企业、高校和科研院所建设第三批双创示范基地。现将有关事项通知如下：	缘由	正文
一、总体要求 双创示范基地建设要以习近平新时代中国特色社会主义思想为指导，…… 二、推动双创示范基地特色化、功能化、专业化发展 第三批双创示范基地要按照创业就业、融通创新、精益创业、全球化创业等差异化功能定位，强化区域覆盖、功能布局、协同发展，增强示范功能和带动效应。 一是聚焦稳就业和激发市场主体活力，着力打造创业就业的重要载体。…… 二是聚焦保障产业链供应链安全，着力打造融通创新的引领标杆。…… 三是聚焦支持创新型中小微企业成长为创新重要发源地，着力打造精益创业的…… 四是聚焦深化开放创新合作，着力打造全球化创业的重要节点。…… 三、加强组织领导 各有关部门要加强对双创示范基地的协…… 四、开展监测评估 国家发展改革委要会同有关方面进一步健全双创……	事项及要求	正文
国务院办公厅 20××年12月9日	落款	

【知识检测】

一、填空题

1. 通知的标题一般由________、________、________三部分组成。

2. ________通知一般适用于发布行政法规和规章时使用，要求有关部门执行。从中央到地方各级人民政府普遍使用此类通知。

二、选择题

1. 召开比较重要的会议，需提前让有关单位或个人知道时使用的通知是(　　)。

A. 任免通知　　B. 指示性通知

C. 会议通知　　D. 知照性通知

2. 需要让下级机关或不相隶属机关办理或知道某些事项时使用的通知是(　　)。

A. 任免通知　　B. 指示性通知

C. 会议通知　　D. 知照性通知

三、判断题

1. 通知的发文主体只能是国家机关。　(　　)

2. 通知的主送机关只能是一个，不能是多个。　(　　)

四、简答题

1. 通知的特点有哪些?

2. 通知写作时应注意哪些问题?

【应用训练】

一、病文诊改

1. 请指出下面这份通知的问题，并进行修改。

通知

为贯彻上级精神，提高总公司的工作效率和经济效益，培养广大职工的主人翁精神，经总公司董事会研究决定，在全公司范围内广泛开展增产节约、劳动竞赛活动。现将会议有关问题通知如下：

一、会议时间:6 月 4 日至 6 月 8 日。

二、会议地点：总公司招待所。

三、与会人员：各分公司、分厂、总公司各直属部门主管生产的负责同志、工会主席等。

四、请各位准备好本单位开展劳动竞赛活动的经验材料，限 5 000 字，报到时交给会务组，并请与会人员 6 月 4 日前来报到。

××公司

20××年×月×日

2. 请指出下面这份通知的问题，并进行修改。

瑞钰商贸有限公司关于召开会议的通知

各分公司、直属各部门负责人：

根据上级有关文件精神，为进一步落实安全生产责任制度，全面推进公司安全管理工作，公司决定于20××年5月5日在公司总部召开安全管理工作会议。请大家注意以下几点：

一、会议时间

5月5日上午、会期半天。

二、会议地点

公司总部大楼。

三、参会人员

各分公司、直属各部门安全管理工作负责人，各1人。

四、会议主要内容

1. 学习市安全管理工作会议有关精神。

2. 交流安全管理工作经验。

3. 签订安全生产责任状。

4. 公司领导讲话。

二、写作训练

1. 请根据下面材料，拟制一份会议通知。

（以下是××市环保局陈局长与办公室张主任、秘书小李的对话。）

陈局长：上个礼拜发到各下属单位的明年工作计划的征求意见稿怎么样了？有没有反馈？

张主任：各单位都打来电话询问一些涉及自身的条款，看样子他们对计划精神吃得不透。陈局长，您看有没有必要再开个会？

陈局长：也行，就定在下个礼拜三吧。

张主任：好的。您看是不是需要我们再把计划有关条目重新修订一下，还是等开完会再修订？

陈局长：这样吧，等开完会根据大家的反馈意见再修订。

张主任：好的。

张主任：小李，你马上拟一份会议通知，通知各下属单位负责人下周三来开会。

小李：好的，会议定在四楼会议室还是六楼会议室呢？

张主任：六楼会议室吧。主要是关于咱们局明年工作计划的修订问题，让来开会的人准备好他们对征求意见稿的反馈意见。

小李：会议是早上八点就开始吗？

张主任：是的，可能得开一天，凡是来参加会议的人，中午在食堂用餐。你顺便通知一下食堂，大约120人。

小李：好，我马上准备，写好后去找您。

张主任：行，有问题随时找我。

2. 请根据下面材料，草拟一份通知。

××学院为庆祝建校28周年，决定在20××年6月6日举办一场大型文艺晚会，要求各系准备两个节目参加汇演。需要相关信息可自行补充。

第二节　通　　报

【学习目标】

1. 了解通报的含义、特点、分类；
2. 掌握通报的写作格式；
3. 能够按照写作要求撰写通报。

【情景引入】

陈贝贝是HQ公司人力资源部的一名员工关系专员，刚刚人力资源经理把她叫到办公室交办了一项任务，2021年春节，公司有25名员工积极响应政府提倡本地过年的号召，春节没有返乡，经理让她写一则关于表彰这25名员工的通报，陈贝贝心里产生了疑问，通报不都是不好的事儿吗？表彰也能用通报吗？

【知识指要】

一、通报的含义

通报是国家机关、社会团体、企事业单位用以表彰先进、批评错误、传达重要精神或通报有关情况的一种行政文书。通报属于下行文，不受机关级别和性质的限制，是使用很普遍的知照性公文。通报是上级机关用以沟通信息、交流经验、传达情况、批评错误、教育干部和群众的重要工具。通报旨在通过对社会实践中发生的正反两个方面事实的陈述，对人们起到示范、指导、教育和警示作用。

二、通报的特点

1. 周知性

通报的目的是把人物、事件、情况或精神告诉大家，让大家知道、了解一些典型事例或重要问题，周知性十分明显。

2. 典型性

不是任何的人和事都可以拿来作为通报的对象，通报的人和事应当具有一定的代表性、普遍性、针对性，即具有典型意义，这样才更能给人们以启示和警醒，才更有借鉴价值。

3. 教育性

无论表扬性通报还是批评性通报，其价值都不仅仅在于宣布对事件的处理，而是要通过典型的人和事示范、指导、警示人们日后的生活和工作，激励人们向先进人物学习，或是从反面事例中吸取教训，保持警惕。

4. 时效性

通报应该适时发布，凡过时的材料，无论如何重大或典型，都不能用来写通报。只有迅速及时地将正面的、反面的、重大的、典型的事例和情况写成通报，才能起到通报特有的作用。

三、通报的分类

根据内容不同，通报可以分为表彰性通报、批评性通报和传达性通报三种。

1. 表彰性通报

这种通报主要用来表彰先进，介绍单位或个人成功的经验、做法，告知对相关的人或事作出的表彰与奖励，并号召向先进学习。例如，《××省公安厅关于好民警×××先进事迹的通报》。

2. 批评性通报

这种通报主要用来批评后进，纠正错误，打击歪风，指出有关单位或个人存在的错误事实，提出解决办法或处理意见，引以为戒。例如，《国务院办公厅关于××省部分市乱集资乱收费问题的通报》。

3. 传达性通报

传达性通报又称情况通报，用于向下级传达上级重要精神与重要情况，使下级掌握情况动态，明确问题，以此作为工作借鉴。例如，《关于全国干线公路养护与管理工作检查情况的通报》。

四、通报的写作要求

1. 材料典型，事实准确

通报的内容要典型，要选取具有普遍意义的典型材料予以通报，才能起到推动工作的作用；同时，通报材料必须准确真实，对材料分析实事求是，不能超越材料做人为的加工处理。

2. 观点鲜明，评价中肯

通报中对人、事或问题的评价要态度明朗、客观公正、讲究分寸，绝不能片面化与绝对化、夸大或缩小事实。提倡什么，反对什么，做到观点鲜明、是非分明、立场坚定。

3. 迅速及时，措辞严谨

通报具有较强的时效性，发现情况要抓住时机，及时说明情况和问题，起到教育引导和警示作用。同时，通报的语言要仔细推敲，注意分寸，遣词造句应准确、简洁、规范。

【写作格式】

通报的主体结构和写作要点见表2-2。

表 2-2　通报的主体结构和写作要点

<table>
<tr><th>结构名称</th><th colspan="2">写作要点</th></tr>
<tr><td>标题</td><td colspan="2">标题通常有两种构成形式：
1. 由发文机关名称、事由和文种组成，如《国务院办公厅关于对少数地方和单位违反国家规定集资问题的通报》；
2. 由事由和文种构成，如《关于给不顾个人安危勇于救人的王××同志记功表彰的通报》</td></tr>
<tr><td>主送机关</td><td colspan="2">正式发文的通报，应书写主送机关。主送机关应为下级机关，可以是一个，也可以是多个</td></tr>
<tr><td rowspan="5">正文</td><td>发文缘由</td><td>简单交代通报的背景、原因、目的和依据，给事件定性，并使用过渡语引出下文。缘由相当于正文的“帽子”，不一定必须具备</td></tr>
<tr><td>概述事实</td><td>用概述的方式简明扼要、条理清晰地介绍表彰事迹，或错误事实，或事故经过，或重要情况。一般要求写明事情发生的时间、地点、当事人或单位、事情经过、结果</td></tr>
<tr><td>评议事实</td><td>主要采用议论的写法，要注意文字的精炼，自然中肯，具有说服力。
1. 对先进人物、典型事迹，应表明其代表的积极的倾向，指出其意义；
2. 对于单一错误事实，要对错误的性质、危害进行分析，一般都写得比较简短；
3. 对于综合性的不良现象或问题，分析要系统</td></tr>
<tr><td>作出决定</td><td>提出对通报者的表彰或处理办法。表彰通报与批评通报均须运用决定形式表达上级机关意见，一般用“为……，经……，决定……”的句式引出，写清经过什么会议或什么机构作出决定。而情况通报一般无决定内容，所以不需设置决定部分</td></tr>
<tr><td>号召要求</td><td>全文的落脚点，提出希望，发出号召，引起重视，体现通报的指导性。
1. 表彰性通报，一般激励人们学习先进典型；
2. 批评性通报，往往重申某一方面的精神或纪律，要求人们引以为戒；
3. 传达性通报，一般提出指导性意见，以指导全局工作。
这一部分应根据不同的通报内容，向不同的对象提出号召要求</td></tr>
<tr><td>落款</td><td colspan="2">落款包括发文机关署名和成文时间两个项目内容。有的在通报标题中已标明发文机关名称，这里就不必再写</td></tr>
</table>

【实例展示】

实例 2-5：

关于表彰20××年全省春运工作先进单位的通报

各地级以上市人民政府、各县(市、区)人民政府，省政府各部门、各直属机构：

20××年全省春运工作在国家有关部门的指导下，各级政府、各有关部门、各运输单位认真贯彻省委、省政府关于做好春运工作的指示精神，精心部署，严密组织，实现了国家提出的“以人为本，安全有序，以客为主，兼顾货运”的工作目标，圆满完成了全省春运工作的各项任务，为促进我省经济持续快速发展和确保社会稳定作出了贡献。

续表

省人民政府决定，对在20××年春运工作中做出突出成绩的××省交通厅等××个单位授予“××省20××年春运工作先进单位”荣誉称号，并在全省范围内通报表彰。

希望受表彰的单位戒骄戒躁，继续发扬成绩，再接再厉，与时俱进，开拓创新，树立和落实科学发展观，不断改进和提高春运工作的组织管理水平，为我省全面建设小康社会作出新的贡献。

附件：20××年全省春运工作先进单位名单

××省人民政府

20××年×月×日

【评析】这是一则表彰性通报，第一自然段交代了全省春运工作取得的成绩，第二自然段作出表彰决定，第三自然段的号召主要对被表彰单位提出。这则通报是在工作普遍较好的基础上对特别先进的单位进行的表彰。

【模板归纳】

通报的参考模板如下。

<table>
<tr><td>关于对××市××有限公司予以通报批评的通报</td><td colspan="2">标题</td></tr>
<tr><td>各生态环境分局、各环境影响评价机构：</td><td colspan="2">主送机关</td></tr>
<tr><td>近日，我局在组织召开《××市大岭山连马污水处理厂提标工程环境风险评价专项报告》（编制主持人：×××）专家评审会过程中，××有限公司作为该项目环评机构，在未提前书面申请退件的情况下，以项目负责人无法参加会议为由，临时要求取消已安排好的评审会，扰乱我市环境影响技术评估秩序。同时经我局初步审查，该专项报告编制质量较差，未按《建设项目环境风险评价技术导则》（HJ 169—2018）要求编制报告内容，严重影响项目环评技术审查及后续审批工作。</td><td>概述评议事实</td><td rowspan="3">正文</td></tr>
<tr><td>根据《关于全市环境影响技术评估纳入环保行政许可事项办理流程有关事项的通知》（东环函〔20××〕1152号）相关规定，我局经研究决定在全市范围内对××有限公司及专项分析编制主持人×××予以通报批评。</td><td>作出决定</td></tr>
<tr><td>上述环评机构必须采取有效措施，加强对技术人员的管理，努力提高业务水平，避免今后出现类似问题。同时希望各环评机构引以为戒，认真查找工作中的不足，进一步规范内部管理，切实提高环评文件编制质量。</td><td>号召要求</td></tr>
<tr><td>××市生态环境局
2019年4月8日</td><td colspan="2">落款</td></tr>
</table>

【知识检测】

一、填空题

1. 通报是国家机关、社会团体、企事业单位用以________、________、________或

________的一种行政文书。

2. 通报按照内容可以分为________、________和________。

二、选择题

1. (　　)主要用来批评后进,纠正错误,打击歪风,指出有关单位或个人存在的错误事实,提出解决办法或处理意见,引以为戒。

A. 表彰性通报　　B. 批评性通报　　C. 情况通报　　D. 事故通报

2. 国务院办公厅发文表彰奖励中国女排队,用(　　)。

A. 批复　　B. 意见　　C. 通报　　D. 通告

三、判断题

1. 通报只能用于批评,不能用于表彰奖励。　(　　)

2. 通报正文中可以没有号召与要求部分,只概述事实即可。　(　　)

四、简答题

1. 什么是通报?通报有哪些特点?

2. 通报写作时需要注意哪些方面?

【应用训练】

一、病文诊改

1. 请指出下面通报的错误之处,并进行修改。

关于××县人民政府表扬营业员××同志的通报

各乡镇人民政府:

"抓小偷!抓小偷!"一个穿着商场工作制服的青年人喊着从店里跑出来,追赶前面一个夺路而逃的家伙,这是发生在××百货商场门口精彩的一幕。20××年×月×日中午十二时左右,××百货商场售表柜台前来了一个青年顾客,提出要买一块"天梭"牌手表。青年营业员××同志将手表拿出上了两手弦后递给这个顾客,又忙着接待别的顾客。一种强烈的责任促使他随时盯着买表人的动作。忽然,发现那人侧过身子挡住营业员的视线,把表放在耳边装作听表样。这种行为引起了××同志的警觉,他心想:挑表为什么要侧过身子背对着营业员呢?当他把表交回来的时候,××同志立即进行了检查,发现弦是满的,表面上有两道划纹。他马上认定新表已被换走,于是当机立断,喊了一声:"你停一下!"那人听到喊声,慌忙向店外跑去。见此情景,××同志一跃跳到货圈外,用尽力气拼命追赶小偷。霎时间,那家伙穿过胡同,跑出数百米。营业员边追边喊:"抓住他!抓住他!"终于在××分局同志的协助下,将罪犯逮住扭送公安派出所,从其衣袋里搜出换去的新表。

××同志机智果断,不顾个人安危与坏人坏事作斗争,保住了国家财产,精神可嘉。决定给予通报表扬,并颁发奖金,以资鼓励。

(印章)

20××年×月×日

2. 请指出下面通报的错误之处，并进行修改。

> 经县政府同意，决定对在2020年全县发展创新提升年活动中有突出表现的单位、机构予以通报表彰。希望受表彰的先进单位、机构能够再接再厉，把机关效能建设抓得更实更好。也希望全县各级、各部门、各行业能以受表彰的先进单位、机构为榜样，力争在今年的主题活动中有更大的作为。
>
> ××县政府(章)
>
> 2021年1月

二、写作训练

1. 请根据下面的通讯，写一则通报。

> 李坚　舍己救人 英勇献身
>
> 共青团全国铁道委员会和团委决定
>
> 授予“优秀少先队员”光荣称号并追认为共青团员
>
> 本报讯：5月28日下午，共青团成都铁路委员会在局工会俱乐部召开大会，宣读共青团全国铁路委员会和共青团四川省委的决定，授予因抢救落水同学而英勇献身的李坚同学“优秀少先队员”的光荣称号，并根据他生前要求，追认他为共青团员。
>
> 李坚同学生前是西昌铁路中学学生，刚满14周岁，1998年5月2日，李坚和另外四名小朋友在河边玩耍，忽然，张昆同学不慎落入水中，李坚当即跳下水去营救，张昆被救了，而他却献出了年轻的生命。
>
> 团委副书记等领导在讲话中分别号召全国铁路系统和省内各地的小朋友向李坚同学学习，做一个有理想、有道德、无私无畏的好孩子。

2. 请判断下列哪些情况适用通报这种文书，并拟定出标题。

> 1. ××县工会拟表彰奋不顾身抢救落水儿童的青年工人。
> 2. ××厂拟向市工业局汇报该厂遭受火灾的情况。
> 3. ××市安全办公室拟向各有关单位告知全市安全大检查的情况。
> 4. ××县政府拟公布加强机关廉政建设的几条规定。
> 5. ××县纪委拟批评××局××等干部挥霍国家钱财、游山玩水的错误。

第三节　通　　告

【学习目标】

1. 了解通告的含义、特点、分类；
2. 掌握通告的写作格式；

3. 能够按照写作要求撰写通告。

【情景引入】

某天，陈萍萍无意间看到了某供电公司张贴的停电通告，在抱怨停电的同时，心里产生了一个疑问，停电不是应该发通知吗？为什么用的是通告呢？而且是发在网上，也太随意了吧？你觉得陈萍萍的疑问有道理吗？

【知识指要】

一、通告的含义

通告是在一定范围内对人民群众或机关团体公布的应当遵守或周知的事项，具有一定的法律效力和行政约束力。通告的使用范围很广，它既可以由国家、地方各级行政机关发布，也可以由基层单位发布；既可以是下行文，也可以是平行文；通告的内容既可以涉及国家的政策法令，也可以是社会生活中的一些具体事务。

二、通告的特点

1. 约束性

通告所告知的事项，是一般机关、企事业单位根据其职权限定范围发布的，具有一定的法规性和约束力，有关单位和人员必须遵守或执行。

2. 周知性

通告的内容，要求在一定范围内的人或特定的人群普遍知晓，以使他们了解有关政策法令，遵守某些规定事项，共同维护公共秩序。

3. 广泛性

通告的内容往往涉及生活的各个方面，所以发文对象比较广泛，党政机关、企事业单位，人民团体都可以发布通告。

4. 行业性

不少通告都具有鲜明的行业性特点，如税务局关于征税的通告，机动车管理部门关于机动车辆年度检验的通告，银行关于发行新版人民币的通告等，都是针对其所负责的业务或技术事务发出的通告。

三、通告的分类

通告大致可分为以下两种类型。

1. 规定性通告

规定性通告是在一定范围内公布应当遵守事项的通告。这种通告一般由具有相应职权的国家机关依法向相关对象公布的规定，具有法定约束力，如《关于严厉打击卷烟走私整顿卷烟市场的通告》。企业一般不能使用这种具有约束力的通告。

2. 告知性通告

告知性通告是指在一定范围内公布应当周知事项的通告。告知性通告的目的是告诉相关单位和公众知晓，如单位迁址、暂时停电、办理注册登记等事项。企业使用的通告一般属于告知性通告。

四、通告的写作要求

1. 内容合法严谨

通告具有鲜明的政策性和政治性，具有法定的执行性和约束性。因此，撰写通告必须以法律和政策为依据，不能违反法规政策，做到通告内容合法严谨，通告事项具体明确，便于大家执行与遵守。

2. 语言简明通俗

通告要告知的对象大多是基层群众，因此要用通俗简洁、浅显易懂的语言表达通告缘由和事项，便于群众理解、认读和遵循。文字要精炼、简明扼要，语气要庄重、严肃。

【写作格式】

通告的主体结构和写作要点见表 2-3。

表 2-3 通告的主体结构和写作要点

结构名称		写作要点
标题		通告的标题有四种格式： 1. 由“发文机关 + 事由 + 文种”组成，例如，《××大学关于实行“滞纳金”收取制度的通告》； 2. 由“发文机关 + 文种”组成，如《××市房地产管理局通告》； 3. 由“事由 + 文种”组成，如《关于坚决清理非法占道经营的通告》； 4. 只写“通告”两字
正文	通告缘由	通告缘由即引言部分，通常用概括性的语言写明发布通告的原因、目的和依据。一般用“现通告如下”或“特此通告（如下）”开启下文，承启语后紧跟冒号
	通告事项	即通告的具体事项或规定。事项单一的，可采用一段式完成；事项复杂的，可分条列项书写，要做到条理分明、层次清晰
	通告结语	结尾部分，写法比较简单，多采用“本通告自发布之日起实施”或“特此通告”的格式化结语
落款		落款写明发文机关及成文日期。规定性通告必须加盖印章，以示庄重、有效。如果发文机关名称已在标题中出现，则落款处可以省略

【实例展示】

实例 2-6：

××市人民政府关于开展封山防火的通告

为有效预防森林火灾的发生，保护人民生命财产和国家重要设施的安全，根据《中华人民共和国森林法》《森林防火条例》《××省森林防火规定》（省政府令〔2011〕第 14 号）和《××省森林草原防灭火工作责任制规定（试行）》（冀政办字〔2020〕186 号）等相关文件要求，现就开展 2021—2022 年本市辖区内封山防火有关事项通告如下：

续表

<table>
<tr><td>

一、封山期:每年3月1日起至5月31日止。

二、封山区域:××市境内的所有森林景区、生态公益林区、国有林场和自然保护地。

三、各级政府负责本行政区域内森林防火工作,严格实行森林防火行政首长负责制,认真做好森林防火工作。

四、在封山期,严禁携带一切火种进入山林;严禁烧荒、烧草、烧秸秆、上坟烧纸、燃放孔明灯、野炊等一切野外用火行为。在林地内进行工程施工或采矿的,需经林业主管部门批准并采取防火措施,做好灭火准备工作。

五、各县(市、区)要在进入本辖区重点林区的路口依法设立临时检查站,对进入林区所有车辆和人员进行检查,查扣火种并开展森林防火宣传教育;各级广播、电视、通信、报刊等宣传媒体要高密度播(刊)发森林防火公益广告,做到家喻户晓、人人皆知。

六、任何单位和个人发现火情,应当立即向当地政府或者森林草原防灭火指挥部办公室报告。当地政府和有关部门接到火情报告后,要立即采取措施组织扑救。

七、发生森林火灾时,气象部门要做好火场区域气象预报;交通运输部门要及时提供交通运输工具;公安部门要维护治安秩序、保障道路畅通,必要时负责群众转移;卫生健康部门要组织救治受伤人员;应急管理部门要妥善安置灾民。执行火灾扑救的防火车辆,按有关规定免收车辆通行费。

八、根据《森林防火条例》第五十条的规定,森林防火期内未经批准擅自在森林防火区内野外用火的,由县级以上人民政府林业主管部门责令停止违法行为,给予警告,对个人并处200元以上3 000元以下罚款,对单位并处1万元以上5万元以下罚款。在林缘农田内焚烧秸秆的,按《××省人民代表大会常务委员会关于促进农作物秸秆综合利用和禁止露天焚烧的决定》进行处罚。造成森林火灾的,除依法追究肇事者的法律责任外,对所在地政府直接负责的主管人员和其他直接责任人员,是公职人员的,按照法律规定给予政务处分;对在场不予制止或制止不力的领导干部,一律从重处分;构成犯罪的,依法追究刑事责任。发生第一起火灾的县(市、区)政府(管委会)的主要领导要向市政府书面报告,说明原因并报告处理结果。

九、各重点乡镇、重点旅游景区,在封山防火期内,要加强森林防火宣传教育,对市、县(市、区)森林草原防灭火指挥部办公室在检查中发现的火灾隐患要切实整改;不能及时整改的,要限期整改,限期整改不到位的,按照《森林防火条例》第四十九条的规定,依法处罚。

十、本通告有效期为2年,自公布之日起实施。《××市人民政府关于开展封山防火的通告》(×政规〔2019〕6号)同时废止。

××市人民政府
2021年2月8日

</td></tr>
</table>

【评析】这是一篇规定性公告。文首交代了通告的背景及相关依据,然后详细交代了通告的事项,封山的日期、区域、相关管理要求等,最后以有效期结尾,是一篇比较规范的通告。

【模板归纳】

通告的参考模板如下所示。

内容		
关于停电的通告	标题	
为顺利启用110千伏南郊变电站，保障城市快速增长的用电需求，供电公司计划于20××年×月×—×日实施南郊变供电线路接入工程。因工程技术需要，必须实行阶段性停电。为尽量减少停电影响，维护正常的生产生活秩序，现就有关事项通告如下：	通告缘由	正文
一、停电区域：城区万桂山路以东至开发区等地区（具体区域由县供电公司负责通知到相关企业、社区和村民组）。 二、停电时间：20××年×月×日5:00时—×月×日19:00时。 三、请各相关企业和广大市民群众给予充分理解和支持，提前做好阶段性停电期间的各项准备，保障正常的生活秩序不受影响。	通告事项	正文
特此通告。	通告结语	正文
××供电公司 ××××年×月×日	落款	

【知识检测】

一、填空题

1. 通告的特点有________、________、________和________。
2. 通告的类型有________、________。

二、选择题

1. 某林场为了禁止农民进山滥砍滥伐，拟发布一个文件，应该使用的文种是（　　）。
   A. 通知　　B. 通告　　C. 通报　　D. 公告
2. 三要素齐全的规范通告标题不包含（　　）。
   A. 发文机关　　B. 事由
   C. 主送机关　　D. 文种

三、判断题

1. 通告只能由国家机关就重要事项的公布进行使用。（　　）
2. 通告行文时，必须要写上主送机关。（　　）

四、简答题

1. 什么是通告？通告有哪些种类？
2. 写作通告需注意哪些问题？

【应用训练】

一、病文诊改

1. 请阅读下面材料,找出下文通告的问题,并进行修改。

> **通　　告**
>
> 20××年9月4日至5日,二十国集团峰会(以下简称“G20峰会”)将在浙江省杭州市举行。为确保G20峰会期间道路交通安全,现将在相关高速公路匝道入浙方向通道实施通行管制措施通告如下:
>
> 上海市公安局对沪昆高速公路枫泾(亭林)匝道入浙方向通道实施禁止车辆通行的管制措施。请广大驾驶人员提前安排出行路线并自觉绕行。
>
> 特此通告。
>
> 上海市公安局
>
> 20××年8月6日

2. 请阅读下面材料,找出下文通告的问题,并进行修改。

> **××镇人民政府关于禁止乱砍滥伐林木的通告**
>
> 现就禁止乱砍滥伐林木的有关事项通告如下:
>
> 一、严禁乱砍滥伐林木,任何单位和个人未经办理林木采伐许可证不得擅自砍伐树木。
>
> 二、对未经批准私自砍伐树木的,由森林公安局依法律处理,没收所砍林木或变卖所得的同时,并处砍伐林木价值3~10倍的罚款。对砍伐、毁坏林木情节严重构成犯罪的,依法追究刑事责任。
>
> 三、辖区内主干道路两侧树木及重点农田防护林树木不再审批采伐手续,如遇特殊情况需要采伐,在依法采伐后按照“伐一栽十”的原则及时进行栽植。因村上不重视造成树木砍伐的,由村上出资金挖树根、开沟换土并补栽。
>
> 四、本通告自发布之日起施行。
>
> 特此通告。

二、写作训练

1. 阅读下文材料,撰写一份通告,所需材料可以自行补充。

> 首届“××杯”马拉松赛将于20××年9月15日上午8时至下午1时在某市举行。为保证赛事的顺利进行,届时将对环城路、江滨路、诗书南路、教育北路、桃园中路实行交通管制,除警备车、救护车、消防车、工程保险车外,禁止其他机动车车辆通行。若有违章肇事的,将按《×市交通管理条例》处罚。

2. 请你以居委会的名义,写一则要求小区居民文明养犬的通告。

第四节 公　告

【学习目标】

1. 理解公告的含义、特点；
2. 掌握公告写作的注意事项；
3. 掌握公告的结构和撰写方法。

【情景引入】

2020年疫情期间，陈晓晓养成了每天早起都关注各地疫情相关情况的习惯，勤勉好学的她发现一个情况，每日各地疫情情况用的是通报，各级政府关于疫情防控相关要求发布的是公告，在她的记忆中，以往关于封山、道路管制等用的都是通告，通告和公告到底有什么区别呢？

【知识指要】

一、公告的含义

公告是国家机关向国内外宣布重要事项或者法定事项时使用的一种文种。发布这类公告的目的，是通过法律手段，确定某些专门事项的合法性，并对其加以保护。公告具有一定的指令性和约束力，一般通过广播、电视、报刊以及新媒体等大众传播媒介迅速发出。

二、公告的特点

1. 发文主体的特定性

由于公告宣布的是重大事项或法定事项，发文的主体被限制在高层行政机关及其职能部门的范围之内。具体来说，国家最高权力机关（人大及其常委会），国家最高行政机关（国务院）及其所属部门，各省市、自治区、直辖市行政领导机关，某些法定机关，如税务局、海关、铁路局、人民银行、检察院、法院等，都有制发公告的权力。其他地方行政机关，一般不能发布公告。党团组织、社会团体、企事业单位，不能发布公告。

2. 发布内容的重要性

公告发布的内容必须是重要事项或法定事项。所谓重要事项，是指事关全局或在国内外能产生重大影响的事项。如公布宪法、公布全国人大代表人数等，都可用公告行文。所谓法定事项，是指按法律程序批准确定的事项，例如，全国人民代表大会审议通过某项法规，需向社会发出公告。一般性的决定、指示、通知的内容，都不能用公告的形式发布，因为它们很难具有全国和国际性的意义。

3. 发布范围的广泛性

公告是向“国内外”发布重要事项和法定事项的公文,其信息传达范围有时是全国,有时是全世界。公告不例行一般的公文发送程序,而是通过各种传统媒体(如报纸、广播电台、电视)和新媒体(如网络、微博、微信等)途径发布。发布涉及面广,途径丰富,使公告具有告知范围广的特征。

三、公告的分类

1. 重要事项的公告

凡是用来宣布有关国家的政治、经济、军事、科技、教育、人事、外交等方面需要告知全民的重要事项的,都属此类公告。常见的有国家重要领导岗位的变动、领导人的出访或其他重大活动、重要科技成果的公布、重要军事行动等。

2. 法定事项的公告

依照有关法律和法规的规定,一些重要事情和主要环节必须以公告的方式向全民公布。《国务院公务员暂行条例》第十六条规定,录用国家公务员要发布招考公告。

四、公告的写作要求

1. 慎重使用公告

公告的内容是国内外普遍关注的重大事项或需要公开发布的事项,国家法律法规对发文机关有严格的限定,因此要慎重使用此文种,不得随意制发。除此之外的其他事项,应通过通知、启事、通告、海报等文种形式发布,不需要也不能把所有向社会公布的事务均以公告形式发布。

2. 行文简洁庄重

公告以告知为主,不带有强制性要求,一般不需要详细阐述细节,也不能使用命令或通告那样的语气。公告一般是向国内外宣布重大事项的公文,通常代表国家和政府表明立场和态度,语言务必要规范、准确,同时要求简洁、庄重、凝练、平和。

【写作格式】

公告的主体结构和写作要点见表2-4。

表2-4　公告的主体结构和写作要点

结构名称	写 作 要 点
标题	公告的标题有三种格式: 1. 由“发文机关+事由+文种”组成,如《文化和旅游部关于发布2021年第一批文化和旅游行业标准的公告》; 2. 由“发文机关+文种”组成,如《中华人民共和国海关总署公告》; 3. 由“事由+文种”组成,如《关于公布2019年中国科学院院士增选和外籍院士选举结果的公告》; 4. 只写“公告”,在标题的下方一般应注明“第×号”

续表

<table>
<tr><th colspan="2">结构名称</th><th>写作要点</th></tr>
<tr><td rowspan="3">正文</td><td>公告缘由</td><td>一般概括简要写明公告的根据、目的、意义以及重要性等。可以省略此部分直接进入事项</td></tr>
<tr><td>公告事项</td><td>郑重严肃地宣布重要事项、法定事项或涉国内外有关方面的事项。公告事项可根据内容多少来确定表达方式,如内容较多可采取分条列项的方式。要高度概述,一般不提出执行要求</td></tr>
<tr><td>公告结语</td><td>这是结尾部分,写法比较简单,多采用“现予公告”或“特此公告”的格式化结语</td></tr>
<tr><td colspan="2">落款</td><td>落款写明发文机关及成文日期</td></tr>
</table>

【实例展示】

实例 2-7:

国务院公告

为表达全国各族人民对抗击新冠肺炎疫情斗争牺牲烈士和逝世同胞的深切哀悼,国务院决定,2020 年 4 月 4 日举行全国性哀悼活动。在此期间,全国和驻外使领馆下半旗志哀,全国停止公共娱乐活动。4 月 4 日 10 时起,全国人民默哀 3 分钟,汽车、火车、舰船鸣笛,防空警报鸣响。

国务院

2020 年 4 月 3 日

【评析】这是一篇非常简短的公告,用一句话言简意赅地表达了此公告的缘由,然后直接陈述公告具体事项,疫情期间全国人民齐心奋斗,使得国内疫情得以控制,但是也牺牲巨大,因此这是一非常重要的事项。

【模板归纳】

公告的参考模板如下所示。

<table>
<tr><td>国家中医药管理局关于进一步规范“清肺排毒汤”使用及生产的公告</td><td colspan="2">标题</td></tr>
<tr><td>近期河北省石家庄市、吉林省相继发布《石家庄市新型冠状病毒肺炎中医药防治方案》《吉林省新冠肺炎中医药防治方案》,注重充分发挥中医药在疫情防控和临床救治中的独特作用,将“清肺排毒汤”作为密接隔离人员干预和新冠肺炎患者治疗首选方剂。
为确保“清肺排毒汤”的疗效,2020 年 5 月 12 日我局专门发布了《关于规范“清肺排毒汤”使用及生产的特别说明》,强调“‘清肺排毒汤’应使用传</td><td>公告缘由</td><td>正文</td></tr>
</table>

续表

<table>
<tr><td>统中药饮片调配,水煎煮使用,生石膏须先煎,共煎共煮程序必不可少”。近日,我局了解到部分中药企业使用单味中药配方颗粒调配“清肺排毒汤”供临床使用,在此再次强调:
一、为确保临床用药安全有效,“清肺排毒汤”应使用传统中药饮片调配,水煎煮使用,生石膏须先煎,共煎共煮程序必不可少。不得使用单味中药配方颗粒调配使用,以免降低疗效,贻误救治。
二、“清肺排毒汤”对新冠肺炎核心病机研判充分,配伍精妙,具有普适、速效、决胜的特点和优势。第一个疗程须按原方使用,第二个疗程可结合实际情况辨证加减。为确保药力精纯,不建议与别的药品(包括中成药)同时使用。
三、中药企业应切实履行主体责任,严格落实《药品管理法》等相关法律法规,依法依规进行药品生产。对未经国家药监部门核准,擅自生产“清肺排毒汤”复方颗粒剂的中药企业,将依法承担相应法律责任。</td><td>公告事项</td><td rowspan="2">正文</td></tr>
<tr><td>特此公告。</td><td>结尾</td></tr>
<tr><td>国家中医药管理局
2021 年 1 月 26 日</td><td colspan="2">落款</td></tr>
</table>

【知识检测】

一、填空题

1.《中华人民共和国企业破产法(试行)》第九条规定:“人民法院受理破产案件后,应当在十日内通知债务人并且发布公告。”这里发布的公告属于________。

2. 公告的特点是________、________和________。

二、选择题

1. 全国人民代表大会常务委员会确认代表资格应当使用(　　)。

A. 公报　　B. 公告　　C. 通告　　D. 通知

2. 一般情况下,公告正文中不包含(　　)。

A. 公告缘由　　B. 公告事项　　C. 公告结尾　　D. 公告号召

三、判断题

1. 公告多数是在报刊上刊登,一般不用红头文件的方式下发,也不能印成布告的形式公开张贴。(　　)

2. 商场发布举办大型家用电器展销活动消息,用公告。(　　)

四、简答题

1. 什么是公告?公告有什么特点?

2. 公告的撰写有哪些要求?

【应用训练】

一、病文诊改

1. 下文是一份公告,请指出存在的问题。

公　告

为了贯彻我市城市建设总体规划,完成市人民政府下达给我区的向阳路扩建任务,并保证于我市成立××周年前顺利竣工,特公告如下:

一、向阳路扩建范围内的所有国营集体单位、商店、个体摊贩、公共汽车站、邮亭以及所有居民,限定在2月14日前搬迁完毕。

二、所有搬迁单位、居民应按区人民政府的统一安排执行。个体摊贩一律迁往和平农贸市场白天摆摊。

三、从2月13日起,向阳路禁止车辆、行人通行,以保证安全施工。

四、所有搬迁单位和居民必须按此公告执行。借故不按时搬迁者,后果自负。

向阳区人民政府
向阳区城建局
向阳区公安分局
20××年×月×日

2. 下文是一份公告,请指出存在的问题,并进行修改。

关于换发新版《药品生产许可证》等许可证书的公告

按照相关要求,我局自2019年9月1日起启用新版《药品生产许可证》等许可证书样式,并开展换发新版证书工作。

一、此次换发新版证书涉及以下7种许可证书:《药品生产许可证》《医疗机构制剂许可证》《药品经营许可证》《放射性药品生产许可证》《放射性药品经营许可证》《放射性药品使用许可证》《互联网药品信息服务资格证书》(包括正、副本)。

二、此次换证工作截止到2020年12月底前。

××省药品监督管理局
2019年8月28日

二、写作训练

1. 请根据下面材料,草拟一份公告。

近日,法国官方向世界动物卫生组织通报本国家禽发生H5N8亚型高致病性禽流感疫情。为保护我国畜牧业安全,防止疫情传入,根据《中华人民共和国海关法》《中华人民共和国进出境动植物检疫法》等有关法律法规的规定,海关总署和农业农村部拟联合发布相关公告。

2. 请根据下面材料,草拟一份公告。

王贺婷向教育部行政复议办公室提出了行政复议申请,教育部行政复议办公室依法办理后作出了《教育部行政复议决定书》(教复字〔20××〕10号),并向其进行邮寄送达。

但是因电话无人接听,邮局未能妥投,将信件退回我部。第二次邮寄送达,仍因电话无人接听再次被退回。因无法采用其他符合法律规定的方式送达,依照《中华人民共和国行政复议法》第四十条、《中华人民共和国民事诉讼法》第九十二条规定,拟在教育部政策法规司网站公告栏向其公告送达《教育部行政复议决定书》(教复字〔20××〕10号)。

王贺婷应知晓事项如下:

1. 公告发布之日起60日内,王贺婷应向教育部行政复议办公室提供有效送达地址和联系方式,或前往教育部(地址:北京市西城区西单大木仓胡同37号)领取行政复议决定书,逾期视为送达。

2. 相关复议文书一经送达,即发生法律效力。王贺婷如对《教育部行政复议决定书》(教复字〔20××〕10号)不服,可以自收到决定书之日起十五日内,向有管辖权的人民法院提起诉讼。

3. 联系电话:010-6609××××。

第三章　行政文书(二)

行政文书是经济管理工作中的重要工具,往往以其独特的形式记录和传达国家机关、企事业单位等在工作活动中所掌握的情况和形成的意见,从而发挥其信息传递的纽带、桥梁、工具作用。行政文书具有一定的法律效力,行文也有统一的规定。上一章主要介绍通知、通报、通告、公告四种常用的行政文书。本章将重点介绍报告、请示、批复、函、会议纪要五种行政文书。

本章的具体架构如下:

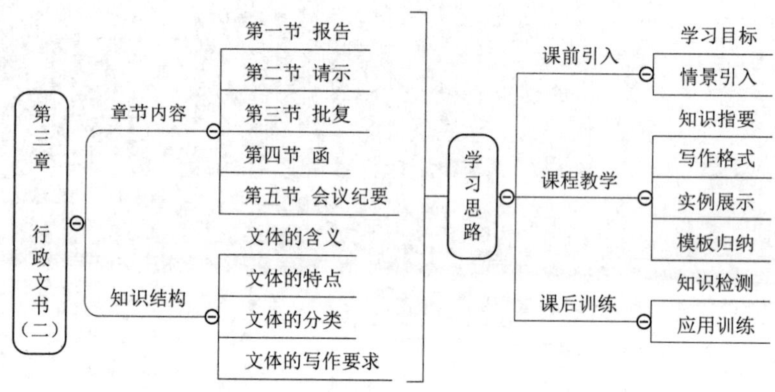

第一节　报　告

【学习目标】

1. 了解报告的含义、特点及类型;
2. 掌握报告的构成要素与写作格式;
3. 能够按照写作要求撰写报告。

【情景引入】

王一是工商管理专业的一名大四学生,前几天她面试了一份秘书的工作,在面试中被问到一个问题:“工作报告、情况报告、建议报告、答复报告、调研报告、审计报告、评估报告都属于行政文书吗?”这个问题你能回答吗?

【知识指要】

一、报告的含义

报告是用于向上级机关汇报工作、反映情况、提出意见或者建议,答复上级机关询问的文书。报告属于上行文,一般产生于事后和事情过程中。需要说明的是,有些专业部门使用的报告文书,例如,“调查报告”“审计报告”“咨询报告”“立案报告”“评估报告”等,虽然标题也有“报告”二字,但其概念、性质和写作要求与行政文书中的报告不同,不属于同一范畴。

二、报告的特点

1. 汇报性

报告主要是汇报工作情况,如怎样贯彻落实上级有关政策和精神、怎样开展工作、取得什么成绩和经验、存在哪些问题与教训,或者发生什么重要情况等,因此具有汇报性的特点。

2. 陈述性

报告是以叙述和说明为主要表达方式的文种,所使用的语言是陈述性的,且报告内容也以陈述事实为主,不能随意夸大和缩小,因此,具有陈述性的特点。

3. 单向性

报告是下级机关向上级机关汇报工作、反映情况、提出建议时使用的单方向上行文,目的是让上级了解掌握更多的信息,为科学决策、协调监督提供依据。因此,报告上呈后,上级机关一般不需要给予回复。

三、报告的分类

报告的类型很多,根据汇报的内容和性质划分,大致分为以下几种:

1. 工作报告

工作报告是向上级机关或重要会议汇报工作情况的报告。它主要用以总结工作,反映某一阶段、某个方面贯彻落实政策、法令、批示的情况。

2. 情况报告

情况报告是指用于向上级反映工作中的重大情况、特殊情况和新动态等的报告。这种报告便于上级机关根据下级情况,及时采取措施,指导工作。

3. 答复报告

答复报告是针对上级机关向下级机关提出询问或要求,经过调查研究后所作的陈述情况或者回答问题的报告。

4. 建议报告

建议报告是指根据工作中的情况、动向和存在的问题向上级机关提出具体建议、办法、方案的报告。

5. 报送报告

报送报告是以报告的形式,向上级呈报其他文件、物件的说明性文书。

四、报告的写作要求

1. 情况真实,重点突出

报告上报的信息必须全部真实,坚持实事求是原则,对工作和情况不夸大、不缩小,让上级机关了解真实情况,以方便上级做出分析判断。同时,报告要重点突出、主次分明、详略得当,适当安排材料并进行分析,报告要体现出深度和广度。报告要坚持“一文一事”,不要夹杂不相关的内容。

2. 结构清晰,行文及时

报告的写作应结构清晰,既围绕中心,又注意各个部分之间的内在联系,将叙述与说理分析统一起来。同时,报告的行文要及时。对突发事件或重大问题,以及工作中出现的未处理好的问题,一定要及时向上级报告。上级机关只有及时掌握情况,才能迅速作出决策以指导实际工作。

3. 陈述为主,不含请示

报告、请示的适用范围完全不同,报告以陈述情况为主,上级无须答复;请示则以请求为主,上级必须答复。报告要做到专文专用,以免贻误工作。

【写作格式】

报告的主体结构和写作要点见表 3-1。

表 3-1 报告的主体结构和写作要点

结构名称		写作要点
标题		发文机关 + 事由 + 文种。 事由 + 文种,如关于进一步加强我市公共场所防火工作的报告
主送机关		报告应该只送直接上级机关,不应越级报送,如果受双重领导,则报送机关可以是多个。主送机关在标题下左侧顶格,后用冒号
正文	开头	开头主要说明发文的原因、依据和目的等。这部分要写得比较概括,把有关事实和情况交代清楚即可,无须展开
	主体	这是报告的核心部分,用来说明报告事项。工作报告的正文围绕主旨展开陈述,内容一般包括:基本情况、主要成绩、经验教训、今后意见或提出有关建议。情况报告的正文围绕主旨,实事求是地概括叙述事件发生的原因、经过、性质,写出处理意见、处理情况或处理建议。答复报告正文包括两部分内容:答复依据、答复事项
	结语	结语常用一些诸如:“特此报告”“专此报告”“以上报告,请审阅”等惯用语结束
落款		落款一般只包括成文时间与印章。三个以上单位(含三个)联合行文,必须逐个注明发文单位名称

【实例展示】

实例 3-1：

××公司关于从落实责任制人手加强企业管理工作的报告

××市委：

前几年，为了避免工作责任不清的现象，我们公司建立了工人责任制和干部工作责任制。但是，每项工作要干到什么程度，达到什么标准，没有具体的衡量尺度，实施没有标准，考核没有依据，工人和干部意见很大。为了克服这种现象，我公司从以下几方面制定了相应的措施，取得了很好的效果。

一、制定岗位考核标准

我们对公司劳动管理和岗位责任制的现状进行了调查，然后根据各厂赶超国内先进水平的目标和多快好省的要求，制定了工人的岗位考核标准和干部的工作考核细则，要求做到“全、细、严”。

二、严格按照标准考核

我们坚持从严考核，用一整套的定额、计量、原始记录和统计，精确地计算每个岗位的生产效果，科学地分析每项技术操作，使各项经济活动和生产技术操作规范化、标准化……

三、根据考核结果实施奖惩

在严格考核的基础上，我们把考核同奖惩紧密结合起来，根据考核结果，做到奖罚分明。实践证明，制定岗位考核标准，严格按照标准进行考核和根据考核结果实行奖惩三位一体，是落实岗位责任制，把企业各项管理基础工作进一步扎根基层的行之有效的办法。

××公司

××××年×月×日

【评析】这是一则汇报工作的工作报告。正文分三个层次：开头总述开展工作的主要背景，即公司考核标准不清楚的问题；主体叙述报告的具体内容；结尾总结。行文简洁，条理清晰。

【模板归纳】

报告的参考模板如下。

<table>
<tr><td>关于治理教育乱收费自查情况的报告</td><td colspan="2">标题</td></tr>
<tr><td>省教育厅：</td><td colspan="2">主送机关</td></tr>
<tr><td>自从省教育厅转发《关于开展治理教育乱收费专项检查的通知》下发后，学校党政领导高度重视，认真组织学习国家七部委和省政府办公厅下发的文件精神，深刻认识治理教育乱收费工作的重要性和紧迫性，严格按照文件中规定的检查内容和要求，认真细致地做好学校治理教育乱收费自查工作。现将自查情况报告如下。</td><td>开头</td><td>正文</td></tr>
</table>

续表

一、加强领导，明确职责，为治理教育乱收费工作提供组织保障 学校党政领导对治理教育乱收费工作一直高度重视。自省政府办公厅下发《关于开展治理教育乱收费专项检查的通知》后，学校于9月15日下午召开了有分管领导及相关部门负责人参加的专题工作会议，传达了七部委和省政府办公厅、省教育厅下发的文件精神，讨论分析学校教育收费情况，充分认识做好治理教育乱收费工作的重要意义，并对学校的治理乱收费工作进行了深入细致的研究和全面部署…… 二、扩大舆论宣传，强化舆论监督 在治理教育乱收费的工作中，学校把扩大舆论宣传、强化舆论监督作用作为治理乱收费工作的一个重要手段，主要是加强和落实教育收费公示制度。近一个时期以来，学校充分利用橱窗、广播、板报、校园网等各种宣传媒体，广泛宣传学校的收费政策、收费项目、收费标准和收费情况…… 三、严格执行教育收费政策，规范收费行为 学校明确规定，校内一切收费行为，必须以国家物价部门制定的收费政策为依据，凡是不符合政策、超范围或超规定标准收费的必须进行治理。主要做了以下两方面工作： 1. 认真开展自查工作，查找工作差距。学校财务部门根据七部委下发的《关于开展治理教育乱收费专项检查的通知》中规定的16项检查内容…… 2. 进一步完善财务管理制度，推进收费工作的规范化。建立和完善规章制度，也是我们治理教育乱收费工作的一项重要内容，因为只有完善的财务制度，才能有效地保证各项收费工作规范进行…… 四、加强监督检查，加大惩处力度 学校坚持以有效的监督来保证收费行为的规范。在这次治理乱收费的过程中，学校纪检、监察部门全程、全方位参与其中，加强监督检查，对可能出现乱收费的部门或收费不规范的环节，进行重点检查……	主体	正文
××大学 ××××年×月×日	落款	

【知识检测】

一、填空题

1. 报告标题一般由________、________、________三部分组成。
2. 报告的特点有________、________、________。

二、选择题

1. 某地发生一突发性重大事故，向上级反映此事故及其有关情况，用(　　)行文。

A. 通报　　B. 报告

C. 请示　　D. 通知

2. 根据工作中的情况、动向和存在的问题向上级机关提出具体建议、办法、方案的报告是(　　)。

A. 工作报告　　B. 答复报告　　C. 建议报告　　D. 情况报告

三、判断题

1. 报告不能用“以上报告当否,请批复”之类的结束语。(　　)

2. 工作报告、审计报告、调研报告、情况报告都属于同一文书范畴。(　　)

四、简答题

1. 报告有哪些类型?

2. 报告写作时应注意哪些问题?

【应用训练】

一、病文诊改

1. 请指出下面这份报告的问题,并进行修改。

关于××高速公路塌方事故的报告

××市建设委员会:

××××年×月×日,××高速公路××路段发生塌方事故,造成一定的伤亡后果。事故发生前,桥面上分散有二三十名工人,已浇筑了近200立方的混凝土,而且违章施工,按照施工程序应分两次浇筑的混凝土却一次浇筑。

估计事故原因是桥面负荷过重。事故发生后,近200名消防队员、工地工人、公安干警赶到现场紧急抢救,抢救时间持续近28小时。据查,该工程承建商是××市市政总公司第一分公司。

特此报告。

××市政工程总公司

20××年×月×日

2. 请指出下面这份报告的问题,并进行修改。

关于××乡柳编厂火灾事故的检查处理报告

20××年×月×日,我县××乡柳编厂发生了一起重大火灾。由于该厂领导抓安全防火措施不力,造成损失很大,烧毁部分设备和成品柳筐万余个,经济损失达×万元。事故发生后,我们立即进行了检查处理。从调查情况看,这次火灾是一起严重的责任事故,其直接原因是该厂工人××违反用电规定,引燃附近备用柳条垛。我们虽然调集六台消防车参加灭火,保住了厂房和部分原材料,但因该厂消防组织不健全,缺乏得力配合,致使火灾蔓延,造成严重损失。经上下通力合作,该厂于×月×日正式恢复生产。

我们对这次火灾造成的损失极为痛心,一定要吸取教训。我们采取了以下措施。

一、……

二、……

三、……

我们一定要吸取教训,严格防范,防止类似事故的发生。

二、写作训练

1. 请根据下面材料,写一份报告。

××市教育局收到关于××电子技术学校“乱收费用”情况的反映,特向该校询问此事,该校接到市教育局的文件后对各专业进行认真调查核实。该校认为,其收费标准是根据省人民政府〔20××〕××号文件精神,结合专业情况制定的,并且市物价局也核准了,不存在乱收费、多收费的情况。该校还认为,学校对特困生免部分学费并不定期予以补助,帮助部分特困生顺利完成学业。请你以××电子技术学校的名义将核实后的情况写成报告报送××市教育局。

2. 根据下面提供的材料,请以××市商业局的名义向××省商业厅起草一份报告。

20××年2月20日上午9点20分,××市××百货大楼发生重大火灾事故。

事故后果:未造成人员伤亡,但烧毁三层楼房一幢及大部分商品,直接经济损失792万元。

施救情况:事故发生后,市消防队出动15辆消防车,经4个小时扑救,火灾才被扑灭。

事故原因:直接原因是电焊工××违章作业,在一楼铁窗架电焊火花溅到易燃货品上引起火灾,但也与××百货公司管理局及员工安全思想模糊、公司安全制度不落实、许多安全隐患长期得不到解决有关。

善后处理:市商业局副局长带领有关人员赶到现场调查处理;市人民政府召开紧急防火电话会议;市委、市政府对有关人员视情节轻重,做了相应处理。

第二节 请　示

【学习目标】

1. 了解请示的含义、特点、分类及适用范围;
2. 掌握请示的写作格式;
3. 能够按照写作要求撰写请示。

【情景引入】

某集团公司近年经营业绩斐然,尤其海外市场业务不断拓展。因此,海外分公司急需增加一批熟悉海外业务,能适应海外工作环境的业务人员。分公司人力资源部拟定了一份社会公开招聘方案,但需要报集团公司审批,方可实施。那么,应该拟写一份什么样的公文提交集团公司呢?

【知识指要】

一、请示的含义

请示是下级机关向上级主管机关请求对某项工作或问题做出指示、给予答复、审核批准时所使用的报请性文书。请示是上行文,只能是下级机关对上级机关写请示。

二、请示的特点

1. 超前性

请示是在事前行文,也就是在工作开始前行文,得到上级机关批准后才能付诸实施,不可"先斩后奏"或"边斩边奏"。

2. 单一性

请示行文必须一文一事,即一份请示只能请求指示一件事或解决一个问题,这样才有利于上级批复,使问题得以解决。

3. 期复性

请示的行文目的是请求上级批准,解决某个具体问题,要求做出明确的答复。不管上级是不是同意下级的请示事项,都必须给请示单位一个回复。

4. 针对性

请示行文必须针对本机关没有对策、没有把握或没有能力解决的重要事件和问题,才能运用请示。请上级给予指示、决断或答复、批准。

三、请示的分类

根据请示的不同内容和写作意图,可以将请示分为以下三类:

1. 请求指示的请示

需要上级机关对原有政策规定做出具体解释,对变通处理的问题做出审查认定,对如何处理新情况做出明确的指示等请示,即属此类。此类请示多涉及政策上、认识上的问题。

2. 请求批准的请示

这是请求上级领导机关解决某些实际困难和问题,或要求对本单位处理某个问题的意见做出批示的请示。这类请示多涉及人事、财物、机构等方面的具体问题。

3. 请求批转的请示

职能部门针对涉及面广的某项工作提出处理意见和办法,需要有关方面协同办理,但按规定又不能要求平级机关和不相隶属的机关照办,而需要请示上级领导机关或综合部门审查核实后批转有关方面执行。这种上报的请示,就属于这一类。

一般来说,凡向上级领导机关请示的问题,应属于以下几种情况:

①属于主管上级机关明确规定必须批准才能办理的事项。

②对现行方针、政策、法令、规章制度不甚了解,有待上级机关明确答复才能办理的事项。

③工作中发生了新情况，而又无章可循，有待上级领导机关明确指示才能办理的事项。

④因情况特殊难以执行现行规定，有待上级领导机关重新指示才能办理的事项。

⑤因意见分歧，无法统一，难以工作，有待上级领导机关裁决才能办理的事项。

⑥有章可循，有法可依，可以开展工作，但因事由重大，为防止工作中失误，需请示上级领导机关审核的事项。

⑦按上级明文规定，完成一个任务，需报请上级机关审核的有关事项。

四、请示的写作要求

1. 用语得体

请示的事项要明确，语言要谦恭、庄重，使用征询商量的语气，结尾应用约定俗成的专用尾语。切忌语气生硬，用“要求”“必须”等带有命令口气的词语。

2. 一文一事

一份请示只能写一件事，只讲一个问题，切忌数事混杂。如果一文多事，可能导致发文机关无法批复。

3. 单头请示

请示必须严格按照隶属关系主送一个上级领导机关或者主管部门，不能多头请示，也不能主送领导者个人。如果需要，可以抄送有关机关。

4. 不越级请示

请示与其他党政公文一样，一般不越级上行。如果因特殊情况或紧急事项必须越级请示，可采取转呈，或在越级请示的同时，抄送越过的上级单位。

5. 不抄送下级

请示是上行公文，行文时不得同时抄送下级，以免造成工作混乱，更不能要求下级机关执行上级机关未批准或批复的事项。

6. 可提前沟通

行文之前要主动与主管领导取得联系，做好沟通工作，最好能够当面陈述有关请示意见，求得领导的同情、理解和支持。经验表明，提前沟通是请示事项容易获批的重要因素。

【写作格式】

请示的主体结构和写作要点见表3-2。

表3-2　请示的主体结构和写作要点

结构名称	写作要点
标题	请示的标题有以下几种写法： 1. 发文机关＋事由＋文种，如《审计局关于开展审计工作几个问题的请示》； 2. 事由＋文种，如《关于秘书处增加办公经费的请示》。多用于单位内部的请示。 注意：拟写标题时不应出现“请示报告”的混用文种问题。标题中不应有“申请”或“请求”这类表意重复拖沓的词语

续表

结构名称		写作要点
主送机关		主送机关只能有一个,即负责受理和答复该文件的机关。一般是直接上级,不应越级请示
正文	请示缘由	请示的缘由是请示事项和要求的理由及依据。写作时应从请示事项的重要性、必要性来考虑措辞,还要考虑上级机关的情况,全面周到地考虑问题才能把理由写得充分,为请示事项的成立打好基础
	请示事项	请示事项即要求上级解决的问题,包括具体办法、措施、主张、看法等,其是正文的核心部分。请示的事项要符合法规、符合实际,具有可行性和可操作性。因此,事项要写得具体、明白,一定要把情况交代清楚
	请示结语	请示的结语有"以上请示,请批复""以上请示如无不妥,请批准""妥否,请批复"等。结语是请示必不可少的一项内容,不能遗漏,更不能含糊其词。"请示"这一文种有请求性。所以,文辞要谦和有礼,大方得体,切不可用"速答复"等命令口吻
落款		落款包括发文机关署名和成文时间两个内容

【实例展示】

实例 3-2:

关于交通肇事是否给予被害者家属抚恤问题的请示

最高人民法院:

据我省××县人民法院报告,他们对交通肇事致被害人死亡,是否给予被害者家属抚恤的问题,有不同意见。一种意见认为,被害者若是有劳动能力的人,并遗有家属要抚养的,给予抚恤。另一种意见认为,只要不是由被害者自己的过失所引起的死亡事故,不管被害者有无劳动能力,都应酌情给予抚恤,我们同意后一种意见。几年来的实践经验证明,这样做有利于安抚死者家属。

是否妥当,请批复。

××省高级人民法院

××××年×月×日

【评析】这是一篇请求指示的请示。正文内容简洁明了,请示事项单一明确。以"据……报告"做行文依据、背景,然后说明对同一问题的两种不同意见,并表明倾向的意见及理由,最后请求上级单位给予指示。特别须注意的是,此类问题必须由最高人民法院作出指示。

【模板归纳】

请示的参考模板如下。

<table>
<tr><td colspan="1">关于要求追加我省自然灾害救济的请示</td><td colspan="2">标题</td></tr>
<tr><td>国务院：</td><td colspan="2">主送机关</td></tr>
<tr><td>今年我省自然灾害频繁发生，损失严重。上半年我省十多个市遭受寒潮、霜冻、龙卷风、冰雹和洪涝灾害；下半年第二、九、十五、十六、十八、二十三号强台风先后在我省五个县(市)登陆，台风伴随暴雨，造成洪涝灾害损失严重。据统计，全省受灾人口××××人，死亡×××人，伤×××人；倒塌房屋×××间，损坏房屋××××间；受灾粮食作物××××公顷，绝收××××公顷；交通、通信设施和工商业等损失也很严重。因灾直接经济损失×××亿元。夏粮减产×××万吨，初步估算秋粮减产×××万吨。</td><td>请示理由</td><td rowspan="3">正文</td></tr>
<tr><td>国务院对我省灾情非常重视，今年已经拨给我省救灾补助款××××万元；11 月 5 日我省赴京汇报后，国务院初步确定再增拨×××万元救灾款。我省各级政府正按照国务院领导的指示精神，安排好国家补助的经费，继续部署救灾救济工作，广泛发动群众生产自救。但是，由于受灾面积广、人口多，目前国务院补助的救灾款无法全部解决灾区群众的困难。有鉴于此，除继续发动灾民生产自救和依靠各级地方政府财政支持外，恳请国务院再拨给我省冬令救济款××××万元。</td><td>请示事项</td></tr>
<tr><td>以上请示，请批复。</td><td>请示结尾</td></tr>
<tr><td>××省人民政府
××××年×月×日</td><td colspan="2">落款</td></tr>
</table>

【知识检测】

一、填空题

1. 请示的特点有________、________、________或________。

2. 请示的分类包括________、________和________。

二、选择题

1. 请求上级领导机关解决某些实际困难和问题，或要求对本单位处理某个问题的意见做出批示的请示是(　　)。

A. 请求指示的请示　　B. 请求批准的请示

C. 请求批转的请示　　D. 请求同意的请示

2. ××县人民政府拟向市人民政府申请经费解决本县高寒山区贫困户移民搬迁，用(　　)。

A. 批复　　B. 意见　　C. 请示　　D. 报告

三、判断题

1. 请示的主送机关可以是一个，也可以是两个。(　　)

2. 请示可以一文一事，也可以一文多事。(　　)

四、简答题

1. 请示的适用范围有哪些?
2. 请示写作时需要注意哪些方面?

【应用训练】

一、病文诊改

1. 请指出下面请示中的错误,并进行修改。

关于成立××区环保局团委的请示报告

××区人民政府、区直属机关团委:

目前,我局团总支已不能适应形势发展和工作需要,我局打算成立××区环保局团委。其原因是我局近年来人员结构发生较大变化,年轻人逐年增多,截至2004年底,全局共有35岁以下年轻人201人,其中团员125人。按照我局2005—2007年人才储备计划,我局利用3年时间从高校毕业生中每年招聘100名本科生或研究生,这样,年轻同志的比例还会有较大提高。正因为如此,成立××区环保局团委势在必行,现将我们的想法汇报如下:

一、团委直属我局领导,拟设科级建制。

二、团委拟设行政编制两名,其中团委书记1名(正科级),团委副书记1名(副科级)。编制由局内调配解决。

三、由于我局财力紧张,难以添置办公设备,请上级拨给办公设备购置费2万元。

请务必批准!

××区环保局

××××年×月××日

2. 请指出下面请示中的错误,并进行修改。

××市财政局关于拨给我市中小学危险房屋维修补助费的请示

省财政厅:

根据中发〔20××〕48号文件中关于“校校无危房”的要求,我市自20××年开始就有计划地对中小学的危险校舍进行了抢修改造,截至20××年底,四年间共抢修危险校舍8万多平方米。但是,由于我市中小学校舍老旧房屋较多,很多校舍年久失修,有的已经到了不彻底维修不能再使用的程度,而更新维修的费用比较大。

为了尽快达到中央的要求,改善我市中小学的办学条件,特恳请省厅补助我市中小学危险校舍房屋抢修费100万元。

以上请示当否,请批复。

××××年×月××日

二、写作训练

1. 请根据下面的材料,写一份请示。

> ××省工业局拟于今年10月10日派组(局长×××等6人)到美国纽约市××设备公司检验引进设备。此事需向省政府请示。该局曾与对方签订过引进设备的合同,最近对方又来电邀请前去考察。在美考察时间为20天,所需外汇由该局自行解决。各项费用预算,可列详表。

2. 请根据下面的材料,写一份请示。

> ××市燃料公司所属储运科计量室,因业务需要,请外贸进出口公司进口日制测爆仪和超声波测厚仪各一台,共需2 805美元,资金来源建议在公司外汇留成中扣除,请上级机关批准。

第三节　批　　复

【学习目标】

1. 了解批复的含义、特点、分类;
2. 掌握批复的写作格式;
3. 能够按照写作要求撰写批复。

【情景引入】

某钢丝绳公司几天前向总公司提交了一份关于引进五台先进技术设备的请示,今天总经理高雨霏收到了总公司的回复,在公司提交的请示上写了几个字"经研究,暂不同意",高雨霏感到很困惑,为什么不同意呢?这真的是总公司的批复吗?

【知识指要】

一、批复的含义

批复是上级机关答复下级机关请示事项时使用的公文。限于针对所请示事宜的专门批复,它主要针对所请示的问题做出明确的回答即可。批复与请示是一组对应公文,先有请示后有批复。批复是下行文。

二、批复的特点

1. 针对性

批复的针对性反映在两个方面:一是批复必须针对请示机关行文,而对非请示机关不产生直接影响;二是批复的内容必须针对请示事项,不涉及与请示事项无关的内容。

2. 被动性

批复的写作以下级机关的请示为前提,先有上报的请示,后有下发的批复,一来一往,被动行文,这一点与其他公文有所不同。

3. 权威性

批复表示的是上级机关的结论性意见,下级机关对上级机关的答复必须认真贯彻执行,不得违背。批复的效用在这方面类似命令、决定,带有很强的权威性。

4. 明确性

批复内容针对请示事项,态度要明确,即明确表示批准与否,明确指示下级机关如何行事,不能有模棱两可的语言,导致请示单位无所适从。

三、批复的分类

批复按照不同的标准,可以分为不同的类型。

根据批复的内容不同,可以分为肯定性批复和否定性批复。

①肯定性批复。上级同意下级的请求,认可下级的意见或做法的批复称为肯定性批复。

②否定性批复。上级不同意下级单位的请求,给予否定的答复称为否定性批复。

根据批复的作用不同,可分为指示性批复和批准性批复。

①指示性批复。就是上级针对下级在理解和执行有关文件精神与政策时,存在某种不确定性或疑问而做出的答复,以指导实行文件精神和政策。

②表态性批复。就是对下级提出的请批事项给予表态,直接表态的最为简洁,当然也可在表态之后对下级提出一些贯彻执行方面的要求。

四、批复的写作要求

1. 观点明确,态度明朗

批复机关对所批复的问题要有明确的态度,具体的意见,不能含糊其词、模棱两可,使请示机关无所依从,延误工作。

2. 措辞庄重,简明扼要

批复在作出答复、提出要求、发出指示时应字斟句酌,确保语言简明,措辞准确庄重、周密严谨,不能使用理解上有歧义的词语。

3. 答复及时,批复集中

对下级机关的请示要及时答复,久拖不复势必影响下级机关工作的开展。同时,坚持一请示一批复的原则,不涉及请示以外的内容,也应注意不漏批请示中的事项。

【写作格式】

批复的主体结构和写作要点见表 3-3。

表 3-3　批复的主体结构和写作要点

结构名称		写作要点
标题		批复的标题有以下三种写法： 1. 由“发文机关 + 事由 + 文种”构成。如《国务院关于长沙市城市总体规划的批复》。 2. 由“发文机关 + 表态词 + 事由 + 文种”构成。如《××市政府关于不同意××板材厂修建办公楼的批复》。 3. 由“事由 + 文种”构成。如《关于同意人文社科系举办秘书训练班的批复》。 4. 由“发文机关 + 请示标题 + 文种”构成。如《××市人民政府对关于处理沿江路 3 号商业大厦失火事故请示的批复》
主送机关		主送机关指的是来文请示的单位，批复是有针对性的，所以不可缺少主送机关
正文	批复引语	也称批复依据或缘由，就是在批复开头先引叙请示文的相关情况，如收文日期、来文标题、发文字号等。一般称收到某文，或某文收悉。例如，你局《关于创办誉华职业中专学校的请示悉》（教成〔2015〕12 号）收悉。 引叙来文情况意在表明批复的针对性，然后以过渡句转入下文，也可直接写批复意见
	批复意见	这是批复的关键部分，需针对请示事项给予明确答复或具体指示。如同意，应有肯定性意见。如不同意，则简要说明理由，使受文者明白事项被否定的原因。 批复一般一文一批复，做到语言简明、意思明确、语气适当
	批复要求	从上级机关的角度提出一些补充性意见或是表明希望、提出号召。如果同意，可写要求；不同意，也可提供其他解决办法
	批复结语	常用的批复结语有“此复”“特此批复”等。有的批复有这一项，单独成段；有的批复则没有
落款		写在批复正文右下方，写明发文机关及成文日期

【实例展示】

实例 3-3：

关于组建××市劳务工联合工会的批复

××市劳动就业局：

你局《关于组建××市劳务工联合工会工作委员会的请示》收悉。经研究：同意你单位成立××劳务工联合工会。××同志任工会主席，×××同志任经审委员，××同志任女工委员（待条件成熟后成立经费审查委员会和女职工委员会）。

××市总工会

20××年×月×日

【评析】这是一篇批准性批复，内容单一，结构简单。开头先引述下级机关来文标题，答复内容针对请示内容，文字简洁，表态明确。

实例 3-4：

××县人民政府关于××乡人民政府兴建砖瓦厂问题的批复

××乡人民政府：

你乡20××年4月16日《关于兴建砖瓦厂的请示》(××发〔××××〕×号)收悉。经研究，现答复如下：

改革开放以来，农村盖房使用砖瓦量确实明显增加，因此各乡纷纷兴建了砖瓦厂。据调查，我县已经有40%的农户盖了新房；约30%的农户近年内不拟盖新房，砖瓦需求量相对趋于缓和。其余拟盖房户所需砖瓦的数量，我县现有砖瓦厂完全可以满足。因此，凡申报新建砖瓦厂的请求一律不予同意，以免供过于求，出现新的问题。

特此批复。

××县人民政府(公章)

20××年4月20日

实例 3-5：

关于××分公司申请修建公司招待宾馆的批复

××分公司：

你公司《关于修建公司招待宾馆的请示》(××发〔20××〕×号)业已收悉。经研究现答复如下：

总公司认为你们的业务招待客人总量不足，且存在严重的季节分布不均现象。此外，修建招待宾馆需要投入大量资金，分散财力、物力和主要管理人员精力，会影响主业经营，故总公司不同意你们修建招待宾馆的请示。

特此批复。

××总公司(公章)

20××年××月××日

【评析】这是两则不批准请求事项的批复。正文首先引叙请示标题及文号，以“经研究，现答复如下”引出否定理由。实例3-4全文以“特此批复”作结前，还附带对同类请示表态，具有很强的工作导向性。

【模板归纳】

批复的参考模板如下。

<table>
<tr><td>关于同意创办誉华职业中专学校的批复</td><td colspan="2">标题</td></tr>
<tr><td>××区教育局：
你局《关于创办誉华职业中专学校的请示》(教成〔20××〕××号)收悉。经派专员现场考察并经研究，认为该校举办人购置国有资产程序规范，办学的基本条件具备，为促进职业教育发展，同意其办学，但须注意规范以下几点：</td><td>批复引语</td><td>正文</td></tr>
</table>

续表

<table>
<tr><td>一、学校定名为“六安誉华职业中专学校”,隶属区教育局管理;试办期两年,两年后依据省教育厅颁布的办学标准,再行评估。
二、专业设置及其他重大事项,先报批后实施。
三、不断改善办学及实习、实训条件,提高自身办学竞争能力。
四、加强学校安全和对学生的安全教育工作。</td><td>批复意见与要求</td><td rowspan="2">正文</td></tr>
<tr><td>此复。</td><td>批复结语</td></tr>
<tr><td>××市教育局
××××年×月×日</td><td colspan="2">落款</td></tr>
</table>

【知识检测】

一、填空题

1. 批复的特点有________、________、________和________。
2. 批复的类型有________、________。

二、选择题

1. 对下级机关的请示,一般可以用(　　)来答复。

   A. 通知　　B. 通告　　C. 批复　　D. 意见

2. 下列文书中属于下行文的是(　　)。

   A. 批复　　B. 报告　　C. 请示　　D. 会议纪要

三、判断题

1. 批复时不同意下级请示的,需要说明原因。　(　　)
2. 批复和请示一样,也应一文一事。　(　　)
3. 批复对请示事项应明确地答复,不能含混其词。　(　　)

四、简答题

1. 什么是批复?批复有哪些特点?
2. 写作批复需注意哪些问题?

【应用训练】

一、病文诊改

1. 请指出下面批复中存在的问题,并进行修改。

> **批　　复**
>
> ××乡政府:
>
> 对你乡的多次请示,作如下答复:
>
> 一、原则批准你乡建立贸易公司,负责本乡的内、外贸易工作。你乡应尽快联合贸易公司开始营业。

续表

二、你乡提出试行“关于违反计划生育规定的处罚办法”最好不执行,因为这个办法违反上级有关文件精神。

三、今年你乡要盖礼堂一座,并准备开辟为对外营业的影剧院,有利于活跃农民文化生活,增加宣传阵地。批准你们的请示。

四、同意你乡“关于开展学习拥军模范姚静同志活动”的请示。姚静同志支持丈夫、儿子上前线。在丈夫牺牲后又鼓励女儿报考军队护校,她还给前线战士寄书、写信,鼓励他们保卫祖国,事迹是感人的,应大力宣传。

××县人民政府

20××年×月×日

2. 请指出下面批复中存在的问题,并进行修改。

××市商业委员会关于同意购买进口仪器的批复

××市石油集团公司:

经研究,同意你公司购买进口仪器易燃气体测爆仪和金属钢板测厚仪各壹台,款额从你公司留存外汇中支付。希务必专款专用,违者按有关规定严肃处理。

特此批复。

××市商业委员会(盖章)

20××年×月×日

二、写作训练

1. 阅读下文材料,撰写一份批复。

××省外资局关于组团赴美检验引进设备的请示

××省人民政府:

我局20××年×月与美国纽约市某设备公司签订过一项引进对方设备的合同。合同中有我方需组团赴美检验拟引进设备质量的条款。今美方电邀我局组团赴美履约。

经研究,我局拟派×××局长为团长的代表团一行5人于今年×月中旬赴美。预计赴美检验考察时间需20天,所需外汇由我局按有关规定自行解决。

妥否,请批复。

附件:1. 合同1份

2. 美方邀请函

3. 赴美代表团成员简况

4. 赴美经费预算

××省外资局

20××年×月×日

2. 请针对上一节“关于成立××区环保局团委的请示”写一份批复。

3. 向阳中学为了改善办公环境,拟自筹资金建一幢办公楼,特向区教育局请示,请代向阳中学撰写此文。

第四节　函

【学习目标】

1. 理解函的含义、特点；
2. 掌握函的写作注意事项；
3. 掌握函的结构和写法。

【情景引入】

某市教育局拟对系统内干部进行为期两天的不脱产培训，拟向某学院借6间教室，为表正式，需草拟一份文书，应该用哪种文书呢？某学院接到此文书后又该如何回复呢？

【知识指要】

一、函的含义

函是平行机关或不相隶属机关之间，互相联系和洽谈工作，或咨询、答复问题时，或向有关主管部门请示批准时所使用的平行文书。

二、函的特点

1. 平等性

函用于不相隶属机关、单位之间行文，体现着双方平等关系，这是其他上行文和下行文不具备的特点。函的措辞、语气也跟请示和批复大不相同，体现着平等的特点。

2. 灵活性

函的灵活性体现在两方面：一是不受公文格式限制，如可不用开头，便函可不编文号、不拟标题，使用起来十分简便；二是函虽属平行文，但它既可上行，又可下行，行文的多向性给人们的公务活动带来了方便。

3. 针对性

函的内容必须单一，一份函只能写一件事项。函不需要在原则、意义上进行过多的阐述，不重务虚，重务实。

三、函的分类

1. 按性质划分

按性质分可以分为公函和便函两种。公函用于机关单位正式的公务活动往来；便函则用于日常事务性工作的处理。便函不属于正式公文，没有公文格式要求，甚至可以不要标题，不用发文字号，只需要在尾部署上机关单位名称、成文时间并加盖公章即可。

2. 按发文目的划分

按发文目的函可以分为发函和复函两种。发函即主动提出了公事事项所发出的函。

复函则是为回复对方所发出的函。

3. 按内容和用途划分

①商洽函。主要用于不相隶属机关之间商量洽谈办理某一事情,如联系参观和学习、商洽干部调动、请求帮助支持等。

②问答函。问答函主要用于向对方询问或答复某一事项。问答函包括询问函和复函两种类型。

③请批函。请批函用于向有关主管部门请求批准某一事项。所谓有关主管部门,指对请批的事项有决定权和批准权的部门,主管部门多是职能部门。请批函的对象是无隶属关系的主管部门,属平行文。

四、函的写作要求

1. 直陈其事,言简意明

公函主要用于商洽工作、询问事宜、答复问题,因此写法上多以陈述为主,不宜大发议论,空泛说理。语言要简洁明了,让对方一看即知商洽何事,询问何事,所求为何。

2. 态度诚恳,用语得体

函属平行文,用于与不相隶属的机关、平级机关之间商洽事宜,请求对方给予帮助和支持,因此,态度应诚恳谦和,语气应礼貌得体。公函中,切忌使用上级对下级的口吻,发号施令,以免引起对方反感与不满,达不到沟通协商的目的。

【写作格式】

函的主体结构和写作要点见表3-4。

表3-4　函的主体结构和写作要点

结构名称		写作要点
标题		发文机关+事由+文种。如《×××电脑公司关于商洽委托代培秘书人员的函》。 事由+文种。如《关于商请派车接送学生的函》
主送机关		即受文并办理来函事项的机关单位,于文首顶格写明全称或者规范化简称,其后用冒号
正文	缘由	正文开头要交代发函的根据,要直截了当、谦恭有礼。缘由的写法除问答函(指复函)有一定格式可循外,商洽函、请批函均无格式可循。商洽函、请批函的缘由写明商洽、请批某事的原因、理由即可
	事项	主要说明致函事项。函的事项部分内容单一,一函一事,行文要直陈其事。无论是商洽工作,询问和答复问题,还是向有关主管部门请求批准事项等,都要用简洁得体的语言把需要告诉对方的问题、意见叙写清楚。如果属于复函,还要注意答复事项的针对性和明确性
	结语	不必对方回复的函,结语常用"特此函告""特此函达"。要求对方复函的,用"盼复""望函复""请即复函"等语。请批函的结语多用"请批准""请大力协助为盼"等惯用语。复函的结语常用"特此复函""特此回复""此复"等惯用语
落款		落款写明发文机关及成文日期

【实例展示】

实例 3-6：

××市教育局关于向××商务职业学院商借教室的函

××商务职业学院：

为传达贯彻党的最新领导精神，拟对本系统在职干部进行不脱产培训。因场地不够，拟向贵校借用教室。时间是今年 11、12 两个月的所有双休日，每天上午 8 时至下午 5 时，数目 6 间，有关经费及细节，我局将派人前来商定。望能得到贵校支持。

妥否，请函复。

××教育局

20××年×月×日

【评析】这是一则商洽函。正文的缘由部分，开门见山，即陈要旨，继而提出要求。语言得体，简明清晰。

实例 3-7：

××商务职业学院关于同意借用教室的复函

××市教育局：

贵局来函《关于向××商务职业学院商借教室的函》(×教〔××××〕××号)已收悉。经研究，现答复如下：借用教室之事与传达贯彻党的最新领导精神有关，作为本市的一所高等院校，理应全力支持，我院同意贵局的要求，具体事宜请派工作人员来我院商洽。

特此函复。

××商务职业学院(盖章)

20××年×月×日

【评析】这是答复对方商洽事项的函。正文开头引述对方来函标题及发文字号，以作复函缘由，继而用"经研究，现答复如下"一语过渡到主体部分。主体部分先对商洽的事项表态，并提出了要求。文章针对性强、态度诚恳、表述严谨、行文规范。

【模板归纳】

函的参考模板如下所示。

××市统计局关于请求拨款的函	标题	
市财政局：	主送机关	
我局原有 132 m^2 砖瓦结构车库(平房)一处，因年久失修于今年雨季突然倒塌，急需修复。经测算，共需资金 30 万元。因我局除财政拨款外无另外资金来源，故请能予以拨款，以便解决车辆越冬之急需。	缘由	正
	事项	
妥否，请批示。 附：维修图纸与预算	结尾	文
××市统计局 20××年×月×日	落款	

【知识检测】

一、填空题

1. 按内容和用途划分,函可以分为________、________和________。

2. 函的特点是________、________和________。

二、选择题

1. 向级别与本机关相同的有关主管部门请求批准某事项应该使用(　　)。

A. 请示　　B. 报告　　C. 函　　D. 通知

2. 函的结束语一般用(　　)。

A. 请审批　　B. 请批复　　C. 请批示　　D. 请函复

三、判断题

1. 函追求短小精悍,因而复函不必引用对方来函的标题及发文字号。(　　)

2. 用函表达的内容,也可以用请示来表达。(　　)

3. 向不相隶属的机关询问事项,可以用函。(　　)

四、简答题

1. 什么是函?函有什么特点?

2. 函的撰写有哪些要求?

【应用训练】

一、病文诊改

1. 下面是几份公函中的语句。请首先判断它们出自上行文、平行文还是下行文,然后分析其用语是否妥当。如果不妥,请予以修改。

(1)行不行,回个话。

(2)我们的请示送去了一个月,你们为什么不批复?

(3)我们要求增加资金的事你们到底答复不答复?

(4)你们究竟派不派人来?难道这是我们一个公司的问题吗?

(5)你们乡为何连续发生几起偷盗案例?你们的领导人在干什么?

2. 阅读下面这份函,分析其中存在的问题并进行修改。

关于联系教师进修的函

××大学教务处:

首先让我们以××商务职业学院的名义,向贵处表示衷心的感谢,过去为我校办学给予了很大的帮助。目前我校又面临一个很难解决的问题。

原来事情是这样的;我校开办不久,师资力量很差,决定派××位年轻教师到贵校旁听进修一年。我校与有关部门多次商量。但××位教师进修住宿问题,至今也没有得到解决。提高教学质量的关键是师资。为提高我校教育质量,恳请贵处设法在贵校给解决住宿问题。但不知贵处是否有什么困难。如果需要我校给贵处办什么事情,请尽管提出,

续表

我校会竭力去办。再说一句，贵处如有给解决我校进修教师住宿问题，我们以我校领导的名义向贵校领导深深地表示谢意。

致以崇高的敬礼。

××商务职业学院

20××年×月×日

3. 阅读下面这份函，分析其中存在的问题并进行修改。

关于请××商厦准备经保工作经验材料的函

××市商业局：

你局××商厦狠抓安全保卫工作，成绩突出。经市综合治理办公室同意，我局准备于12月中旬召开全市经保工作经验交流会，请××商厦在会上介绍加强内部防范工作的经验。请速通知该单位，于12月中旬将此材料报送我局×处秘书科(写作要求附后)。

此致

敬礼!

××市公安局

20××年×月×日

二、写作训练

1. 请根据下面材料，草拟一份函。

上海××装潢材料厂曾于20××年4月与××省××市钢铁厂签订了一份购买钢材的合同。后来对方发来的钢材不符合质量要求。而在此之前，装潢材料厂已经付了20%的货款，共计8万元。经过多次交涉，最后双方在20××年5月20日协商达成协议，由钢铁厂在一个月内退回货款，并将钢材自行运走，就此终结合同。但事后钢铁厂仍未将货款退还。××装潢材料厂曾于20××年6月25日以“新艺〔20××〕18号函”催讨，未得回音。7月25日该厂再次发函催讨。根据上述材料，撰写一篇去函。

2. 请根据下面材料，草拟一份函。

××大学文学院将于今年9月开办涉外秘书培训班，系统讲授涉外秘书业务、公关礼仪、实用文书写作等课程。××集团公司拟选派8名在岗秘书人员随该班进修学习，委托代培。××集团公司拟写一封函给××大学文学院。

第五节　会议纪要

【学习目标】

1. 了解会议纪要的含义、类型和作用；

2. 掌握会议纪要的写法；
3. 能够按照写作要求撰写会议纪要。

【情景引入】

姚立鑫年初刚刚从某集团公司人力资源部调入总裁办公室，这天他作为秘书参加了总裁办公会议并做会议记录，会后总裁交代他整理出一份会议纪要，他心想，不是做了会议记录了吗，为什么还要写会议纪要呢？这两份文档有什么区别呢？

【知识指要】

一、会议纪要的含义

会议纪要适用于记载和传达会议情况和议定事项。具体说，纪要就是对会议讨论的事项，择其要点加以归纳整理，以通报会议精神，统一认识，指导工作。需要撰写纪要的会议，是那些未正式形成决议或决定文件，而对会上讨论的一些问题，在取得一致意见之后，又需要传达和贯彻执行，或公之于众的。

二、会议纪要的特点

1. 纪实性

纪要是在会后或会议后期根据会议记录和各种会议材料整理而成的，注重真实、客观、准确、全面反映会议情况和会议精神，不得随意发挥想象或随意深化、拔高。

2. 提要性

纪要不同于会议记录那样有事必记，有闻必录；而是对会议情况和研究决定事项进行系统的整理、分析、评定、综合而成。它只反映会议的主要内容、重要决策、重要结论等本质精神，因而具有提要性。

3. 限定性

会议纪要的作用具有限定性，因为它只对与会单位、与会人员有约束力，要求他们共同遵守、执行会议议定事项。若需在更大范围内发挥作用，则要求由上级机关用“通知”批转下发，要求执行。

三、会议纪要的分类

1. 会议纪要按其内容分类

①指导性纪要。这种纪要的本身可以当作政策来执行。

②通报性纪要。对会议讨论决定的一些问题以纪要的形式发到一定的范围，使其了解会议精神和决定事项。

③消息性纪要。主要是为了把会议讨论的精神和问题传达给大家，不作为一种指导或决定，目的是让人们知道开了什么会，讨论了什么问题，提了哪些建议，实际上起到了总的、宏观指导的作用。这种纪要的写法比较客观，要如实反映会议讨论的情况，即使有不同意见，也可以整理进去。

2. 会议纪要按其会议性质分类

①日常办公纪要。这是一种针对日常的、例行的工作会议整理而成的纪要，如厂务办公纪要、院务办公纪要等。

②大型纪要。这是一种针对专业性或专题性大型会议整理而成的纪要。

四、会议纪要的写作要求

1. 内容真实，重点突出

纪要必须如实地反映会议情况，不能随意增添删减，不能以偏概全，要如实体现会议的决定和领导的思想意图。同时，纪要不能面面俱到、照搬会议记录。要围绕会议基本精神，突出重点，把会议讨论情况及结论写清楚。

2. 条理清晰，文字简练

会议中各种材料、观点要经过集中、归纳、整理，去掉次要的、枝节的以及错误的成分，保存精华，加以提炼，要求做到全面、深刻、中肯、概括地反映会议内容。形式上要做到条理清楚，逻辑严密，轻重分明，层次有序。

3. 意见一致，主语会议

纪要中记载的意见应该是已经取得一致的意见；没有取得一致的意见，一般不写入纪要。同时，纪要一般用"会议"做主语，即"会议认为""会议指出""会议强调""会议听取了""会议讨论了""与会者一致认为""会议决定""会议要求"等作为层次段落的开头语。

【写作格式】

会议纪要的主体结构和写作要点见表3-5。

表3-5　会议纪要的主体结构和写作要点

结构名称		写 作 要 点
标题		纪要的标题有以下两种形式： 1. 由"会议名称＋文种"组成，如《全国文物拍卖管理工作座谈会会议纪要》； 2. 采用双标题，正标题概括会议中心内容，副标题说明是什么会议纪要，如《中共中华全国供销合作总社党组中心组学习纪要——传达贯彻20××年全国两会精神》
正文	会议概况	纪要的开头应以简洁的语言交代会议的召集机关和会议的时间、地点、参加会议的人员和讨论的问题，以及讨论的情况
	会议内容	会议内容是正文的主要部分，介绍会议讨论和决定的主要事项。这一部分比较常见的写法有综合归纳和分项列举两种。 1. 综合归纳法是把会议主要内容归纳为几个问题或几个方面，并逐个加以阐述，这种写法比较适合传达一些讨论重要问题的会议精神。 2. 分项列举法则多见于传达讨论具体工作的会议精神，一般是把今后要做的工作逐条列出
	结束语	结束语是正文部分的小结，往往对与会者、下级机关、有关群众提出一些希望和要求。 一般是会议内容比较重要、比较复杂的才写结束语，内容相对比较简单明了的可以不写结束语

【实例展示】

实例3-8：

××企业集团办公会议纪要

(20××年×月×日)

20××年×月×日下午，陈×总裁在总部主持召开了新年第一次总裁办公会议，确立今年企业集团的工作思路，布置了工作任务。参加会议的有各部门负责人。会议议定事项如下：

一、企业集团今年的工作思路是："扶持和培育10～15家骨干企业；稳定30家左右中等企业；撤、并、停、转、重组一批小企业和困难企业"，减少企业集团下属子企业数量，促进有潜力的企业快速发展。会议要求集团总部各部门依据工作思路制订出今年的工作计划。

二、今年的工作重点是建立"三库"，即建立企业资产财务信息库、人力资源库和企业基本情况数据库。

三、今年要加强集团内部管理，强化服务意识，理顺工作程序，严格考勤考核工作，增强执行制度和各项规定的自觉性，树立企业集团的良好形象。

四、年初出台新的企业考核体系。对不同性质的企业出台不同的考核办法。

【评析】这篇纪要，导言部分介绍了会议主题，会议时间、地点、主持人和出席人员。承启语后，分条列项地写了会议议定的四方面事项。文章指导思想明确、层次分明、语言明晰。

【模板归纳】

会议纪要的参考模板如下：

<table>
<tr><td rowspan="2">××市人民政府第一次经济普查领导小组第一次会议纪要
(20××年6月1日)
20××年6月1日，市委常委、市政府常务副市长刘××主持召开了××市人民政府第一次经济普查领导小组第一次会议。市政府副秘书长、办公室主任涂××，市统计局局长傅××、副局长单××，市发展计划委员会副主任雷××，市财政局副局长彭××及市委宣传部、市编办、市经贸委、市民政局、市建设局、市教育局、市卫生局、市民营企业局、市质量技监局、市工商局、市国税局、市地税局有关同志参加了会议。会议首先听取了傅××同志关于全省经济普查工作会议主要精神的传达汇报以及我市经济普查下一步工作的打算，并就有关问题进行了研究。会议结束时，市委常委、市政府常务副市长刘××做了重要讲话。现将会议主要精神纪要如下。</td><td colspan="2">标题</td></tr>
<tr><td>会议概况</td><td>正文</td></tr>
</table>

续表

<table>
<tr>
<td>一要统一思想，高度重视。经济普查是国务院交给各级政府的一项重大而艰巨的任务，是一项重要的政府行政行为，是我们义不容辞的责任。搞好经济普查，能够更好地摸清家底，有效解决常规统计调查资料不够完整、不够精确等问题，为各级党委、政府领导进行宏观决策、编制国民经济和社会发展“十四五”规划提供科学的依据。各级、各有关部门要从讲政治、顾大局的高度，充分认识搞好经济普查的重要意义。
二要紧密配合，通力协作。经济普查是政府的一项重要工作，各有关部门要牢固树立“一盘棋”的思想，服从经济普查领导小组的统一指挥，按照全市普查的统一规划和工作安排，需要有关部门提供的普查资料，要无条件地支持和配合。经济普查领导小组各成员单位都是经济普查工作的主要责任部门，要充分发挥各自的职能作用，切实担负起自身的责任，按时保质地完成自己承担的普查任务。宣传部门要做好宣传计划，建立宣传网络，充分发挥舆论导向作用，为经济普查工作的顺利进行营造良好的社会氛围。
三要周密部署，精心操作。经济普查领导小组办公室设在统计局，统计部门要切实履行职责，精心组织实施，严格按照国务院、省政府的部署和要求，充分考虑普查过程中可能出现的各种困难和问题，结合我市的实际情况，周密筹划，合理安排好普查的每一项工作。要吃透上级精神，细化具体工作，少搞形式，多做实事。
四要厉行节约，确保必需。要按照全国、全省的要求，坚持“分级负责，分年拨付，列入预算，确保需要”的原则，想方设法，积极筹措，确保本级普查所必需经费的落实。各级普查机构要精打细算，把有限的资金使用好。
五要加强指导，保证质量。为搞好经济普查工作，普查办的同志要主动工作，不辞辛苦，特别是要加强对基层经济普查工作的督促检查和技术指导。各级普查机构要严格执行国家的普查办法，确保无偏差、不走样。对于一般性的工作，要大胆安排布置；需要政府出面的工作，各级政府要出面协调解决，市政府由涂××副秘书长负责经济普查的协调工作。</td>
<td>会议内容</td>
<td rowspan="2">正文</td>
</tr>
<tr>
<td>会议最后强调，各地、各部门要密切配合，通力协作，各司其职，各负其责，以扎实的工作作风、一流的工作业绩，圆满完成我市的经济普查工作任务。</td>
<td>结束语</td>
</tr>
</table>

【知识检测】

一、填空题

1. 会议纪要适用于________情况和________。

2. 会议纪要的特点有________、________和________特点。

二、选择题

1. 用于记载和传达会议情况的公文是(　　)。

A. 通知　　B. 通告　　C. 会议记录　　D. 会议纪要

2. 会议纪要按内容分类中,不包括(　　)。

A. 指导性的纪要　　B. 通报性的纪要

C. 消息性的纪要　　D. 日常办公纪要

三、判断题

1. 会议纪要就是会议记录。　(　　)

2. 会议级要的主送机关可以是一个,也可以是多个。　(　　)

3. 会议纪要通常采用第一人称记叙,也可用第三人称记叙。　(　　)

四、简答题

1. 什么是会议纪要？会议纪要有什么特点？

2. 会议纪要的撰写有哪些要求？

【应用训练】

一、病文诊改

1. 请阅读下面材料,找出存在的问题并进行修改。

《××××学会会议纪要》

时间:20××年×月×日

参加人员:常务副会长李××,副会长王××、郝××、路××,办公室主任王××、副主任高××,活动中心主任刁×。

会议内容:

一、确定了学会的办公地点。根据20××年××月×日会议决定,李××、王××同志对学会办公地点进行了考察,经过比较,认为中华研修大学办公条件优越,适合作为学会的办公地点。会议决定,从即日起××××学会迁到中华研修大学,挂牌办公。通信地址:××市××区蓝靛厂路21号。联系电话:139××××××。

二、学会与中华研修大学商定,由中华研修大学给学会提供办公室、办公桌椅、电话和必要的办公费用。利用中华研修大学的教学条件,双方共同组织举办秘书培训班等。

三、为便于开展工作,建议增补中华研修大学管委会主任韩×为学会副会长,负责学会的后勤保障和日常管理,先开展工作,以后提请8月份常务理事会确认。

四、研究了20××年学术会议和常务理事会安排(详见通知)。

2. 请阅读下面材料,找出存在的问题并进行修改。

××省人民政府关于食盐储备工作会议纪要

20××年×月×日,××省政府办公厅召集省经委、贸易厅、财政厅、工商银行研究了省级食盐储备问题。秘书长××同志主持会议。参加会议的有×××、××等同志。现将会议确定事项纪要如下。

一、当前食盐资源短缺,供应紧张,为保证我省市场消费和轻工食品生产正常进行,加强对食盐的调控能力,一致同意建立省级食盐储备。

续表

二、省级食盐储备暂安排3吨。 三、食盐储备资金7 000万元。 四、储备费用年需850万元,由省财政厅和代储企业共同承担。其中,省财政拨付一部分资金作为铺底资金,周转使用。省级储备盐坚持全年储备和季节性更新相结合,销售差价部分先抵补储备费用,如有节余,除适当留给储备单位做留利外,主要用于充实储备资金;如出现亏损,先从基金中补贴,超过部分由省×××公司负担。

二、写作训练

1. 根据下列所给材料,拟写一份会议纪要。

2020年3月15日上午,××职业技术学院院长李××组织召开了院学术委员会扩大会议,与会人员有学院领导和学术委员会全体成员。会议中心议题是关于制定该校2020年—2025年中长期发展规划的问题。会上李院长说:我们学院发展到今天是历任院长、专家与教师共同努力的结果……他们的努力为学院的进步发展奠定了良好的基础……李院长在分析了学院当前形势之后指出:我们未来的发展目标是加快内涵发展,提高自身的竞争力,争创全国示范性高职院校。我院目前正处于高职专科向高职本科转型时期,为此,我们需要为学院的未来做出前瞻性的发展规划,为学院升格做充分的准备,我们要加强内涵建设,提高办学的软实力;加快新校址的建设;强化办学特色,提高办学质量。学院中长期发展规划包括三方面内容:科技教育发展规划、学校新校址建设规划及制度建设。会上,学术委员会成员结合各自的工作畅谈了对学院、科室发展的设想和建议,副院长杨××、徐××、张××,纪检书记关××也都分别对学校的发展规划提出了自己的见解。与会人员激情满满为学院的发展建设献计献策,高度体现了主人翁的责任感,并对学院的未来充满信心。

2. 根据下列所给材料,拟写一份会议纪要。

×××生物科技有限公司30周年庆典活动筹备会议于×月×日在××××会议室召开。会上,在总经理的主持下,各部门负责人对庆典活动的宗旨、主题、原则,以及庆典活动的大致方案进行了讨论与交流,气氛十分热烈,最后就相关事项达成了一致的看法和意见。会议结束后,张红将会议记录整理成会议纪要,下发到相关部门。

第四章 事务文书

事务文书是国家机关、企事业单位、社会团体等在工作过程中，为反映事实情况、解决问题、处理日常事务而普遍使用的文书，它具有很强的实用性。例如，人们在工作生活中，常常会因为借钱、物履行相关手续而留下凭证性条据；有事需要向社会公开说明或需要得到公众支持和帮助时，常常会用到启事；而为了工作中更好地沟通信息、安排工作、研究问题，常用到工作计划、工作总结、工作简报等文书。因此，掌握常见的事务文书写作知识和技能，是非常必要的。本章主要介绍条据、启事、工作计划、工作总结、述职报告、工作简报六种常用事务文书。

本章的具体架构如下：

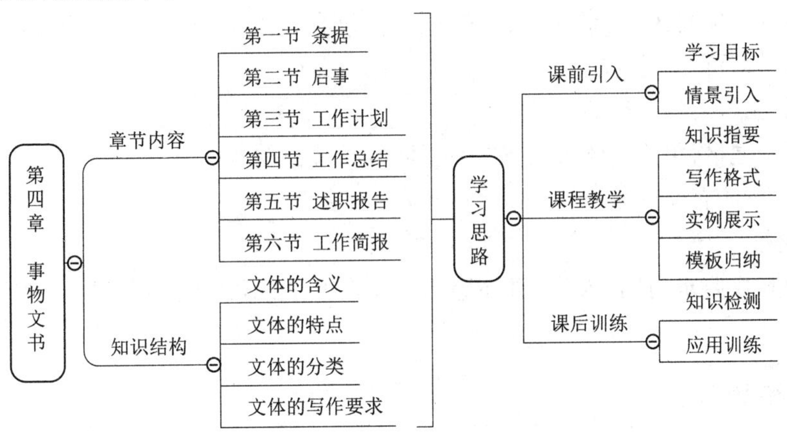

第一节 条　据

【学习目标】

1. 了解条据的定义、特点及分类；
2. 掌握条据的撰写要领与写作格式；
3. 能够按照写作要求撰写条据。

【情景引入】

关欣毕业后在一家猎头公司上班，良好的薪资待遇、舒服的工作环境令她很珍惜这个工作，但刚上班两个月，妈妈生病，需要人照顾，关欣不得已写了一份假条：

“××领导：

我妈妈生病住院，需要我前去照顾，特向您请4天假，请您批准！”

关欣向领导递交了假条后，单位领导了解了她的情况，并同意了她的请假。但到月底发工资时，关欣发现公司扣了她5天的工资。她很迷惑：明明请了4天假，为什么被多扣了1天的工资？假条到底是哪里出了问题呢？

【知识指要】

一、条据的含义

条据是便条与单据的总称，是指人们在日常工作、学习和生活中，彼此间为处理各种事务或处理财务事项而写给对方的，有所说明或作为某种凭据的字据。现在条据的载体可以是微信或短信，但仍要遵循其写作要求，将完整的信息内容写出，并提倡简洁而礼貌。

二、条据的特点

1. 简明性

条据多为专事而作，一事一文，简短明了。语言表述上不求精彩华丽，将内容表达客观、明确、清晰即可。

2. 精准性

条据所记之事，关乎具体事务，如事情的缘由、钱财名称和数量、立据时间等，写作时务求精严准确，不能有丝毫差错。

3. 周全性

条据的写作要求时间、人物、事件等相关要素齐全，语言表述详实周到，因此具有周全性特点。

三、条据的分类

根据条据的作用划分，可以将条据分为说明性条据和凭证性条据两大类。

1. 说明性条据

说明性条据是指日常生活中有事情要告诉别人，或者委托别人办什么事情，在不能面谈的情况下，一方向另一方说明事实、陈述请求或者交代事情所写的便条。例如，留言条、请假条、意见条、托事条等。

2. 凭证性条据

凭证性条据，是指人们在工作和学习中，在领取、收到、借到别人或单位的东西及钱款时，给对方立下的字据，起证据的作用。例如，收条、领条、借条、欠条等。单位特制的、具有固定格式的条据叫作“据”，如收据、借据等。人们自己书写的条据叫作“条”，如收条、借条等。

四、条据的写作要求

1. 语言简明，用词准确

条据的语言表述要简明，一般只写事实，不做条理分析。用词要求准确，不能使用议论、描写、抒情的手法，更不能出现感叹字词，防止歧义误认。

2. 数据清楚，金额具体

条据中对所收、领、欠、借的物品、款项的名称、规格、数量等一定要写得明确、具体。数字、金额要用汉字大写，金额在“元”后加“整”字。

3. 字迹工整，不要涂改

条据要用钢笔、签字笔或毛笔书写，字迹清楚工整。条据写成后不要任意涂改，需要改动时，应在改动处加盖公章、私章或手印，以示负责。

【写作格式】

说明性条据主体结构和写作要点见表4-1。

表4-1　说明性条据的主体结构和写作要点

结构名称		写作要点
标题		标题写在便条上方居中，如“请假条”
正文	称谓	顶格写，表示对对方的尊重。称谓写作格式：姓＋称呼或职位，如李老师，张经理
	主体	主体是条据的核心部分，在称谓之下另起一行空两格开始书写，交代清楚原因、具体事情或者有关要求等。行文要注意语言简明扼要、具体完整、礼貌周全
	结尾	一般写给领导、老师、长辈等的说明性条据用致敬词，可视具体情况写下“谢谢”“此致敬礼”“特此拜托”等礼貌性的话语，平级、下级则不用，也可不写
落款		包括署名和时间两个内容。署名写在正文右下方，署名下方还要写明日期
附件		请病假若有医生证明的，可以在正文后另起一行写：“附：医生证明。”然后把医生证明与请假条一起上交

凭证性条据主体结构和写作要点见表4-2。

表4-2　凭证性条据的主体结构和写作要点

结构名称		写作要点
标题		标题用来表明条据的性质，在第一行正中写“收条”“借条”“领条”“欠条”等
正文	主体	第二行开头空两格，多以“今借到”“今收到”“今欠”“今领到”等字样开头，表明条据性质。然后，写明条据内容，从何单位或何人处借到或领到何物。如是借条或欠条，应写上还款或还物的日期、方式、利息等其他事项。要详细写明名称、种类、数量，数字要用大写汉字
	结尾	正文写完，另起一行，空两格写“此据”二字，也可省略不写
落款	签名签章	在条据的右下方，写明立据单位名称或立据人姓名，并在姓名前写上“借款人”“欠款人”“收款人”或“经手人”等字样。 个人出具的字据，由要人签字；单位出具的字据要加盖公章，必要时还要有经手人签名。 若是帮人代领（收），应在姓名前加上“代领（收）人”字
	日期	日期要具体而准确，一定要年、月、日齐全。另起一行，写在经手人下方

【实例展示】

实例 4-1:

请假条

郭老师:

我因昨天感冒发烧到40 ℃并发肺炎,需住院治疗,不能到教室上课,特此请假一周。敬请批准。

此致

敬礼

学生:张阳

20××年×月××日

附:校医院诊断证明

实例 4-2:

留言条

××老师:

今天下午三点我到您办公室找您,想与您商量开幕式一事,您不在,明天上午10点我再来,请您一定等我。

您的学生:王晓雨

20××年×月××日

实例 4-3:

借条

今借到单位办公戴尔笔记本一台,七月一日之前归还。此据。

借物人:邓华

借款日期:20××年6月8日

实例 4-4:

借条

借款人:马灯辉,男,汉族,1987年9月7日出生。

家庭住址:哈尔滨市××××小区,身份证号码:230×××××××××××××。

今向刘武东借人民币大写壹拾柒万元整(小写:170 000.00元),期限为3个月,于20××年9月10日前一次性还清。此据。

借款人:马灯辉

借款日期:20××年6月11日

实例 4-5：

收条

今收到青岛北方照明有限公司募捐款伍万元整（￥50000.00）。

武汉北方照明有限公司（盖章）
经手人：张蓉
20××年 1 月 12 日

实例 4-6：

欠条

今现金购买顶明商贸公司笔记本电脑十台，因所带货款不足，暂欠两万元整，两日内还清。

立此为据。

××公司
经手人：李平
20××年××月××日

实例 4-7：

领条

今领到办公用品：签字笔五支，计算器五个，笔记本电脑五台，打印纸十包。

领取人：李北
20××年××月××日

【评析】上述是一组日常经济往来活动中使用频率很高的条据，实例 4-2 是说明性条据，4-7 是凭证性条据，它们共同的特点是行文简短，内容具体明确，表述清楚，要素齐全。

【模板归纳】

条据撰写参考模板如下所示。

<table>
<tr><td>请假条</td><td colspan="2">标题</td></tr>
<tr><td>×××培训中心：</td><td colspan="2">称谓</td></tr>
<tr><td>因我单位于 12 月 31 日举行员工大会，任何人不得缺席，所以本人 12 月 31 日不能前去参加培训。特此请假，恳望批准！</td><td>主体</td><td rowspan="2">正文</td></tr>
<tr><td>此致
敬礼</td><td>结尾</td></tr>
<tr><td>××××有限公司　张××
20××年××月××日</td><td colspan="2">落款</td></tr>
</table>

【知识检测】

一、填空题

1. 条据在结构上包括________、________、________及________四部分。
2. 条据可分为________和________两种类型。

二、选择题

1. 请假条必须(　　)行文。

   A. 事前　　B. 事后　　C. 事中　　D. 快速

2. 借条的四要素为(　　)。

   A. 何时、何人、何地、何时还　　B. 何时、何人、借何物、何时还
   C. 何时、何地、何人、借何物　　D. 何地、何时、借何物、何时还

3. 关于条据,下列表述不得体的是(　　)。

   A. 借条的落款可以是借物人　　B. 欠条的落款可以写经手人
   C. 请假条可以由其他人代写　　D. 条据写成后可随意涂改

三、判断题

1. 条据在撰写过程中,字里行间应当紧凑,不能留有多余的空间。(　　)
2. 条据在当事人允许下,可以代写。(　　)
3. 条据里的数字要用汉字大写。(　　)

四、简答题

1. 什么是条据? 条据有什么特点?
2. 条据写作时应注意哪些问题?

【应用训练】

一、病文诊改

1. 请指出下面这份条据的问题,并进行修改。

> **借条**
>
> 今借到我们班主任朱老师100元整,用于购买钢笔和学习用品,下周内归还。
>
> 借款人:刘来

2. 请指出下面这份条据的问题,并进行修改。

> 原借财务处人民币捌佰元整,已还贰佰元啦,尚欠陆佰元。
>
> 此据
>
> 胡××
>
> ××××年××月××日

二、写作训练

1. 借条

张云是××贸易公司的销售人员，因业务需要，她要去北京出差三天，大概需要花费6 000元。她手头没有这些钱，就跟朋友刘艺去借，朋友要求她写一张借条。请你代张云写该借条。

2. 收条

我校学生处收到经济管理学院大学生志愿者协会向希望工程的募捐款4 000元、衣服10袋，请你代表学生处撰写一份收条。

3. 请假条

刘文斌刚参加工作不到一个月，还在实习期，弟弟就出了车祸，需要刘文斌每周六日前去照顾两天，可公司规定，实习期的员工每周周日休息一天，因此刘文斌需要请一段时间的周六假期，请你代刘文斌写这份请假条，说明原因，写清楚请假的时间，让刘文斌成功请假。

第二节　启　事

【学习目标】

1. 了解启事的含义、特点、分类；
2. 掌握启事的写作格式；
3. 能够按照写作要求撰写启事。

【情景引入】

你在学校门口租了一个小门面，经营奶茶等各种饮品，经过三个月的装修，终于正式对外营业了，为了扩大小店的知名度，让临近学校的同学们前来品尝，你想在校园内传播奶茶店正式营业的信息，但如何写才好呢？

【知识指要】

一、启事的含义

启是告知、陈述的意思，事指事情。启事是指组织或个人公开申明某件事情，希望有关人员参与或协助办理的告知性文书。启示不具有法令性和政策性，一般张贴于墙头、路边建筑等公共场所的公告栏，也有的刊登在报刊上，或者由广播、电视播发，传播方式十分灵活。

二、启事的特点

1. 内容的广泛性

启事涉及的范围极广，如招聘、招工、招生、征文、征婚、寻人、寻物、迁址、开业、停业、租赁、庆典等事项，均可使用启事。

2. 告知的回应性

启事不同于只是向社会"告知"的声明，它通过多种媒体和途径面向社会公众，告知陈述的事项，使其知晓并得到广泛回应与参与。

3. 参与的自主性

启事不具有强制性和约束力。启事的对象有参与的自主性，可以参与，也可以不参与。

4. 传播方式的多样性

启事在传播过程中，既可通过广告栏张贴，也可通过报纸、广播、电视等大众媒体传播，形式灵活，途径多样。

三、启事的分类

按照启事的内容和使用目的不同，可以将启事分为三种类型。

1. 征招类

征招类启事包括招生启事、招聘启事、征婚启事、征文启事、征稿启事、征地启事。

2. 寻找类

寻找类启事包括寻人启事、寻物启事、招领启事等。

3. 声明类

声明类启事包括开业启事、停业启事、迁移启事、更名启事、出租启事、挂失启事、作废启事、解聘启事等。

四、启事的写作要求

1. 标题醒目，内容完整

启示的标题要准确醒目，力求简短有力、准确醒目、主旨鲜明。启事的内容要清楚明晰、严谨完整，不能有任何遗漏，最好是一事一启，便于公众迅速理解。

2. 语言简明，用语得体

启事的文字要通俗、简洁；用语要恳切、文明；态度要庄重、平易而又不失热情。力求公众信任，使更多的公众能够参与进来。

3. 条理清楚，通俗易懂

启事具有周知性，希望告知事项为公众所广为知晓，因此，启事条理要清楚，让人一看便知。如果内容较多，可分条列项，逐一交代明白。

【写作格式】

启事的主体结构和写作要点见表4-3。

表4-3　启事的主体结构和写作要点

结构名称		写作要点
标题		启事标题常见写法有四种： 1. 文种式，如“启事”“紧急启事”； 2. 事由式，如“征婚”和“招租”； 3. 由“事由＋文种”组合式，如“招聘启事”和“寻人启事”； 4. 凡“单位名称＋事由＋文种”组合式，如“中国建工青岛分公司招聘启事”。 若事项重要或紧急，可加“重要”或“紧急”字样，既揭示事由，又吸引公众。字体应比正文的字体大些，以求醒目
正文		正文部分是启事的主体部分，主要说明启事的事项，正文一般有缘由、事项和结尾三部分内容
	缘由	交代启事的原因、目的等，要简明扼要
	事项	写明启事的具体事项，如内容较多，可采用分条列项的方式，一一交代清楚。 1. 寻物、寻人启事。应着重交代人或物的基本特征、丢失时间与地点，联系的地点与电话号码，对协助寻找者的酬谢等； 2. 开业启事。要写明开业单位的名称、概况、性质、地点、经营项目和开业时间等内容； 3. 招聘启事。要写明包括招聘基本情况、招聘对象、应聘条件、招聘待遇、招聘方法等内容
	结尾	写告启人的希望和要求。文末可写上“此启”或“特此启事”，也可省略
落款	署名	在正文右下方，要写明启事单位名称或个人姓名。如果标题或正文中已写明单位名称，此处可以省略
	日期	署名下一行写成文日期，一般要求用汉字书写。凡以机关、团体、单位的名义张贴的启事，应加盖公章

【实例展示】

实例4-8：

XX公司2021年招聘启事

我公司成立于20××年，主营房地产开发与经营、物业管理、建材购销、商品楼销售等业务，现因业务发展需要，面向社会诚聘一批擅长经营管理的人才。愿您的加入给我们带来新的活力，我们也将为您提供广阔的发展空间！

招聘具体事项如下：

1. 招聘岗位：销售管理人员。

续表

2. 招聘要求:正规本科以上学历,工作认真扎实,具有较强的沟通协调能力和团队协作意识,有责任心;专业、男女均不限,学生会或班干部优先录取。

3. 招聘人数:4~5人。

4. 主要职责:销售案场管理,联系房管局和银行,给客户办理按揭贷款签订购房合同,办理房产证等业务。

5. 工资待遇:试用期基本工资××××元/月,试用期1~2个月。试用期满考核合格,缴纳五险一金,实行基本工资加奖金的薪酬制度。

有意者请将简历发至32184××@163.com,截止日期:20××年12月10日。

联系人:李经理

联系电话:189××××××

××××有限公司

20××年××月××日

【评析】这是一篇招聘启事,正文部分介绍了企业性质,经营范围,招聘目的、对象、条件等,同时注明了联系方式和联系人。本招聘启事简明扼要,条理清楚,格式规范。

实例4-9:

寻人启事

张三,男,2岁,身高大约90厘米,大眼睛,光头(脑后有一小撮头发),耳后有一黑痣,于6月5日上午10:30左右在市百货大楼一楼走失,走失时穿红色T恤、绿色长裤,双手均戴有银手镯,南昌口音。有知情或收留者,请与张××联系,电话:××××××,手机,××××××,必有重谢!

张××

20××年××月××日

【评析】这是一则寻人启事,详细地将被寻找人的姓名、性别、年龄、身高、体貌特征、口音、衣着等交代清楚,有助于别人辨认。最后,留下联系方式,方便联系。

实例4-10:

XX公司更名启事

原××公司经省工商行政管理局登记注册,现改名为×××公司,更名后原账号、开户行均不变,新印章启用时间为××月××日。

谨借更名之机向新老客户、各界朋友致以诚挚的感谢,希望继续得到大家的大力支持!

×××公司

20××年××月××日

【评析】这是一则更名启示，首先将更名前后的公司名称交代清楚，然后申明相关事宜，最后向新老客户、各界朋友致谢。

【模板归纳】

启事的参考模板如下所示。

<table>
<tr><td>××学校成立五十周年庆典启事</td><td colspan="2">标题</td></tr>
<tr><td>20××年××月××日，将是我校成立五十周年值得庆祝的日子。为了回顾这段光辉的历程，届时将举办盛大的庆典系列活动。</td><td>缘由</td><td rowspan="3">正文</td></tr>
<tr><td>为了迎接校庆活动，学校已成立了“校庆筹备委员会”，恭请各地校友届时返校参加校庆活动。同时，学校拟编《校史资料集》《优秀论文集》，请各届校友踊跃提供有关史料及省级以上获奖论文、著作。请相互转告，拟参加校庆或提供资料者，请函告或电告姓名、单位、职务、毕业届次、联系地址、电话，或直接与校庆办公室联系。</td><td>事项</td></tr>
<tr><td>邮编、地址、电话、联系人(略)
热烈欢迎各届校友参与母校建设，共同把母校的建设推上一个更新的台阶。</td><td>结尾</td></tr>
<tr><td>××学校(公章)
校庆筹备委员会
20××年××月××日</td><td colspan="2">落款</td></tr>
</table>

【知识检测】

一、填空题

1. 启事在结构上包括________、________及________三部分。

2. 启事的正文一般由________、________和________三部分内容组成。

二、选择题

1. 在启事中，(　　)部分需要写明署名和成文日期。

A. 标题　　B. 引言　　C. 正文　　D. 落款

2.《招聘启事》的标题是由(　　)构成。

A. 事由式　　B. 单位名称 + 事由 + 文种

C. 事由 + 文种　　D. 文种

三、判断题

1. 启事可以是公民就某项事情向公众进行说明，请求予以帮助的文书。(　　)

2. 寻物、寻人启事应着重交代人或物的基本特征、丢失时间与地点、联系的地点与电话号码、对协助寻找者的酬谢等。(　　)

3. 若事项重要或紧急，可在启事标题上加“重要”或“紧急”字样。(　　)

四、简答题

1. 什么是启事？启事有哪些种类？

2. 启事的正文部分必须具备哪几方面的内容？

【应用训练】

一、病文诊改

1. 请指出下面这份启事的问题并进行修改。

寻物启事

由于本人不慎，在泰丰宾馆附近丢失一个手提袋，如有拾到者，请与我联系，必有重谢！

联系人：梁文东

2019年5月12日

2. 请指出下面这份启事的问题并进行修改。

启事

我公司现因业务需要高薪诚聘新媒体运营主管，如果你也喜欢这个行业，快和我们一起工作起来吧，这里是你最优的选择！

招聘岗位：新媒体运营主管

岗位要求：

整体运营经验3年以上；

能策划、组织并推广线上活动；

根据热点事件、新闻及时调整把控运营内容；

整体运营流程把控；

网感好、创意优。

以上工作职位地点在西城区大谊路，投递简历请在邮件上标明（应聘职位+姓名），发送至cyznhr@ 163. com。

二、写作训练

1. 在下面给定材料的基础上，请代学生会撰写一份招聘启事。

××学院要招聘学生会干事，招聘职位：宣传干事3人，有一定的书法、绘画、摄影或写作特长；文艺部干事2人，热爱艺术，有一定的音乐特长，最好擅长一门乐器；体育部干事3人，有体育特长，请你代学生会撰写一则招聘相关人员的启事。

2. 在下面给定材料的基础上，请写一份招领启事。

一天清晨，你到学校运动场跑步。跑步的过程中，你发现在看台上放着一个白色的女式手提包，包中有一本书、一串钥匙、一个红色水杯和一个粉色钱包，钱包内有一张身份证、三张银行卡和现金若干。你在此等了一个多小时，也没有人来寻找该包。为了尽快让提包物归原主，请你撰写一份招领启事。

第三节　工作计划

【学习目标】

1. 了解工作计划的含义、特点、分类；
2. 掌握工作计划的构成与写作格式；
3. 能够按照写作要求撰写各类工作计划。

【情景引入】

年底，众诚集团的人力资源赵总监非常忙碌，不仅有许多辞旧迎新的活动要组织开展，而且要制定下一年度集团工作计划。作为总公司 HR 部门，下属分公司多，方方面面的工作多，千头万绪都需要他理顺。如何做下一年的工作计划，使各项工作有条不紊地开展，是目前最令他头痛的事情。可这工作计划该怎么写呢，什么样的工作计划才能帮助赵总监获得领导的认可呢？

【知识指要】

一、工作计划的含义

工作计划是指为了实现某项目标或完成某项任务，结合实际情况，而事先拟定的关于目标、措施、步骤等内容的文书。计划是计划类文书的统称，因计划涉及内容和期限的不同，计划文书还有不同的叫法，如“规划”“纲要”“设想”“要点”“方案”“安排”打算”等都属于计划的范畴，只是在内容繁简、时限长短和成熟程度上略有区别。

二、工作计划的特点

1. 预见性

工作计划是对未来事项的一种预想和安排，在拟制工作计划时，只有预先估计出可能出现的情况及准确地预测出事物发展的趋势、方向和程度，才能制定相应措施，做好安排。

2. 可行性

计划在很大程度上是人们工作、生产或学习的行动指南。因此，工作计划应该从实际出发，目标、措施要明确、切实可行，否则计划就成了一纸空文。

3. 约束性

工作计划一经下达，就在特定的时间、特定的范围产生一定的约束力，规范和指导实践活动。它是保证决策付诸实践的行为准则，又是检查工作进度、考核奖罚的依据，必须认真贯彻执行。

三、计划的分类

工作计划的种类很多,按不同标准可划分为不同种类。

①按范围分,有国家计划、部门计划、单位计划、科室计划、个人计划等。

②按内容分,有生产计划、科研计划、工作计划、学习计划等。

③按时间分,有长期计划、中期计划、短期计划、年度计划、季度计划、月计划等。

④按表现形式分,有条文式计划、表格式计划、条文表格结合式计划。

四、工作计划的写作要求

1. 实事求是,切实可行

制订计划必须以党和国家的方针政策为依据,结合本单位的具体情况,从实际出发提出工作目标和任务。如果脱离实际,硬把工作计划定得过高或过低,就难以贯彻落实,甚至会使工作计划落空。

2. 内容具体,语言简洁

制订工作计划是为了指导工作、完成任务,因此,要求计划提出的任务、指标、措施、方法、步骤等应具体明确,语言表述上应言简意赅,让人清晰明了,便于参照执行。

3. 突出重点,兼顾一般

计划在写作上要突出重点,兼顾一般,不可面面俱到。没有重点的工作计划,就没有主攻方向,就无法集中力量保证任务的完成。

4. 责任明确,留有余地

为了保证任务的完成,必须明确责任,使任务落到实处,但要留有余地,以便在实施过程中能够有所回旋,对计划作必要的、及时的调整和修补。

【写作格式】

工作计划的主体结构和写作要点见表4-4。

表4-4　工作计划的主体结构和写作要点

结构名称	写作要点
标题	计划的标题一般由四个要素组成,即单位名称、计划期限、内容概要和计划种类。计划标题常见的格式有三种: 1. 单位名称+计划期限+计划种类,如《天冀公司20××年工作计划》。 2. 内容概要+计划期限+计划种类,如《贯彻实施质量发展纲要20××年行动计划》。 3. 单位名称+计划期限+内容概要+计划种类,如《××省教育厅2021—2025年教育发展规划》。 在构成标题的四个要素中,内容概要和计划文种是最基本的计划标题的构成要素,不能省略,单位名称和计划期限,可以根据需要定取舍。如《××学院科研计划》《生产计划》。如果计划尚不成熟,只是一个初稿或是讨论稿,一般要将计划的成熟度在标题之后用括号加以说明,标以(初稿)(讨论稿)(征求意见稿)等

续表

结构名称		写作要点
正文	基本情况	此处主要写明制订计划的依据，包括制订本计划的指导思想、基本情况、总的目的要求等，回答“为什么做”的问题。可以使人们了解执行计划的必要性，以增强计划在执行中的自觉性。常规性的例行工作计划，或内容单一的计划可少写或不写，直接切入计划的正题
	目标与任务	目标和任务是计划的核心，它是回答“做什么”的问题。 应分条分项写明具体目标、任务数量与质量及其完成时限等，且要明确地表达出来
	措施与步骤	措施与步骤是回答“怎么做”的问题。 这是针对计划预期的目标和任务制订的。措施和步骤是完成任务的保证，因此，在写作时，应明确“怎么做”，有什么措施、采取什么步骤、动员的人力、调动的物力和财力、如何分工等。措施和步骤应尽可能考虑周到、全面、具体，既要有总的时限，又要有每一阶段的时间要求，确保计划井然有序的进行
	结尾	结尾部分总结全文，多用于表明完成计划的决心，或提出希望、发出号召。也有的计划以效益预测和未来远景展望收束全文。有的计划没有也可以不写结尾
落款		在正文的右下方写明制订计划的单位名称和日期两项内容，若计划的标题中有单位名称，则可省略。有的在日期上加盖公章，以示郑重。如果是上报和下达的文体，还要写明抄报、抄送、抄发的单位名称，并加盖公章

【实例展示】

实例 4-11：

××局帮扶村扶贫开发方案

为贯彻落实《中共××市××区委办公室××市××区人民政府办公室关于我区扶贫开发“规划到户、责任到人”工作的实施意见》（办发〔20××〕6 号），按时完成区委、区政府下达我局的扶贫开发工作任务，现结合实际，制订如下实施方案。

一、成立扶贫工作领导小组

成立扶贫开发“规划到户、责任到人”工作领导小组。张××任局长，刘××任组长，齐××任副组长，韩××、李××、张××为成员。领导小组下设办公室，负责日常工作，齐××兼任办公室主任，联系电话：139××××××××。

二、目标要求

（一）总体目标任务：城区分给我局的帮扶对象是坡心镇排河村 48 户 166 人。从现在开始，用 3 年时间，对帮扶对象家庭年人均纯收入低于 1 500 元（含 1 500 元）的贫困户通过实施扶贫开发“规划到户、责任到人”工作责任制，采取“一户一法”等综合扶贫措施，确保被帮扶的贫困户基本实现稳定脱贫，80% 以上被帮扶的贫困人口达到农村年人均纯

续表

收入2 500元以上,被帮扶的贫困对象基本改变落后面貌。

(二)具体目标任务:实现“八个确保”:确保有劳动能力和有发展生产条件且有自我发展意愿的贫困户,基本实现稳定脱贫;确保有条件的贫困家庭完成危房改造;确保符合条件的贫困户家庭被纳入最低生活保障;确保贫困户家庭参加农村合作医疗;确保贫困户子女接受义务教育不辍学;确保考上大中专院校的贫困家庭学生能顺利完成学业;确保符合条件的贫困户劳动力能参加免费职业技能培训,至少输出一个劳动力;确保每一贫困户学会一至两门种养技术或手加工技术,提高种养劳动技能。

三、责任分解

股级以上干部各负责帮扶5户贫困户,另局长加多负责1户贫困户;一般干部负责4户贫困户。

进度要求(略)

主要措施(一户一法)

(一)通过深入了解分析贫困户家庭的贫困根源,“因户制宜”地制定脱贫致富办法。

(1)有劳动能力又有条件走出去的,可直接通过劳动力转移实现脱贫。

(2)有劳动能力但因其他原因不能离开家乡的,可在当地介绍就业脱贫。

……

(二)按照“培训一人、就业一人、脱贫一户”的原则,把技能培训与劳务转移就业结合起来,安排符合条件的贫困户劳动力参加免费职业技能培训。由区人力资源和社会保障局每年制订劳务培训计划,安排劳务培训,并帮助其就地或异地就业。

(三)鼓励社会各界捐款捐物资帮助挂点贫困户,积极配合当地政府统筹解决贫困户低保、医保、义务教育等实际困难。

六、主要要求

(一)按照“规划到户,责任到人”的要求,各个帮扶责任人要根据局的帮扶对象责任人分解表,明确各自工作任务与要求。

(二)各帮扶责任人要通过入户调查,根据各自的实际困难有针对性地采取帮扶措施,制订具体的帮扶工作方案,并认真组织实施。

(三)按照区委区政府的要求,各帮扶责任人到户累计工作时间每年不少于3次,并及时填写到户记录卡,送区扶贫部门登记录入计算机,实现动态管理。

(四)各帮扶责任人要按“一户一法”的要求,在调查研究的基础上认真分析研究脱贫办法,想方设法帮助贫困户脱贫。

附件:帮扶对象名单

×××科技局

20××年××月××日

【评析】这篇工作计划,标题规范。开头部分用简洁的语言说明了工作计划的目的。主体部分,从工作的组织领导、工作目标、具体任务、责任分解、主要措施及工作要求几个方面，明确了本次工作计划要达到的目标、目标任务、主要措施以及要求，非常详细具体，使执行者明确应该“怎样做”。全篇目标明确，方法具体，措施得当。

【模板归纳】

工作计划的参考模板如下所示。

<table>
<tr><td>全国 2020—2030 会计领军(后备)人才培养十年规划</td><td colspan="2">标题</td></tr>
<tr><td>一、指导思想
坚持以社会主义和谐社会理论为指导，认真贯彻科教兴国、人才强国战略，以能力建设为核心，遵循人才成长规律，立足国际前沿，创新培养机制，严格科学管理，着力培养一批具有国际视野和战略思维的复合型高层次会计人才，打造一支适应我国经济社会全面持续健康发展和会计事业国际发展战略要求的领军人才队伍，促进我国会计人整体素质的全面提升，为推动经济社会和会计事业发展提供充足的人才储备和强大的智力支持。</td><td>基本情况</td><td rowspan="3">正文</td></tr>
<tr><td>二、培养目标及任务
(一)总体目标
从服务经济社会发展需要出发，在合理预计当前及未来一段时期深化改革、扩大开放和加快发展，以及国有企业、会计师事务所国际化发展战略、行政事业单位深化改革、占领国际会计理论前沿阵地等对高端会计人才的需求，充分考虑现阶段我国开展高层次会计人才培训能力的基础上，按照会计领军人才的能力框架和素质要求，开展全国会计领军(后备)人才培养工作。在全国范围内，有计划地分成企业类、行政事业类、注册会计师类、学术类 4 类，争取用 10 年左右的时间，选拔培养 1 000 名左右会计领军(后备)人才，担负会计行业的领军重任。(略)</td><td>目标与任务</td></tr>
<tr><td>(二)具体任务
根据会计领军(后备)人才培养工作的总体目标，结合不同领域的实际情况，会计领军(后备)人才培养工作的具体任务为：
1. 适应中央企业、境内外上市公司加快发展、强化管理对高层次财务会计人才的需求，带动全国企业会计人员整体素质的提高，着力培养 450 名左右在大型企业或重要经济领域担任财务负责人的企业类会计领军(后备)人才。(略)
三、组织分工(略)
四、学员选拔(略)
五、培训组织
(一)培训周期(略)
(二)培训方式(略)
(三)培训经费(略)</td><td>措施与步骤</td></tr>
</table>

续表

六、学员使用(略) 七、加强国际合作(略) 八、探索可持续发展模式(略)	结尾	正文
财政部会计司 中国注册会计师协会 2019年12月30日	落款	

【知识检测】

一、填空题

1. 工作计划的特点是________、________和________。

2. 工作计划的标题一般由________、________,________和________组成。

二、选择题

1.“目标任务”主要是回答(　　)的问题。

A. 做什么　　B. 为什么要做　　C. 什么时候完成　　D. 怎么做

2.“措施与步骤”主要是回答(　　)的问题。

A. 做什么　　B. 为什么要做　　C. 什么时候完成　　D. 怎么做

三、判断题

1. 工作计划是指为了实现某项目标或完成某项任务,结合实际情况,而事先拟定的关于目标、措施、步骤等内容的文书。(　　)

2. 制订计划是为了指导工作、完成任务,因此,要求工作计划提出的任务、指标、措施、方法、步骤等应具体翔实,可以展开陈述,并适当议论。(　　)

3. 工作计划的结尾部分多用于表明完成工作计划的决心,或提出希望、发出号召,有的工作计划没有也可以不写结尾。(　　)

四、简答题

1. 什么是工作计划?工作计划的种类有哪些?

2. 工作计划的结构包括哪几个部分?写作工作计划需注意哪些问题?

【应用训练】

一、病文诊改

请阅读下面材料,找出下文工作计划的问题,并进行修改。

××公司销售处第二季度计划

经全体员工齐心协力,团结奋斗,我公司第一季度的销售来了个开门红,取得了骄人的成绩。当然也存在着许多问题。为了使第二季度的销售工作跃上一个新台阶,特制订以下计划。

一、按照公司董事会制订的公司五年发展规划行事,加大市场营销的力度,开创公司销售工作新局面,力争本季度的销售量有大幅度的上升,为完成全年的销售总目标奠定坚实的基础。

续表

二、市场调查和市场预测是做好市场营销工作的前提条件，因此，要重视市场调查和预测，深入细致地做好市场调查和预测工作，尽可能掌握丰富的市场信息，摸清行情，掌握销售工作的主动权。 三、采取得力措施，加大推销力度。推销人员要加强责任心，多为公司着想，深入市场第一线，不怕苦，不怕累，向用户热心宣传本公司的新产品，为客户排忧解难，使客户对本公司的新产品更了解，更有好感，家喻户晓。 四、广告是让客户了解新产品的重要营销手段，必须运用好这种手段来加大新产品宣传力度。这就必须加大对广告的投入，做到在思想上重视，在行动上坚决，在经费上保证。 五、电子商务是现代社会新兴的营销工具，积极开展电子商务是新形势下市场营销发展的必由之路，我们必须给予足够的重视。要千方百计，不惜一切代价，在本季度内使电子商务在我公司开展起来。 ××公司销售处 20××年××月××日

二、写作训练

1. 阅读下文材料，请草拟一份工作计划书。

××学校为了迎接100周年校庆，决定在校庆前夕举行为期一周的大规模校园清洁活动。此次活动以院为单位，分批、分时段进行，活动时间2020年4月10-17日。为了提高效率，还原一个干净美丽的校园，请你为本次活动拟写一份工作计划类文书。

2. 结合自己的实际情况，为自己制订一份个人年度学习计划。

第四节　工作总结

【学习目标】

1. 理解工作总结的含义、特点和类别；
2. 掌握工作总结写作的注意事项；
3. 掌握工作总结的结构和写法。

【情景引入】

这几天，小张有点头疼，领导交代给他一项任务，要他帮忙写一份年终工作总结的初稿。应该说这是一项常规工作，每到年终，都要对一年的工作进行回顾，分析成绩与不足，获得经验与教训，从而指导今后的工作。可对于小张来说这份工作有点难，刚来单位半年，对业务还不是很熟，更重要的是他想知道，工作总结应该用什么格式来写呢？

【知识指要】

一、工作总结的含义

工作总结是单位或个人对过去一定时期内的工作、学习、生活等实践活动做出的系统性的回顾与反思，肯定成绩、找出问题、归纳经验教训、摸索事物发展规律，用以指导下一阶段工作的事物性文书。

二、工作总结的特点

1. 客观性

工作总结是对过去工作的回顾与反思，它的内容必须客观、真实确凿，不能弄虚作假、东拼西凑、篡改事实。

2. 理论性

工作总结是人们不断加深对客观事物认识的过程。是在对工作进行进行全面回顾与检查的基础上进行的高度概括，由感性认识上升到理性认识，得出规律，从而指导今后的工作和活动的过程。

3. 时效性

为了更好的吸取教训、总结经验，工作总结应该及时撰写。

三、工作总结的分类

工作总结按照不同的标准，可以分为不同的类型。

①按时间划分，可分为阶段总结、月度总结、季度总结、年度总结等。

②按内容划分，可分为工作总结、生产总结、会议总结等。

③按范围划分，可分为个人总结、单位总结、部门总结、地区总结等。

④按形式划分，可分为文字工作总结、表格工作总结、图表文字工作总结等。

以上划分只是相对而言，对于一份工作总结来说，可以在不同类别之间相互交叉和重复。

四、工作总结的写作要求

1. 态度端正，实事求是

写作的态度必须诚实、端正，总结的目的是要从对过去的回顾中汲取经验教训，以指导今后的工作。因此，应当客观、全面、辩证地分析事物，不可弄虚作假。

2. 总结规律，重点突出

工作总结要根据写作目的和总结的不同性质，突出重点内容，总结规律，体现写作高度，切忌主次不分、事无巨细、面面俱到。

3. 层次清晰，文字精练

总结必须层次清晰，条理清楚，以便让人在较短时间内抓住要领。语言表达应准确简洁，朴实生动。在准确表达的前提下，要注意生动活泼，语句流畅，有吸引力。

【写作格式】

工作总结的主体结构和写作要点见表 4-5。

表 4-5　工作总结的主体结构和写作要点

结构名称		写作要点
标题		工作总结的标题常见的形式有三种： 1. 第一种是公文式标题，主要由单位名称、时间期限、内容范围、总结种类 4 部分构成。《××市工商银行 2020 年工作总结》《财政部 20××年财政工作总结》《××市宣传系统 20××年工作总结》等。标题各项内容可根据具体情况有所省略。 2. 第二种是文章标题，多是对该总结内容的提炼和概括，如《加强管理监督，防范金融风险》。 3. 第三种结合公文式标题和文章式标题，形成正副标题的写法。通常情况下正题概括总结内容和观点，副标题标明单位名称、时间期限、内容范围和总结种类等内容，如《知名教授上讲台　教书育人放异彩——××大学德育工作总结》
正文	前言	前言又称导语或开头，简单概述总结的内容和目的，也可交代总结主旨并作出基本评价。前言力求简洁，开宗明义
	主体	工作总结的主体包括主要工作内容、成绩及评价、经验和体会、问题或教训等。这些内容是总结的核心部分。总结主体结构形式可以有以下三种： 分部式：可采用“情况—经验—问题—建议”的顺序，这是写总结的传统方法； 阶段式：把整个工作过程按时间顺序划分为若干阶段，适用于对周期长、阶段性显著的工作进行总结； 并列式：以具体的工作项目为顺序，把要总结的内容按性质逐条排列，夹叙夹议
	结尾	结尾作为总结的结束语可以归纳呼应主题，在全面总结出该工作的经验和教训的基础上，指出努力方向，提出改进意见或表示决心、信心等作总结，要求简短精练，也可以不写
落款		落款由署名和日期组成，位于正文右下方。若在标题中出现了总结单位名称，落款处可不写，只写日期

【实例展示】

实例 4-12：

青岛市财政局 20××年上半年工作总结

今年以来，面对突如其来的疫情冲击，市财政局紧紧围绕市委市政府决策部署，突出观大势、勇担当、转作风、促发展，以党建为统领、“三述”为引领，以超常规手段谋划推进工作，积极的财政政策更加积极有为，为奋力夺取疫情防控和经济社会发展“双胜利”提供坚实的财政保障。

一、上半年主要工作

上半年，全市一般公共预算收入完成 633.9 亿元，同比下降 5.2%，高于全国、全省平均增速；全市一般公共预算支出完成 735.2 亿元，下降 25.5%。

续表

(一)果断出台硬核措施,统筹疫情防控和经济社会发展。坚持一手抓防疫、一手促发展,主动出击、精准施策,及时出台了一系列硬核措施,全力以赴抗击疫情、复工复产和脱贫攻坚。一是全面保障疫情防控需要。二是综合施策保市场主体。三是支持打好脱贫攻坚战…… (二)强化资金资产资源统筹配置,大力提升财政保障能力。充分发挥财政资金整合、引导、撬动作用,运用市场逻辑、资本力量,服务市委市政府重大战略。一是重构式整合财政资金支持打好15个攻势。二是打造创投风投中心汇聚全球资源。三是全力支持世界工业互联网之都建设…… (三)综合运用财政政策工具撬动社会资本,拉动有效投资持续增长。一是强化地方政府债券对投资增长的拉动作用。二是发挥超大规模市场优势。三是深化运用政府和社会资本(PPP)模式…… (四)把有限的资金用在刀刃上、紧要处,兜牢"六保""三保"底线。一是切实管好用好中央直达资金。二是政府带头过紧日子。三是加大资金清理盘活力度…… (五)实施财税改革攻坚行动,以改革创新释放制度红利。一是推进功能区财政体制改革。二是推动预算绩效管理提质增效。三是稳步推进土地储备项目预算管理试点…… 二、存在的主要问题 上半年,受新冠肺炎疫情影响,我市财政收入进入罕见的负增长时期,财政工作面临前所未有的困难和挑战。随着疫情防控进入常态化,财政收入降幅逐月收窄的趋势明显,彰显了我市经济强大的韧性和发展潜力,但落实"六稳""六保"任务、打赢"三大攻坚战"、保障重点领域和重大项目建设等都需要大量的财政资金作支撑,财政收支平衡压力仍然比较突出。 三、下半年工作打算 下一步,市财政局将按照市委市政府工作部署,顺应更高水平开放发展要求,加快财政从需求保障型向绩效引领型转变、从收支管理向全要素统筹转变、从本级财政向全域财政转变、从业务部门向招商部门转变,为稳住经济基本盘、推动经济社会高质量发展提供有力支撑。重点做好以下工作: (一)牢牢把握"更加积极有为"的财政政策导向,让发展动能更加充沛。巩固拓展减税降费成效,助力市场主体纾困发展…… (二)放大平台效应,让聚财资源充分涌流。通过政府引导基金、科创母基金吸附全球创投风投资本,重点引进一批管理基金规模超过50亿元的创投风投机构,整合全球战略资源…… (三)强力推进财税改革攻坚行动,让财政活力竞相迸发。有序推进医疗、教育、科技等领域市与区市财政事权和支出责任划分改革,提高基本公共服务供给效率…… 青岛市财政局 20××年6月30日

【评析】这份工作总结，前言采用概述式写法，概括介绍工作背景和工作的总体情况，给读者一个总印象。主体部分首先介绍了上半年主要工作的进展情况，数据确凿、典型，内容充实，有说服力；接着指出了工作中还存在的问题；最后从三个方面提出了下半年工作努力的方向。这篇总结不设结尾，在作者指出下半年工作的努力方向后，骤然搁笔，干净利落不拖泥带水。文章思路清晰，层次分明，详略得当，重点突出，语言平实，符合工作总结的写作要求。

【模板归纳】

工作总结的参考模板如下所示。

<table>
<tr><td>20××年上半年经济工作总结</td><td colspan="2">标题</td></tr>
<tr><td>20××年是××区的“社区建设年”，在区委、区政府的正确领导下，我办按照市、区经济发展的新思路，树立“大服务”“大城管”“大发展”观念，以经济建设为中心，大力推进城市社区建设，通过整合社区资源，发挥“三个主体”作用，促进属地经济与社会的协调发展。一年来，经过全办干部职工的共同努力，××经济工作取得了一定的成绩。</td><td>前言</td><td rowspan="3">正
文</td></tr>
<tr><td>一、今年上半年的主要经济指标完成情况分析
（略）
二、主要做法
取得以下成绩，我们的主要做法如下：
（一）领导重视，认识到位
（略）
（二）狠抓招商引资
（略）
（三）以小区物业市场化运作为契机，发展城市经济
（略）
三、存在的问题
从1—12月份各项指标构成以及对具体企业的调查分析看，我办对经济形势不能盲目乐观。存在的问题主要如下：
（略）</td><td>主体</td></tr>
<tr><td>四、当前要突出抓好的几项工作
（略）</td><td>结尾</td></tr>
<tr><td>××区××办
20××年12月30日</td><td colspan="2">落款</td></tr>
</table>

【知识检测】

一、填空题

1. ________是单位或个人对过去一定时期内的工作、学习、生活等实践活动做出的系统性的回顾与反思的事物性文书。

2. 工作总结的特点是________、________和________。

二、选择题

1. 为了更好地吸取教训，总结经验，工作总结应该及时撰写，体现工作总结的(　　)特点。

A. 抽象性　　B. 客观性
C. 理论性　　D. 时效性

2. 工作总结中(　　)位置，需要写明总结单位名称、总结日期等。

A. 正文　　B. 引言　　C. 结尾　　D. 落款

3. 工作总结在写作上要求做到(　　)。

A. 叙议结合，以议为主　　B. 以叙为主，夹叙夹议
C. 以议为主，辅以说明　　D. 夹叙夹议，辅以描写

三、判断题

1. 工作总结就是写取得的成绩，不能写存在的问题。　　(　　)

2. 写工作总结不可凭空议论，要用事实说话，但也不可就事论事，要对工作做法由感性认识上升到理性高度，概括出规律性的认识。　　(　　)

3. 写工作总结就是把做过的所有事情一一都写在总结里。　　(　　)

四、简答题

1. 什么是工作总结？工作总结有什么特点？

2. 工作总结的撰写有哪些要求？

【应用训练】

一、病文诊改

1. 下文是一篇工作总结，请根据工作总结的写作要求，修改下文。

> **总　结**
>
> 20××年度我部门工作总结如下：
>
> 1. 坚持贯彻“党要严管，从严治党”的方针，抓好党的自身建设特别是抓好基层组织建设和党员队伍建设。在基层组织建设方面……；在党员建设方面……；以提高素质，增强党性为目标，加强和改进党员的教育管理工作……
>
> 2. 面对新形势，积极探索党建工作的新途径、新办法……
>
> 3. 进一步完善了我校党员信息管理系统……
>
> 4. 研究制定了《大学中层干部任前公示制暂行办法》。
>
> 5. 承担了上年度中层正职干部考核的各项具体工作，并进行了反馈。

续表

6. 承担了上年度管理类岗位津贴评定的各项工作，并进行了反馈。

7. 推进公开选拔干部和干部竞争上岗……

8. 积极推进向外推荐工作，并配合省委组织部做好考察工作。

9. 配合中央组织部、教育部党委、省委组织部做好本校下届校长人选的考察工作。

10. 做好转接党员组织关系的工作，在广泛听取意见、认真研究的基础上，制定印发了《党费收缴、管理和使用办法》，对学校以及党委的党费收缴、管理、使用工作进一步规范化、制度化，做到“管好党费、用好党费”。做好扶贫工作。……做好离职干部的有关工作。抓好组织部的自身建设。利用组织生活和政治学习时间加强理论和业务学习；不断改进服务态度和工作作风，提高管理水平和工作效率。

××××大学党委组织部

20××年×月×日

2. 请找出这份工作总结的不足。

邮政储蓄年终工作总结

（一）邮政业务发展进一步加快

1. 储蓄业务发展较快

2. 代办保险业务发展突出

3. 其他业务发展较快

（二）邮政服务水平有了一定的提高

（三）安全生产工作得到加强

（四）其他工作开展得比较顺利

1. 职工业余文化活动丰富多彩

2. 各种劳动竞赛开展得有声有色

3. 加强了设施建设

二、写作训练

1. 请结合自身实际拟写一篇对个人去年生活的全面总结。

2. 请根据下面材料，结合班委的职责和常规工作撰写一份学期班委工作总结。

主要成绩：

(1) 带领班级同学认真读书，本学期共读书 10 本。

(2) 国家计算机二级通过××人，一次通过率 85%。

(3) 一人被评为校级三好学生，三人被评为院级三好学生，两人被评为优秀班干部。

(4) 每月一次时事报告会。

续表

(5)举办一次主题演讲会。 (6)组织班级同学访问2家企业。 (7)本学期参加义务劳动10次。 (8)组织同学参加篮球、乒乓球比赛，获篮球男子组冠军，乒乓球女子组团体冠军。 存在的问题： (1)思想工作不够深入细致。 (2)体育活动开展不普遍，覆盖面有待提高。 (3)部分同学成绩提高不快。

第五节 述职报告

【学习目标】

1. 了解述职报告的内涵、特点等基本知识；
2. 掌握述职报告的结构、写法及语言特点；
3. 能够按照写作要求撰写述职报告。

【情景引入】

孙经理的烦恼

销售部的孙经理最近很烦，一向以实战著称的他，虽然每月业绩做得很好，却频频在每月的述职报告上栽跟头。领导总批评他写的述职报告思路不清晰、逻辑性不强。更令他生气的是，因为述职报告写得不好，人力资源部及自己上司对自己很不满，阻碍了他正常的提升。你能教教孙经理，如何撰写述职报告吗？

【知识指要】

一、述职报告的含义

述职报告是指各级国家机关、企事业单位或其他社会机构中的领导或管理人员，向上级单位、主管领导、本单位人事部门等，汇报本人履行岗位职责情况的自我评述性的书面报告。现代社会，述职报告的运用越来越普遍，已成为考核干部和工作人员的一种重要方式。

二、述职报告的特点

述职报告是与职业相关、目的明确、范围确定的陈述性文体，有如下特点。

1. 自述性

述职报告要求报告人自己述说在一定时间内履行职责情况。必须使用第一人称，对自身所负责的组织或部门某一阶段的工作进行全面回顾，其他部门或他人无法代替。

2. 自评性

述职报告要求报告人，依据岗位规范和职责目标，对自己任期内的工作履职情况，做自我评估、自我鉴定、自我定性。

3. 报告性

报告性要求报告人，明白自己的“身份”，放下官架子，以被考核、接受评议监督的身份，履行职责做报告。要认识到，自己是在向上级汇报工作，是严肃、庄重的汇报。

三、述职报告的分类

依据不同的分类标准，可以将述职报告细分为多种。

①按述职者的不同划分，述职报告可分为个人述职报告与单位述职报告。

②按时间的不同划分，述职报告可分为年度述职报告、季度述职报告和任期述职报告。

③按性质的不同划分，述职报告可分为晋职述职报告和例行性述职报告。

④按内容的不同划分，述职报告可分为综合性述职报告、专题性（单项）述职报告。

⑤按表达形式来划分，可分为口头述职报告和书面述职报告。

四、述职报告的写作要求

1. 表述客观，内容严谨

述职报告的内容必须实事求是、客观真实。要认真负责地向上级机关汇报自己的工作情况，既要讲优点，又要讲不足；既不能夸大成绩，也不能回避问题。

2. 重点突出，个性鲜明

述职时应抓住带有影响性、全局性的主要工作进行详细陈述，日常事务性工作可略写或不写。而且，述职报告要突出个性，即使是相同的岗位，由于述职者的个性、工作方法都不同，其工作业绩与工作方式也必有与众不同之处，切忌千人一面、千篇一律。

3. 语言精练，态度诚恳

述职报告的撰写需要一定的综合概括和文字表达能力，语言要平实、精练。字里行间应体现出谦恭有礼、诚恳好学的态度，切不可随意夸大和吹嘘。

【写作格式】

述职报告的主体结构和写作要点见表4-6。

表 4-6　述职报告的主体结构和写作要点

<table>
<tr><th>结构名称</th><th colspan="2">写作要点</th></tr>
<tr><td rowspan="3">标题</td><td colspan="2">述职报告的标题常见有以下几种写法</td></tr>
<tr><td>单标题</td><td>一般由“年份＋职务＋文种”三部分构成，如《××公司人力资源总监2020年述职报告》；有时也可直接用文种名称作标题，如《我的述职报告》《述职报告》</td></tr>
<tr><td>双标题</td><td>一般将内容的侧重点或主旨概括为一句话做主标题，以年度和文种构成副标题，如《全心全意做好审计管理工作——我的述职报告》</td></tr>
<tr><td rowspan="2">称谓</td><td>书面报告</td><td>写主送单位名称，如“××党委”“××组织部”等</td></tr>
<tr><td>口述报告</td><td>对听者的称谓，“各位代表”“各位同志”等</td></tr>
<tr><td rowspan="3">正文</td><td>前言</td><td>用简洁的文字介绍述职人任职的基本情况，并对本人的任职情况作出总体评价，确定述职范围和基调。前言分为三个层次：
1. 总述自己的姓名、职务、任职时间、分管工作、岗位职责的目标任务，履行岗位职责取得的主要成绩；
2. 总评，即对自己工作尽职情况的自我总体评价，以此确定述职的范围和基调；
3. 交代主旨，用转接语引导下文并点明行文意图，“根据××的要求，现将本人任职期间的情况报告如下”</td></tr>
<tr><td>主体</td><td>主体是述职人对自身工作的全面回顾，由于这部分内容涉及面广，宜采用分条列项的方法来表述。常见的写作模式有如下几种：
1. 按时间发展的顺序写作，这种形式在任期述职报告中经常采用。
2. 按工作的分类写作，即把自己所做的工作按性质分为几个方面，如销售方面、管理方面等等，依次进行阐述。
3. 以内容为线索来写作，如把报告主体分为德、能、勤、技等，或主要工作、成绩效益、经验教训、存在问题和对策等部分，然后逐一展开。
主体部分的写作要做到重点突出，言之有物，详略得当，条理清晰，有说服力</td></tr>
<tr><td>结尾</td><td>一般用“以上报告，请审查”“以上报告，请审阅”“特此报告，请审查”“以上报告，请领导、同志们批评指正”等惯用语收束全文。也可不写结尾</td></tr>
<tr><td>落款</td><td colspan="2">在正文末尾的右下方署名，写明述职人的职务、姓名、述职日期，署名也可以写在标题正下方</td></tr>
</table>

【实例展示】

实例 4-13：

市政府办公室主任20××年度述职报告

各位主任、委员：

20××年8月，市人大常委会任命我为市政府办公室主任，至今已有十个年头；自任职以来，我在市委、市政府的正确领导下，在市人大常委会各位主任、委员的督促、关心和支持下，团结带领市政府办公室全体干部、职工，深刻领会习近平新时代中国特色社会主义思想，牢固树立和贯彻落实新发展理念，围绕富民强市、“两个率先”目标……以协调督查为手段，开拓进取，扎实作风，较好地履行了岗位工作职责，为全市经济社会的全面、协调、可持续发展发挥了应有的作用。现就任以来，特别是本届任期三年来的工作情况向市人大常委会述职，请予以评议。

续表

1. 主要工作情况 市政府办公室是市政府的综合协调部门，岗位特殊，责任重大，唯有尽心、尽力、尽职，才能不辜负领导的期望和人民的重托。 （1）强化服务意识，积极主动做好协调服务工作。（略） （2）加强调研、信息和督查工作，当好市政府领导的参谋和助手。（略） （3）严格行文规范，切实提高办文工作效率和质量。（略） （4）认真做好建议提案、信访办理和值班工作，积极发挥桥梁纽带作用。（略） （5）加强队伍建设，不断提高办公室人员的综合素质。（略） 2. 存在问题和今后努力方向 （1）存在的问题。回顾以往工作，虽然取得了一些成绩，但由于自己能力和水平有限，离市委、市政府的要求，与人大常委会对我的期望还有较大差距，自己还有很多不足。（略） （2）今后努力方向。 ①加强学习，不断提高自身素质。（略） ②开拓进取，不断提升工作成效。（略） ③加强队伍建设，树立良好形象。（略） 各位主任、委员，这次市人大常委会安排我述职并对我进行评议，给我提供了一次难得的学习提高的机会，对此我将十分珍惜。我绝不负市人大常委会的期望，虚心听取评议意见，及时落实整改。我将与时俱进，开拓进取，为全市加快实现“两个率先”，为构建和谐社会做出自己应有的贡献。 述职人：××× 20××年××月×日

【评析】这是一篇市政府办公室主任年度述职报告。述职报告的标题使用了公文式标题，正文由称谓、前言、主体、结尾四部分组成。前言部分向各位领导、代表致意，之后说明自己的任职时间、担任职务等情况，并极其扼要简明地对自己任一年来的成绩进行总结评价。主体部分以“任职以来的主要工作”“存在的主要问题和不足”和“今后的打算”为序，分条列项，一一陈述、分析，其中主要工作情况部分作为主体的核心、事例典型，内容翔实，分析切中问题实质、要害，尊重事实，评价客观，给人以深刻印象。

【模板归纳】

述职报告的参考模板如下所示。

<table>
<tr><td>述职报告</td><td colspan="2">标题</td></tr>
<tr><td>尊敬的各位领导、同事们：</td><td colspan="2">称谓</td></tr>
<tr><td>大家好！时光飞快，一转眼我担任 SEO 已经整整一年了，这一年中，在领导的关怀与同事们的支持配合下，我认真履行职责，扎扎实实地开展各项工作，较好地完成了工作任务。今天在这里我将我过去一年的工作向各位领导、同事们做一简要述职，请予评议。</td><td>引言</td><td>正文</td></tr>
</table>

续表

<table>
<tr><td>一、工作岗位职责
我所在的部门是网络部，担任 SEO 工作，主要工作内容如下：
1. 网站维护，内容编辑与更新，增加网站收录，网站框架改版等。
2. 网站内部优化，提升网站关键词排名。
（略）
二、工作中所取得的成绩
在过去一年的努力中和与部门各领导、同事的配合中，我的 SEO 工作也取得了一定的成绩。
1. 官网策划与上线。刚入职时，官网重新搭建改版上线，目前已经基本步入正轨。
2. 官网内容填充与产品上架。官网产品及时添加，详情页的更替，让公司产品得到更好的展示。
3. 官网改版。官网多次改版，应销售和其他部门的意见，整合修改，达到更优。
（略）
三、工作中存在的问题以及解决方案
虽然在工作中取得了一点小小的成绩，但是距离最好的结果还有很大一段距离，个人工作中还存在许多不足，同时也分析一下工作不足的原因和一些解决办法。
1. 工作不够积极主动。这个可能与公司整体工作氛围有一些关联，希望公司能培养好的工作氛围，发挥员工最大的主观能动性。
2. 工作缺乏预见性，很多问题想得不够全面。这个与自身的能力技术和认知有一定的关系，没有理解领导、同事及部门的具体需求，从而不易决策，不易执行。
3. 个人工作缺乏计划。个人工作计划总会被打乱，计划有时候也不能有效执行，存在诸多问题，这个大多与个人和部门领导沟通有关，如果部门同事间能够有效沟通，明确目标，应该能很好地解决这个问题。
4. 不善于沟通。这与个人的性格和工作习惯有很大关系，同时也感觉公司部门同事缺乏沟通交流，多交流多沟通应该能完美解决这个问题。</td><td>主体</td><td rowspan="2">正文</td></tr>
<tr><td>个人工作中存在的问题其实还有很多，但是上述这些问题显得尤为突出，在今后的工作中希望能有所改进，希望各位领导、同事能够监督，一起成长。以上报告，请领导、同志们批评指正！</td><td>结尾</td></tr>
<tr><td>述职人：×××
20××年××月×日</td><td colspan="2">落款</td></tr>
</table>

【知识检测】

一、填空题

1. 述职报告在结构上包括________、________、________及________四部分。

2. 述职报告具有________、________和________特点。

二、选择题

1. 述职报告中(　　)部分用简洁的文字介绍述职人任职的基本情况,并对本人的任职情况作出总体评价,确定好述职范围和基调。

A. 称谓　　B. 前言　　C. 主体　　D. 结尾

2.《党务工作者2020年述职报告》的标题是由(　　)构成。

A. 职务+年份+文种　　B. 年份+文种

C. 职务+文种　　D. 文种

三、判断题

1. 述职报告的内容必须实事求是、客观真实。既要讲优点,又要讲不足;既不能夸大成绩,也不能回避问题。(　　)

2. 按内容的不同划分,述职报告可分为个人述职报告与单位述职报告。(　　)

3. 述职报告所写的内容范围必须是述职者岗位职责范围以内的,这体现述职报告的自述性。(　　)

四、简答题

1. 什么是述职报告?述职报告有什么特点?

2. 述职报告的撰写有哪些要求?

【应用训练】

一、病文诊改

1. 请阅读下面材料,找出存在的问题并进行修改。

述职报告

本人自20××年××月担任××公司销售部经理以来,工作上尽职尽责,成绩优异。下面我向大会汇报任职一年来的情况,请予审议。

一、履行职责情况

(一)抓员工思想教育,增强企业凝聚力,塑造企业形象(略)

(二)抓销售管理,扩大销售途径,争创一流业绩(略)

(三)参与新产品××的研制(略)

二、思想作风情况

(一)理论学习(略)

(二)科技学习(略)

述职人:×××

2. 请阅读下面材料,找出存在的问题并进行修改。

> **尽职尽责尽心尽力**
>
> 各位领导、各位同事:
>
> 大家好,下面我就这一年的工作情况向大家作个简要汇报。
>
> 一、全面提高自身素质(略)
>
> 二、努力工作,业务突出(略)
>
> 三、尽心履职,备受肯定(略)
>
> 谢谢大家!
>
> ××月×日

二、写作训练

1. 根据下列所给材料,拟写一份学生会文艺部部长的述职报告。

> 在这充实的一年内,文艺部在不断前进着,也在不断成长着。从开学紧锣密鼓的招新工作,开学伊始盛大的迎新晚会,迎新文艺演出节目的排练,再到一二九运动文艺汇演;从下学期的相声小品大赛院里初赛的选拔,到第五届英语文化节英语短剧的制作、排练,再到最后翡翠流年俪别舞会的圆满举行,文艺部全体干部、干事都兢兢业业地为文艺部努力奋斗着,力争为文艺部、为学生会、为材料学院出自己的一份力,不断争取成功。

2. 假如你是学院的学生会主席,任职已一年,请为自己写一份述职报告。

第六节　工作简报

【学习目标】

1. 了解工作简报的含义、特点和分类;
2. 掌握工作简报的写作结构与写作格式;
3. 能够根据实际工作撰写工作简报。

【情景引入】

张婷刚毕业去市教委实习,就遇到了大批小学生食物中毒事件,办公室非常忙碌,她插不上手。办公室主任让张婷帮忙写一篇工作简报。接到任务后,她有一点困惑,该如何下手写这份简报呢?

【知识指要】

一、工作简报的含义

工作简报是国家机关、社会团体、企事业单位内部用来通报情况、交流信息的一种简短的文字材料。工作简报与本部门、本系统的工作紧密结合，常见的“工作动态”“情况反映”“简讯”“内部参考”“快报”等，都属于简报。

二、工作简报的特点

工作简报作为一种信息载体，具有如下特点。

1. 简洁性

工作简报文字内容需简明扼要，点到即止。同时，材料的选择要精练，要抓住主要问题，使工作简报所反映的情况具有典型意义与参考价值。

2. 真实性

工作简报的内容必须绝对真实。所写的事例，包括时间，人物，事物的前因后果、来龙去脉，引用的数据、人物语言等，都必须准确无误。

3. 时效性

简报需体现快捷报告、及时交流的特点，要反映新情况、新问题、新动态、新经验等，这样才能体现其自身的价值。

三、工作简报的分类

工作简报种类繁多，根据不同的标准可以划分为不同的类型。工作简报按内容和写作形式划分，可分为综合简报和专题简报；工作简报按时间划分，可分为定期简报和不定期简报。

四、工作简报的写作要求

1. 材料真实，内容准确

工作简报是提供给上下级领导机关、领导同志阅读、参考，甚至作为决策依据的，所以工作简报要靠事实说话，事情的前因后果、引用的数据等都要反复核实，准确无误。

2. 材料新颖，简明扼要

工作简报的材料要有一定的新意。反映当前工作中的新情况、新经验、新问题，以给人以启发、借鉴。同时，工作简报要用尽可能少的文字说清楚必须说明的问题。

3. 抓准问题，切中要害

工作简报应该围绕本单位的实际，反映那些最重要、最典型、最新鲜、最为群众关心、最需要引起注意的问题。简报的撰写应站在单位领导、全局的高度去观察、分析问题。

4. 叙述为主，议论为辅

工作简报在表达方法上应以叙述为主，作者不需要把观点、倾向直接说出来，而是通过对事实的叙述显示出来，把事情的来龙去脉交代清楚即可，内容上不要做过多议论。

【写作格式】

工作简报的主体结构和写作要点如表 4-7 所示。

表 4-7　工作简报的主体结构和写作要点

结构名称		写作要点
报头	简报名称	“机构名称+简报”，一般用大号套红字体。如有特殊内容而又不必另出一期简报时，就在名称或期数下面注明“增刊”或“×专刊”字样
	期数	简报名称下面写简报的期数
	编印部门	在编发期数下行左起顶格写明负责编写印发的部门或单位的全称
	密级	密级写在简报名称右上方空白处，可注明“绝密”“机密”“秘密”或“内部文件，注意保存”字样，也可以不写
	编印日期	工作简报印制发行的时间，写在期数下行与编印部门平行的右侧，写明年、月、日，之后用一道横线将报头与报核隔开
	隔横线	在报头的下方，也就是在第一页上方1/3处用一条醒目横线将报头与报文隔开
正文	标题	横线下方居中排印，标题要求新颖、醒目，有两种标题格式： 1. 单行标题。用一句话概括正文的主要内容，如《高等学院应重视安全教育》 2. 双行标题。正标题揭示正文的内容或意义，副标题起补充说明作用，强化正标题含义，如《发扬传统，再创佳绩——××市召开先进教师表彰大会》
	按语	用一句话或一段话概括工作简报的主要事实，揭示简报的中心内容，多置于文前，按语不是每份简报都有
	主体	围绕工作的基本进程来进行表述，可以概述有关情况、介绍具体做法，叙述取得成绩，或指出存在的问题等
	结尾	用一句话或一段话概括正文的主要内容，或指明事件发展的趋势、发出号召或提出今后的打算。事情单一、篇幅短小的可不写。结束后用一道横线将报核与报尾隔开
报尾	发送范围	标明“报××(上级单位)、送××(同级或不相隶属的单位)及发××(下级单位)”
	印发份数	用阿拉伯数字写明“共印××份”

【实例展示】

实例 4-14：

×××简报

(总第 105 期)

××大学校长办公室编　　　　20××年 9 月 20 日

省教育厅专家组对我校进行本科教学工作检查

9 月 28 日，省教育厅以××教授为组长的省教委厅专家组，一行十人来我校进行本科教学工作检查。我校本着实事求是、以查促建的原则接受了专家组的检查。

专家组首先集体听取了××副校长对我校本科教学工作的情况汇报和校领导对专家组提问的回答，然后分小组查阅资料，进行问卷调查，与职能处室、部分系部领导、教师代表及学生代表进行座谈。

经过一天的教学检查，专家们在全面检查了解我校的情况后，进行了近一个小时的内部交流，(略)

发送范围：市教育局、校内各部门

印数：200 份

【评析】这是一篇格式完整，文字简洁的简报。标题为单标题。采用概述式导语，简明扼要地概括了简报的内容。主体部分按时间顺序组织材料，内容清楚简明。报尾标注发送范围及印发份数。

【模板归纳】

工作简报的参考模板如下所示。

<table>
<tr><td align="right">内部文件</td><td colspan="2">密级</td></tr>
<tr><td align="center">××地税简报</td><td colspan="2">简报名称</td></tr>
<tr><td align="center">（20××年第×期）</td><td colspan="2">期数</td></tr>
<tr><td>××地税局　　　　　　　　20××年×月×日</td><td colspan="2">部门与日期</td></tr>
<tr><td align="center">××地税局第一季度税收收入形势喜人</td><td>标题</td><td rowspan="2">正文</td></tr>
<tr><td>今年一季度，××地税局税收收入大幅攀升，形势喜人。截至3月末，我局共组织入库1 531万元，同比增收379万元，增长32.9%，占年度计划的30.76%，比时间进度快5.76个百分点。五大主体税种营业税、企业所得税、土地增值税、土地使用税和车船税均有较大增长，分别增长60.7%、36.2%、414.3%、173.7%、66.7%。收入总额、增幅及增收额均创历史同期新高。
今年以来，我局上下牢固树立正确思想，增强责任意识、大局意识与服务意识，充分发挥地方税收的职能作用，充分发挥地方税收的职能作用，采取有力措施确保税款及时足额均衡入库。主要做法有：一是行动早。年初，我局就将目标任务进行分解逐一下到各所，并召开全局工作会议，围绕目标任务，分析形势，制订税收计划，为实现开门红打好基础。二是细分析。对全县税收形势、税源变动情况、重点行业发展进行深入分析，确保应收尽收。三是抓宣传。今年，××地税局围绕“税收·发展·民生”的主题，以“三月三”为契机，开展了形式多样的宣传活动，提高全社会自觉协税护税的意识。</td><td>主体</td></tr>
<tr><td>本期送：文局长、苏组长、陆县长，市局办公室，县政府办公室，本局领导、本局各单位。</td><td>发送范围</td><td rowspan="2">报尾</td></tr>
<tr><td align="right">（共印25份）</td><td>印发份数</td></tr>
</table>

【知识检测】

一、填空题

1. 工作简报在结构上包括________、________及________三部分。
2. 工作简报是一种带有________性质的事务文书。
3. 工作简报的特点有________、________和________。

二、选择题

1. (　　)是指简报印制发行的时间，写在期数下行与编印部门平行的右侧。

A. 发行日期　　B. 印发日期　　C. 撰写日期　　D. 编印日期

2. (　　)写在报头部分。

A. 期数　　B. 按语　　C. 发送范围　　D. 印发份数

三、判断题

1. 工作简报是公文，可以代替报告的通知。(　　)
2. 工作简报是紧跟形势，为紧密配合当前工作而制作的，可以适当地夸大事实。(　　)
3. 工作简报在表达方法上应以叙述为主。(　　)

四、简答题

1. 什么是工作简报？工作简报有什么特点？
2. 工作简报的撰写有哪些要求？

【应用训练】

一、病文诊改

1. 以下为某单位编印的简报，请找出其中的错误，并撰写一份格式规范的工作简报。

××乡召开20××年终工作总结暨表彰大会简报

元月15日，我乡在乡报告厅召开了20××年终工作总结暨表彰大会，乡政府全体工作人员参加本次会议。首先，乡党委书记张××作了20××年工作报告。他指出：20××年我乡在各方面取得了不错的成绩，农业突破历史，牧业上，在全乡受灾严重的情况下，干部职工奋不顾身，把损失降到最低。

会议充分回顾总结了20××年各项工作，并给予部分单位及个人颁发了先进集体和先进个人奖项。最后，在农牧民群众欢快的舞姿和优美的歌声中，我乡年终工作总结暨表彰大会圆满结束。

2. 下面是一篇简报病文，试指出其存在的毛病。

陕西市一些旅游点附近的农民向外国旅游者强行兜售商品造成不良影响

4月20日上午，某旅行团去陕西乾陵参观游览。客人一下车，一群手拿各种工艺品的农民就一窝蜂而上，大喊大叫、争抢着要外宾买他们的东西。其中一些人手持唐代铜镜、铜钟等文物出售。游客急于参观，表示没有心思购买。然而，这些农民仍围着不散。导游走过去，使眼色，说好话，一个个左劝右劝这些人就是不想走，有些走开了一会儿又回来了，继续大声兜售商品，并且大声辱骂导游，有些话还十分难听。当旅游团要离开乾陵时，一群小孩围住一位70多岁的游客，非要她买不可。这位老太太无路可走，山穷水尽，只好一步步向路边退下去，结果被挤得跌进了一条大马路边的不到2米宽的小水沟，造成右脚关节骨裂，呻吟不止，当即由导游叫来救护车，送了医院。

最近，在陕西乾陵旅游点附近，围堵外宾，强迫向客人兜售旅游商品的现象时有发生。

二、写作训练

1. 请根据下列所给材料，编写一份工作简报。

> (1)××学校团委于2020年1月20日编发了2020年第1期《共青团工作简报》总第30期。
>
> (2)本简报的内容有三条消息，具体内容如下：
>
> ①2019年12月22日下午，学校邀请共青团省委书记张××来学院做学习十九大精神的报告。报告的主题是：学习宣传贯彻党的十九大精神，努力开创共青团工作新局面。报告会由学院党委书记刘××主持。学生工作处处长宋××、学院团委书记杜××、各院团总支书记，学校团委其他人员以及各院学生代表共200人参加。
>
> ②近期，经管学院学生××的《×××××》项目参加全国大学生第四届“挑战杯”中国大学生创业计划大赛全国总决赛，荣获了全国大学生创业计划竞赛铜奖。
>
> ③2019年，在学校团委的组织下，各学院开展了多次无偿献血活动，共有师生4 300人参加，为缓解市采血中心血库紧张问题做出了一定的贡献。近期，学院获得了市献血委员会颁发的“2019年度××市无偿献血宣传奖”。
>
> ④举办感恩祖国主题元旦文艺晚会。
>
> (3)本期简报共印60份，并且要报送共青团××省委，发至学院各院系团总支。

2. 请根据下面给定材料，结合实际拟写一份格式规范的工作简报。

> (1)2020年8月9日下午13:30，我市黄河小学吃过午饭的学生出现恶心、呕吐、腹痛的症状。学校感到事态严重，将病症严重的学生送至医院，病症轻的学生进行观察。
>
> (2)同日下午，其他学校吃过同一配送中心的午饭餐盒的学生均出现相同症状，越来越多的学生发生不良反应，纷纷住进医院。
>
> (3)截至2020年8月9日晚20点，全市共有130名小学生食用配送餐引起肠胃疾病而住院。
>
> (4)据市卫生监察局检测，这批餐盒豆角未做熟，才会导致食物中毒。
>
> (5)8月10日下午，副省长××在省卫生厅领导的陪同下，到医院对接受治疗的学生表示慰问。
>
> (6)8月18日，大部分就诊学生经治疗后，病情得到了缓解，回到了学校继续上课。
>
> (7)黄河小学采购的午餐是省政府指定的生产单位。
>
> (8)已经不允许该生产单位继续为中小学生配餐。
>
> (9)该公司现已为学生支付了20多万元的医疗费。公司已被公安和卫生部门依法查封。

第五章 日常应用文书

在日常工作、生活中，无论从事什么工作，都需要与其他单位或个人打交道，这时就需要用到邀请函、介绍信、证明信等日常应用文书。所谓日常应用文书，是指人们在日常工作、学习、生活中，处理公私事务时常用的、有惯用格式的一种实用性文体，简称日用文。随着社会的不断发展，日常应用文书的使用范围也越来越广泛。无论国家机关、企事业单位或是个人，在传递信息、交流思想、介绍经验、联系工作时均离不开日常应用文书。因此，我们应熟悉这类文书的写作方法。本章主要介绍邀请函、介绍信、证明信、感谢信、贺信五种日常应用文书的撰写。

本章的具体架构如下：

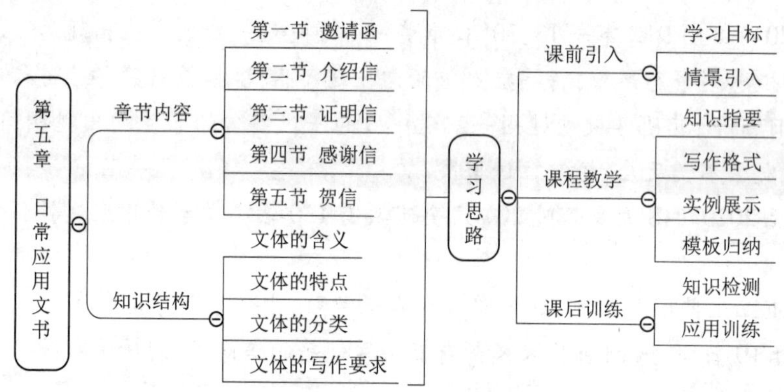

第一节 邀请函

【学习目标】

1. 了解邀请函的含义、特点及类型；
2. 掌握邀请函的构成要素与写作格式；
3. 能够按照写作要求撰写邀请函。

【情景引入】

白静毕业于某学院行政管理系，求职面试中，她遇到了一个题目，公司要举办产品经销大会，想邀请几个大客户前来参加，现需要撰写一份邀请函。如果你是白静，你打算如何撰写这份邀请函？

【知识指要】

一、邀请函的含义

邀请函是单位、团体或个人邀请有关单位或人员出席重要会议、典礼或重要活动所用的礼仪信函。它是现实生活中常用的一种日常应用写作文种。邀请函与请柬相似，但邀请函的信息量比请柬大，使用范围也比请柬广，而请柬比邀请函庄重，表达的礼仪、情感色彩更浓一些。在国际交往以及日常社交活动中，邀请函和请柬使用广泛。

二、邀请函的特点

1. 礼仪性

使用邀请函，包含了表达尊重、联络感情的意味，强调双方和谐友好的交往，用语上要用尊称，结尾处写上“商祺”等，是一种商务活动礼仪的表现。

2. 确指性

确指性是指邀请函的发送对象是特定的单位或个人，相较于启事等文书，有明确的对象。

三、邀请函的分类

根据内容的不同，邀请函可分为三种类型。

①纪念邀请函。即为纪念某个重大的节日举行重大活动而发出的、邀请对方前来参加活动的书信。

②会议邀请函。邀请对方参加某个会议的书信。

③商务邀请函。为了发展商务、交流洽谈而发出的，邀请对方来参加活动的书信。

四、邀请函的写作要求

1. 形式庄重

邀请函的形式既要美观大方，又要体现庄重，应选用红纸或特制纸张书写，不可用书信纸或单独的信函纸草草了事。

2. 内容简明

发邀请函的目的是告知被邀请者有关的情况，尽量用简单明了的文字交待清楚邀请事由、具体内容、活动时间、地点、联系方式等，文字不要太多太深奥。

3. 格式规范

邀请函需严格遵守写作格式，称谓、落款不能缺少。

4. 无须密封

尽管邀请函也属于书信，但在传递的过程中并不需要密封。

【写作格式】

邀请函的主体结构和写作要点见表 5-1。

表 5-1　邀请函的主体结构和写作要点

结构名称	写作要点
标题	标题的写法有三种： 1. 只写文种“邀请函”或“请柬”字样，字号比通常标题要略大一些。 2. 由“事由＋邀请函”构成，如《关于参加××研讨会的邀请函》。也可加上个性化的活动主题标语，如《沟通无限——东北三省城市信息化高级论坛邀请函》
称谓	顶格写被邀请对象。单位名称用全称。姓名后加职务、职称或“先生”“女士”，如“尊敬的××先生/女士”或“尊敬的××总经理（局长）”等
正文	1. 称谓下一行，空两格，向被邀请人做简单问候，例如，“您好！”。 2. 写明举办活动的缘由、目的、事项及要求，写明礼仪活动的日程安排、时间、地点，邀请对象及邀请对象所做的工作等，并对被邀请方发出得体、诚挚的邀请。 3. 若附有票、券等物也应与邀请函一并送给邀请对象。 4. 有较为详细出席说明的，通常要另附纸说明，避免邀请函写得过长
敬语	末尾一般要写常用的邀请惯用语。如“敬请光临”“敬请参加”“请届时出席”之类的敬语。有些邀请函可以用“此致敬礼”“顺致节日问候”等敬语
落款	右下角署上邀请单位名称或发函者个人名称、发函日期。邀请单位还应加盖公章，以示庄重

【实例展示】

实例 5-1：

邀请函

尊敬的单××教授：

您好！

我处将于 20××年 8 月 15 日在××大学举办管理沟通学术会议，想邀请您届时参加。会议免费安排食宿，往返机票自理。如果您有要宣读的论文或要发言的论题，请尽早来函告知，以便会议安排。

请尽快来函确认。

祝一切顺利！

会议召集人：××秘书长

20××年 4 月 10 日

实例 5-2：

邀请函

尊敬的××先生/女士：

诚挚地邀请您出席北京市服装产业协会第三届会员大会暨 20××北京市服装产业发展研讨会。

续表

<table>
<tr><td>为进一步推动北京市现代服装业的发展，兹定于20××年5月19日召开“北京市服装产业协会第三届会员大会暨20××北京市服装产业发展研讨会”，届时将由市有关部门领导、国内服装产业界知名专家学者、主流媒体约130人莅临大会。此次会议将成为集中展示和研究北京服装产业发展的一次盛会，将是北京服装产业发展进程中的重要里程碑。
我们诚挚地邀请您出席本届研讨会，并作主题演讲，真诚地期望您为中国服装产业谱写新的乐章！
会议召集人：××秘书长
20××年3月2日</td></tr>
</table>

【评析】上述是一组商务往来活动中使用频率很高的邀请函。内容具体明确，行文简短，表意明确，符合行文规范。

【模板归纳】

邀请函的参考模板如下所示。

<table>
<tr><td>邀请函</td><td>标题</td></tr>
<tr><td>尊敬的××先生/女士：</td><td>称谓</td></tr>
<tr><td>您好！
××公司将于××××年××月×日在××地，举办××活动，特邀您参加，谢谢！</td><td>正文</td></tr>
<tr><td>请届时出席！</td><td>敬语</td></tr>
<tr><td>××公司
××××年××月××日</td><td>落款</td></tr>
</table>

【知识检测】

一、填空题

1. 邀请函在结构上包括________、________、________、________及________五部分。
2. 邀请函按照内容划分，可分为________、________和________三种类型。

二、选择题

1. (　　)不是邀请函的特点。

A. 礼貌性　　B. 适用面广

C. 确指性　　D. 语言简洁

2. 邀请函中，(　　)是邀请对方参加某个会议的书信。

A. 会议邀请函　　B. 纪念邀请函

C. 商务邀请函　　D. 商务信函

3. 下列邀请函的敬语中,表述不得体的是(　　)。

A. 敬请光临　　B. 敬请参加

C. 请届时出席　　D. 务必按时

三、判断题

1. 邀请函是个体对个体发出的,有明确的对象。(　　)

2. 邀请函可以拆开写成"关于邀请出席××活动的函"。(　　)

四、简答题

1. 什么是邀请函?邀请函有什么特点?

2. 邀请函写作时应注意哪些问题?

【应用训练】

一、病文诊改

1. 请指出下面这份邀请函的问题,并进行修改。

×××先生:

新年来临,为了感谢您多年来对×××公司的大力支持,我们特于20××年×月×日举办2020年度公司客户答谢会,届时将有精彩的节目和丰厚的奖品等待着您!

期待您的光临!让我们同叙友谊!

20××年×月×日

2. 请指出下面这份邀请函的问题,并进行修改。

邀请

尊敬的××家长:

一年一度的元旦佳节即将来临了,在这迎新欢乐的气氛中,我园将于月末下午1:00举行"庆元旦文艺演出活动和抽奖、送礼品"活动,诚挚地邀请您的光临,与我们一起共同欢度这快乐的节日。

温馨提示:1. 本次联欢会向大家展示孩子们所学的各种小才艺,请家长务必安排好工作,准时参加。每位家长凭邀请函入场,家长进园时间为下午12:30~1:00,进园后请到会场的指定位置就座。2. 请家长自带板凳子。

省政府第二幼儿园

二、写作训练

1. 根据下列材料,撰写一份邀请函。

我院将于20××年12月31日在大学生活动中心举行新年××院元旦晚会,请你以院团委的名义,组织一下材料,向各院团总支书记发出邀请。

2. 根据下列材料,撰写一份邀请函。

××学校的60周年校庆马上就要到了,为此向广大校友发出邀请前来参加。请你代表校办,撰写一份邀请函。

第二节 介绍信

【学习目标】

1. 了解介绍信的含义、特点、分类;
2. 掌握介绍信的写作格式;
3. 能够按照写作要求撰写介绍信。

【情景引入】

祝莱第一天到院办公室工作,就遇到了一名要开介绍信的学生,院办公室主任把这个工作交给了祝莱,可介绍信要怎么写呢?这可难住了他。你知道怎么写吗?

【知识指要】

一、介绍信的含义

介绍信是介绍被派遣人员到有关单位接洽事情、联系工作、交流学习、出席会议等时所使用的专用书信。它起着介绍和证明的双重作用。

二、介绍信的特点

1. 证明性

介绍信最根本的特点是具有证明作用。持有介绍信的人,可以凭借此信与有关单位或个人联系,洽谈一些具体事宜;而收到介绍信的一方则可以从介绍信中了解来人的职业、身份、办理事项等。

2. 时效性

介绍信一般都会开列一定的时日期限,是在一段时间内的有效证件。只有在限期内才具备有用性的专用文书,因此,介绍信具有时效性的特点。

三、介绍信的分类

按照介绍信的书面表现形式,可以将其分为预制式和书信式两种。

1. 预制式介绍信

预制式介绍信可以细分为两种:一种是有国家统一格式,铅印成文并有存根;另一种是有国家统一格式,铅印成文没有存根。

2. 书信式介绍信

书信式介绍信是一般可用公文纸手写或打印。预制式的介绍信很方便,提前印刷,需要的时候填入相关内容加盖公章即可。但手写的书信式介绍信比预制式介绍信更具有社交意义,更能显出对对方的尊重。

四、介绍信的写作要求

1. 用语简明

介绍信用语要简明，只需将请求接洽、联系的事项交代清楚即可，不需过多客套。一般一封介绍信只能阐述一件事情，即一事一文。

2. 角度明确

介绍信是上级部门为下级单位或个人所出具的身份证明，因此，写作角度要明确，应站在被介绍者的上级主管或上级部门的角度来写。

3. 期限适度

介绍信的有效期限要适度，不能太短也不能太长。时间太短不能起到介绍信的作用，时间太长容易使介绍信被冒用。

【写作格式】

介绍信由标题、称呼、正文、落款和有效期限五个部分组成。介绍信的主体结构和写作要点见表 5-2。

表 5-2　介绍信的主体结构和写作要点

结构名称	写 作 要 点
标题	首行居中写“介绍信”
称呼	顶格书写被介绍人所要前往的单位、组织或有关领导。单位和组织必须写全称或规范化简称；有关领导应该写明职务
正文	正文是介绍信的核心部分，包括三个部分： 1. 交代清楚被介绍人的信息：被介绍人的姓名、性别、年龄、职务等，在某些特定情况下还需要写明被介绍人的政治面貌。此外，如果被介绍人不止一人，则应同时注明人数。 2. 写清具体事宜：被介绍人所需接洽、联系的事项以及对所前往单位的希望和要求。 3. 结束语。一般写上“此致，敬礼”之类的礼貌用语
落款	包括署名和日期，在正文右下方撰写签发介绍信的单位全称及发信日期，并加盖公章。 有存根联的，还要在存根和介绍信之间的骑缝线上加盖印章
有效期限	介绍信的有效时间，常写作“××日内有效”，置于文中左下方

【实例展示】

实例 5-3：

介绍信

××工商行政管理局：

兹有我公司员工杜明月，女，身份证号 230×××××××××，来贵处办理调取本公

续表

司监事变更为××的工商底档资料事宜，望贵处予以办理为谢。 　　此致 敬礼 ××有限公司（公章） 20××年7月20日

【评析】这篇介绍信标题符合规范，主体交代了被介绍人的姓名、身份等信息。交代了被介绍人所需接洽、联系的事项，以及对所前往单位的希望和要求。结尾落款规范。表达简洁、明确、格式规范。

【模板归纳】

介绍信的参考模板如下所示。

介绍信	标题
××××政府办公室：	称呼
兹介绍邓嘉兴等同志三人前往贵处，联系机要文件交接事宜，敬请接洽并予以协助。 　　此致 敬礼！	正文
（有效期15天）	有效期限
××××政府办公室（公章） 20××年××月××日	落款

【知识检测】

一、填空题

1. 介绍信在结构上包括________、________、________、________及________五部分。
2. 按照介绍信的书面表现形式，可以将其分为________和________两种。

二、选择题

1. 介绍信必须由（　　）出具。

　A. 自己的熟人　　B. 自己的主管部门　　C. 相关的部门　　D. 对方部门

2. 介绍信行文对象的称呼（　　）。

　A. 随意，只要大家明白即可　　B. 可以使用简称

　C. 要使用全称　　D. 可以省略

3. 介绍信中应该说明的情况不包括（　　）。

　A. 被介绍人的姓名、年龄　　B. 被介绍人的家庭情况

　C. 被介绍人的职务　　D. 需要接洽、联系的事宜

三、判断题

1. 介绍信是一种用于证明的文书，内容越详细越好。 （ ）

2. 介绍信只用于身份证明，所以如果组织派出接洽某事宜的人员不止一人，应该一人一份介绍信。 （ ）

四、简答题

1. 什么是介绍信？介绍信有哪些种类？

2. 介绍信的主体部分必须具备哪几方面的内容？

【应用训练】

一、病文诊改

指出下面这封介绍信的毛病并修改。

> **介 绍 信**
>
> 公司负责人：
>
> 今介绍我公司张金宇、刘力前往你处，请予接待。
>
> 此致
>
> 敬礼
>
> ××公司（章）
>
> ××××年×月×日

二、写作训练

1. 在下面所给定材料的基础上，请拟定一份介绍信。

> ××公司最近新引进一台先进设备，需要派出技术人员到厂家学习此设备的操作技术，请你代公司为三名技术人员出具一份证明，以便他们可以与厂方顺利接洽。

2. 在下面所给定材料的基础上，请拟定一份介绍信。

> 20××年9月，我校经济管理学院管理系拟派张××、李××、赵××三位同学到上海交通大学经济管理系联系两系学生联谊事宜，请草拟一份介绍信。

第三节 证 明 信

【学习目标】

1. 了解证明信的含义、特点、分类；
2. 掌握证明信的写作格式；
3. 能够按照写作要求撰写证明信。

【情景引入】

刘经天刚毕业入职了一个外资企业的人力资源部门，一天，销售部的同事孔毅来找他开证明。原来孔毅买了一套房子，在办理贷款时需要出具工资证明。可这份工资证明该怎么写，可难住了刘经天，上面都要写点什么呢？

【知识指要】

一、证明信的含义

证明信也称证明，是以行政机关、社会团体、企事业单位或个人的名义，凭借确凿的证据，证明某人的身份、经历或某件事情的真实情况时所使用的一种专用书信。证明信日常应用十分广泛，如身份证明、个人经历证明、事件过程证明等。

二、证明信的特点

1. 凭证性

证明信的作用贵在证明，是持有者用以证明自己身份、经历或某事真实性的一种凭证。所以，证明信具有凭证性的特点。

2. 规范性

证明信是一种专用书信，尽管证明信有好几种形式。但它大部分采用书信体的格式，写法同书信的写法基本一致。

三、证明信的分类

按照证明撰写者的不同，可以将其分为组织证明和个人证明两种类型。

组织证明是以组织的名义出具的，主要用来说明该人与组织的关系及该人的基本情况。组织证明又可分为普通书写证明信和印刷证明信。

个人证明是以个人的名义出具再由所在组织签署意见，主要用来证明某件事项的真实情况。

四、证明信的写作要求

1. 客观真实

证明信的材料必须客观真实、绝对可靠，经得起时间的检验，出具假证明系违法行为。

2. 用语严谨

证明信要求用语准确，没有歧义，使人信服。不得随意删改，个别必要的删改、涂改处须加盖公章。信件超过两页时，应该注明总页数。

3. 保留存根

证明信写作过程中一定要注意相关材料的保存，以备调查之用。

【写作格式】

证明信一般由标题、受文者、正文、结语和落款五部分组成。证明信的主体结构和写作要点见表5-3。

表 5-3 证明信的主体结构和写作要点

结构名称	写作要点
标题	1. 一般可以直接以“证明”为标题； 2. 由“事由 + 文种”构成，如“收入证明”等
受文者	在标题下顶格书写要求验证事实的单位名称或个人姓名，后面加写冒号
正文	正文是证明的核心部分，另起一行空两格撰写被证明的全部内容。 证明的正文通常包括需要证明的主要问题、有关问题的事实情况、提供证明的客观依据，以及可靠程度等方面的内容
结语	证明常以“特此证明”作为结语，有时也可以省略结语
落款	在正文的右下方书写出具证明的单位全称或规范简称，注明日期，并加盖公章。 印章位置应该上不压正文，下压日期

【实例展示】

实例 5-4：

收入证明

××银行××支行：

于××（女，身份证号码：××××××××××××××××××××）系我公司行政部经理，业已在我单位工作七年，工作性质为正式制，该员工工作中无违规违纪行为。

现月收入为税后壹万肆仟捌佰伍拾元整（￥14850.00 元）。

特此证明。

××××公司人力资源部（公章）

20××年×月×日

实例 5-5：

实习证明

××大学：

兹有××学校××专业××同学于 2020 年 7 月 10 日至 2020 年 8 月 20 日在龙江投资银行实习。

该同学的实习职位是前厅助理。

该学生实习期间严格遵守我公司的各项规章制度，态度积极，工作认真负责，任劳任怨，遇到不懂的业务，主动向有经验的同事请教，并且能够做到举一反三。工作中服从实习安排，虚心听取别人对他提出的工作建议，努力提高工作效率。面对时常加班的情况，不抱怨，不计较。

更为重要的是，该生注重理论联系实际，能够将在学校所学的知识灵活应用到具体的工作中去，保质保量出色地完成相关工作任务。工作中尊敬实习单位人员并能与公司同事和睦相处，与其共同工作的员工都对该学生的表现予以肯定。

特此证明。

（实习单位盖章）

20××年×月×日

实例 5-6：

转移组织关系证明

××大学党委组织部：

我党总支________党支部________同志（男/女），________岁，________族，系中共（预备/正式）党员，身份证号码________________________。因________________________，其本人申请将组织关系转到________________________，情况属实，请转接组织关系。该同志党费已交到________年________月。

特此证明

证明单位：（盖章）

20××年×月×日

【评析】这是一组不同类型的证明信实例，标题都是用“事由＋文种”的形式。正文介绍需要证明的有关问题的事实情况等方面的内容。内容完整，形式规范。

【模板归纳】

证明信的参考模板如下所示。

内容	结构
关于在户口所在地没有监护条件的证明	标题
北京市朝阳区××××街道办事处（乡人民政府）：	受文者
现有我辖区内适龄儿童少年：姓名________，性别________。身份证号____________________，户口所在地____________________，其父姓名：________，身份证号____________________，其母姓名：________，身份证号________________。因其父母均在京务工就业（签有正规劳动合同或已取得合法营业执照）并且在京有稳定的居所（已取得所购房屋产权证或签署了正规的房屋租赁合同），目前在户口所在地已无监护条件。	正文
特此证明 经手人： 联系电话：	结语
街道办事处 乡镇人民政府（公章） 年 月 日	落款

【知识检测】

一、填空题

1. 证明信的特点是________和________。
2. 证明信的标题一般可由________和________组成。

二、选择题

1. 证明信是持有者用以证明自己身份、经历或某事真实性的一种凭证。这体现了证明信的(　　)特点。

A. 凭证性　　B. 书信体　　C. 佐证性　　D. 求实性

2. 按照证明撰写者的不同,可以将其分为(　　)。

A. 普通书写证明信和印刷证明信　　B. 普通书写证明信和组织证明信

C. 组织证明和个人证明　　D. 个人证明和印刷证明信

三、判断题

1. 证明的材料必须客观真实、绝对可靠,经得起时间的检验,出具假证明系违法行为。(　　)

2. 证明个别必要的删改、涂盖处只需签字确认即可。(　　)

四、简答题

1. 什么是证明信? 证明信有哪些种类?

2. 证明信的结构包括哪几个部分? 写作证明信需注意哪些问题?

【应用训练】

一、病文诊改

请阅读下面材料,找出下文证明信的问题,并进行修改。

独生子女

我单位(乡镇、街道)________同志,婚姻状况(未婚、初婚、再婚、离婚)________,于________年________月________日与________同志结婚,于________年________月________日生育(收养)一孩,子女姓名________,系独生子女。该子女为该同志生育(收养)的唯一子女,且无有抚养关系的继子女。

经办人签字:

单位(乡镇或街道计生办)联系电话:

二、写作训练

1. 阅读下文材料,请草拟一份内容完整、格式规范的证明信。

孙超是一名工商管理专业的大三学生,他想利用这个寒假的时间到一家企业兼职,锻炼自己的实践能力的同时赚一些生活费。临行前,公司要求孙超来工作时,出具一份所在学校给他的一个身份证明。请你帮助孙超完成学校给他出具的身份证明。

2. 小张是某企业的在职人员,今年她要报考国家机关的公务员,报考要求出具单位开的证明,证明单位同意她报考公务员。假如你是单位的人力资源部经理,请拟写一份单位同意报考证明。

第四节　感谢信

【学习目标】

1. 理解感谢信的含义、用途和特点；
2. 掌握感谢信写作的注意事项；
3. 掌握感谢信的结构和写法，鉴赏实例，训练写作。

【情景引入】

某日刘女士回家时发现随身带的钱包丢失。里面不仅有现金，还有身份证、银行卡。刘女士回忆钱包很可能丢失在了出租车上。后来，在出租车公司工作人员的帮助下，刘女士的钱包失而复得。为了感谢出租车公司及司机，刘女士想写一份感谢信，那么，感谢信该如何撰写呢？又有哪些注意事项呢？

【知识指要】

一、感谢信的含义

感谢信是一种礼仪文书，是集体单位或个人对对方给予的关心、帮助和支持表示衷心感谢的函件。在日常生活和工作中，得到对方的帮助和支持，可用这种文体表示“感谢”。感谢信的应用范围很广，既可以直接送给对方，也可以在对方所在地的公共场所、网络空间发布，还可以通过新闻媒体来发布。感谢信对于弘扬正气、树立良好的社会风尚有着重要意义。

二、感谢信的特点

1. 确指性

感谢信中被感谢者是给予他人帮助的单位或个人，是特定的单位或个人，因此具有确指性特点。

2. 真实性

感谢信中所叙述的事实必须是已经发生的真实事件，事情发生的时间、地点和事情必须都是真实的。

3. 感召性

感谢信中包含着对对方的感激之情，可使被感谢的一方受到鼓舞和鞭策，感谢一方从中也受到教育和激励，对其他人也有一定的感染力和号召力。

三、感谢信的分类

感谢信按照不同的角度可以分为不同的类别：

按感谢信的发布形式划分，感谢信可分为公开张贴的感谢信和寄往单位或个人的感谢信。

按感谢对象划分，感谢信可分为给集体的感谢信和给个人的感谢信。

根据寄送对象的不同，可分为三种：寄给感谢对象的感谢信；寄送给对方所在单位有关部门或在其单位公开张贴的感谢信；寄送给广播电台、电视台、报社、网站等媒体公开播发的感谢信。

四、感谢信的写作要求

1. 表述清楚，感情真挚

在叙述对方对自己或本单位的帮助时，要把人物、时间、地点、原因、结果以及事情经过叙述清楚。同时，感情抒写要真挚热烈，恰如其分，避免过于敷衍、客套。

2. 内容真实，篇幅适宜

感谢信的内容必须真实，内容以事迹为主。叙事时要详略得当，篇幅不宜太长，重在表达谢意。议论要缘事而发，切忌摸不着边际。书写时要遵照书信格式，以免显得不伦不类，自损形象。

【写作格式】

感谢信通常由标题、称谓、正文、结尾和落款五部分构成。感谢信的主体结构和写作要点见表5-4。

表5-4 感谢信的主体结构和写作要点

结构名称	写作要点	
标题	感谢信的标题写法通常有以下三种形式： 1. 单独由文种名称组成，如《感谢信》。 2. 由感谢对象和文种名称共同组成，如《致××公司的感谢信》。 3. 由感谢双方和文种名称组成，如《××公司致×公司的感谢信》	
称谓	标题下一行顶格处，写明被感谢的机关、单位、团体或个人的名称或姓名，然后加上冒号	
正文	感谢信的正文从称谓下移一行空两格开始写。正文由事由、事迹和揭示意义三个部分组成	
	事由	概括感谢的理由，表达感谢
	事迹	精炼地叙述事情的前因后果，叙述时务必交代清楚人物、事件、时间、地点、原因和结果，尤其重点叙述关键时刻对方给予的关心和支持
	揭示意义	指出对方的关心、支持和帮助对整个事情成功的重要性，以及体现出的可贵精神，同时表示向对方学习的态度和决心。也可提出号召性希望
结尾	结尾要写上敬意的、感谢的话，如“此致，敬礼”“致以诚挚的敬意”等	
落款	署上发文单位名称或发文者的姓名，并且署上成文日期	

【实例展示】

实例 5-7：

感谢信

××××火车站派出所：

感谢贵所民警帮我找到儿子。

我父亲今年 85 岁，今年×月×日从老家×××乘火车送我七岁的小儿子到×××，到火车站后，他去了一趟厕所，回来后就找不到孙子了。车站民警×××同志了解情况后，立即发动所有同志去找，你们在车站找了半个多小时，才找到了我的小儿子，并将他们祖孙二人送上火车。你们这种精神真值得我学习。

在此，我代表全家向贵所全体同志表示衷心的感谢！

致谢人：×××

20××年××月××日

【评析】这是得到帮助后写的感谢信。正文首先概述事由，清楚地交代了感谢的原因，描述了事情的前因后果，语言简洁、精练，表达了自己的感激之情。完全符合感谢信的写法。该感谢信格式规范、正确，语言朴实自然，措辞亲切中肯，作者没有虚言、废话，是一种真情实感的自然流露。

【模板归纳】

感谢信的参考模板如下所示。

内容	结构
感谢信	标题
任恕同学：	称谓
特别感谢你三年来对我的照顾与帮助！ 我三岁时因车祸意外失去了右腿，虽然可以拄着拐杖，可上学和在学校行动多有不便，初中三年来，无论下雨还是下雪，你都风雨无阻地每天骑车接送我上下学，每天帮我在食堂打饭、打水，做班级值日……这三年来，是你让我感受到了被照顾的幸福，每每接受你的帮助，我的眼泪常常在眼眶里打转，千言万语，都表达不尽我的感谢之情。 转眼我们就要去不同的高中学习了，我真是依依不舍。再次真诚地感谢你，祝你好人一生平安。	正文
此致 敬礼！	结尾
你的同学：王岩 20××年 8 月 10 日	落款

【知识检测】

一、填空题

1. ________是单位或个人为答谢对方的邀请、问候、关心、帮助和支持而写的专用书信,具有感谢和表扬的双重作用。

2. 感谢信的特点是________、________和________。

二、选择题

1. 按感谢信的发布形式划分,感谢信可分(　　)。

A. 公开张贴的感谢信和寄往单位或个人的感谢信

B. 给集体的感谢信和给个人的感谢信

C. 给集体的感谢信和寄往单位或个人的感谢信

D. 公开张贴的感谢信和给个人的感谢信

2. 感谢信中(　　)的位置,需要写上敬意的、感谢的话。

A. 正文　　B. 引言　　C. 结尾　　D. 落款

三、判断题

1. 感谢信的内容必须真实、恰如其分,内容以事迹为主,叙事时要详略得当,篇幅不宜太长,重在表达谢意。(　　)

2. 感谢信的语言要热情洋溢而适度,诚恳地表达自己的感激之情,可以夸大地雕饰。(　　)

3. 感谢信的正文由事由、事迹和结尾三个部分组成。(　　)

四、简答题

1. 什么是感谢信?感谢信有什么特点?

2. 感谢信的撰写有哪些要求?

【应用训练】

一、病文诊改

1. 下文是一份感谢信,请根据感谢信的写作要求,修改下文。

感谢信

××××高级中学:

我的孩子今年3月患了严重的心肌炎,必须住院治疗。住院期间你校领导、老师和学生多次来医院探望、慰问。校团委与学生会还发动全校师生为我的孩子捐款,帮助我们解决困难。你们的大恩大德,我们全家人永远不会忘记。

最后,祝你们工作顺利,学习进步,万事如意!

学生家长赵××

××月××日

2. 下文是一份感谢信，请根据感谢信的写作要求，修改下文。

> **感谢信**
>
> ××公司：
>
> ××学校光学与电子信息学院光电与测控技术专业2020届的×××等10位同学，在贵公司进行了为期6个月的毕业实习。实习期间，同学们得到了贵公司的领导和全体职员的大力支持和关怀。实习的时间虽然不长，同学们却取得了很大的成绩，达到了预期的实习目的。为此，我系特向贵公司表示衷心的感谢！此致敬礼！
>
> 光学与电子信息学院光电与测控技术专业
>
> 20××年9月28日

二、写作训练

1. 假设你不小心将装有学费10 000元的钱包弄丢了，被××学院孙兴同学捡到，他毫不犹豫地将其交给了保卫处，为了表达你的感谢之意以及表扬其拾金不昧的精神，请你根据材料，拟写一份感谢信。

2. 请根据下面材料，草拟一份感谢信。

> 20××年6月19日，我80岁的老母亲从北京单独乘坐G113次列车到常州来看望我们一家人，火车上突发心脏病，列车上的医护人员进行了紧急救治才脱离了生病危险。为此你想写一份感谢信来表达谢意。

第五节　贺　信

【学习目标】

1. 了解贺信的含义、类型和作用；
2. 掌握贺信的写法；
3. 能够按照写作要求撰写贺信。

【情景引入】

李琳是新上任的办公室秘书，上岗第一天经理就派给她一个任务：撰写一份贺信，原来是兄弟单位的工程竣工了，经理说要表示一下祝贺，所以想让李琳代表公司写一封贺信，这可难住了她，贺信该如何撰写，有什么样的格式规范呢？

【知识指要】

一、贺信的含义

贺信是表示庆贺的书信的总称，是党政机关、企事业单位、社会团体或个人向取得重大胜利、有突出成绩或喜庆之事的有关单位及个人表示祝贺或庆贺的一种专用礼仪文书。贺信是日常应用文写作的重要文体之一，现在已成为表彰、赞扬、庆贺对方在某个方面所做贡献的一种常用形式，有的还用于慰问和赞扬。

贺信的应用范围非常广，如会议隆重开幕、工程竣工、科研取得成果，重大任务保质保量地提前完成、重大比赛获得冠军、庆贺节日等，都可以使用贺信的形式表示祝贺。重要的贺信往往对广大群众有很大的激励和教育作用。

二、贺信的特点

1. 祝贺性

发出贺信的目的是恭贺对方，祝贺者通过这种形式表达对他人的祝贺和赞颂，这种由衷的祝愿可以增进相互间的感情、加深友谊、促进合作。

2. 信电性

贺信是通过书信投递、电文拍发、E-mail 送达对方的，庆贺者无法当面宣读，而由受贺者收后阅读，这就要求贺信的语言要热烈真挚，篇幅要短小。

3. 时效性

贺信因事而发，宜在事前或事后不久发，时过境迁后的贺信就失去了其应有的价值。

三、贺信的分类

按作者类型分，贺信可分为个人发出的贺信和单位发出的贺信两类。

按行文方向分，贺信可分为上级单位或个人对下级单位或个人所发的贺信，同级单位之间发出的贺信，下级单位、职工给领导机关的贺信以及给著名人物的贺信。

四、贺信的写作要求

1. 实事求是，感情真挚

贺信内容要紧扣庆贺对象和庆贺事情，内容要真实具体，抓住重点，不能泛泛而谈。感情要饱满充沛，真诚热烈，给人以鼓舞和力量。

2. 语言简洁，写作及时

贺信写作时注意层次清晰，语言精练明快、通俗流畅，不能堆砌华丽的辞藻，篇幅要短。同时，贺信的写作要及时，并迅速发出。

【写作格式】

贺信的主体结构和写作要点见表 5-5。

表 5-5　贺信的主体结构和写作要点

结构名称	写作要点
标题	第一行正中书写标题，贺信标题有四种写法： 1. 直接标明文种："贺信"二字； 2. 由"发出单位或个人＋文种"构成，如《××市财政局贺电》； 3. 由"接收单位或个人＋文种"构成，如《给××高校20××届毕业生们的贺信》； 4. 由"发出单位或个人＋接收单位或个人＋文种"构成，如《××大学给××学院的贺电》
称谓	标题下一行顶格书写受贺单位名称或个人姓名，个人姓名后加上相应的职务、职称或"先生""女士""小姐"，如果是祝贺会议则写会议名称。称呼之后要用冒号
正文	贺信正文在称谓下另起一行，空两格写贺信的内容。贺信的正文要交代清楚以下几项内容： 1. 结合当前的形势状况，说明对方取得成绩的大背景，或者某个重要会议召开的历史条件。以简练的词语写出祝贺之由，并表示祝贺。常用"值此……之际，谨代表……表示热烈祝贺"之语。 2. 概括说明对方都在哪些方面取得了成绩，分析其成功的主、客观原因。这一部分是贺信的中心部分，一定要交代清楚祝贺的原因。 3. 表示热烈的祝贺。要写出自己祝贺的心情，由衷地表达自己真诚的祝福。写些鼓励的话，提出希望和共同理想
结尾	贺信一般以祝愿词结尾，如"谨祝取得新的成绩""此致敬礼""祝争取更大的胜利""祝您健康长寿"等。若正文中已有祝愿的内容，也可不写结尾
落款	写明发文的单位名称或个人姓名，并署上成文的时间

【实例展示】

实例 5-8：

贺信

××××公司：

欣闻贵司代表队在"2021 年××汽车装配技能大赛"中荣获第一名。我协会特向贵公司表示衷心地祝贺，并向所有参赛选手和公司全体员工表示诚挚的问候！

以提升汽车行业一线员工的技能为主要目标的我省汽车装配工人技能大比武活动中，共有来自全省 20 支企业代表队和 15 支院校代表队约 500 名队员逐鹿。贵公司代表队在强手如林的各项赛事中脱颖而出，勇夺五个单项第一名，并一举夺得团体第一名。这是你们公司的骄傲，也是我市汽车行业的骄傲。

多年来，贵司始终坚持"人才兴企"战略，把提高员工素质作为提升企业软实力、增强企业核心竞争力的重要手段。通过制定科学合理的员工培训计划，加大岗位培训力度，注重培训效果，不断提高广大员工的专业技能和综合业务素质；通过深入持久地开展各种形式的技术比武、岗位练兵活动，造就了一支高素质的员工队伍。本届汽车装配技能大比武上所取得的佳绩，就是对贵司长期坚持"人才兴企"战略，注重人才培养的肯定和回报。

希望你们以此次赛事为契机，发扬成绩，再接再厉，为我市汽车行业发展做出新的贡献！

××市汽车工业协会
2021 年 7 月 7 日

【评析】该文是汽车工业协会对2021年＊＊市汽车装配技能大赛举办所写的贺信，文中第一段介绍祝贺的原因，并以汽车工业协会的名义表示对获奖选手及公司隆重、热烈的祝贺。第二、三段介绍技能大赛的背景以及协会对此成绩的积极态度，最后表达了对公司取得成绩的肯定。文中流畅自然而不失深意，喜悦之情油然而生。

【模板归纳】

贺信的参考模板如下所示。

范文	结构
贺信	标题
××报刊：	称谓
值此××报创刊20周年之际，谨向报社全体同志表示热烈祝贺！××报刊创办20年来，你们辛勤耕耘，自主创新，日益壮大，与时代同行，和百姓同心，报纸办得有声有色，精彩纷呈，深受读者喜爱，报社的各项事业蓬勃发展，红红火火，蒸蒸日上，走在前列。	正文
希望以20周年报庆为契机，不断开拓进取，实现科学发展，坚持“三贴近”，扩大影响力，办出新水平，为繁荣我市的新闻出版事业作出更大的贡献！	结尾
中共××市委宣传部 20××年6月7日	落款

【知识检测】

一、填空题

1. 贺信在结构上包括________、________、________、________及________五部分。

2. 贺信具有________、________和________三个特点。

二、选择题

1. 贺信没有下列哪项功能(　　)。

A. 慰问　　B. 赞扬　　C. 激励　　D. 批评

2.《致二十国集团民间社会会议的贺信》的标题是由(　　)构成。

A. 文种

B. 发出单位或个人＋文种

C. 接收单位或个人＋文种

D. 发出单位或个人＋接收单位或个人＋文种

三、判断题

1. 贺信内容要紧扣庆贺对象和庆贺事情，内容要真实具体，抓住重点，称颂要恰如其分。(　　)

2. 贺信的感情要感情饱满、充沛，以真情动人，富有鼓舞人心的力量。(　　)

3. 贺信写作没有时限要求。 (　　)

四、简答题

1. 简述贺信适用的情景有哪些?
2. 贺信的撰写有哪些要求?

【应用训练】

一、病文诊改

请阅读下面材料,找出存在的问题并进行修改。

×××致中国地质博物馆建馆100周年

中国地质博物馆:

100年来,中国地质博物馆恪守建馆宗旨、不断精进学术,在地球科学研究领域、地学知识传播等方面取得显著成绩,为发展我国地质事业、提高全民科学素质作出了重要贡献。

科技创新、科学普及是实现创新发展的两翼。希望你们以建馆百年为起点,不忘初心、与时俱进,以提高全民科学素质为己任,以真诚服务青少年为重点,更好发挥地学研究基地、科普殿堂的作用,努力把中国地质博物办得更好、更有特色,为建设世界科技强国、实现中华民族伟大复兴的中国梦再立新功。

二、写作训练

1. 根据下列所给材料,拟写一份贺信。

××药业公司改制成功,更名为×××公司,这是具有里程碑意义的大喜事。该公司诞生于革命战争年代,发展壮大于改革开放的新时代。创造了很多药业奇迹,为我国医药工业的发展和现代化建设做出了突出的贡献。公司改制也标志着×××公司向着现代化、国际化大公司又迈出了更加坚实的一步。明天公司就要改制揭牌了,请你以与该公司合作的另一家企业的董事长的身份写一份贺信。

2. 学院青年志愿者协会正式成立,请你代表学院学生会拟一份祝贺信。

第六章 经济协约文书

当今社会，经济活动是最为广泛、最为活跃的社会活动。在形形色色的经济活动中，催生了各种各样的商品交换关系。在经济交往这一过程中，为了达到良好的经济合作关系，确保合作各方的权益实现，常用经济协约文书应运而生，并成为我们生活中的重要工具。本章主要介绍商务信函、招标书、投标书、意向书、协议书、经济合同六种常用经济协约文书的撰写。

本章的具体架构如下：

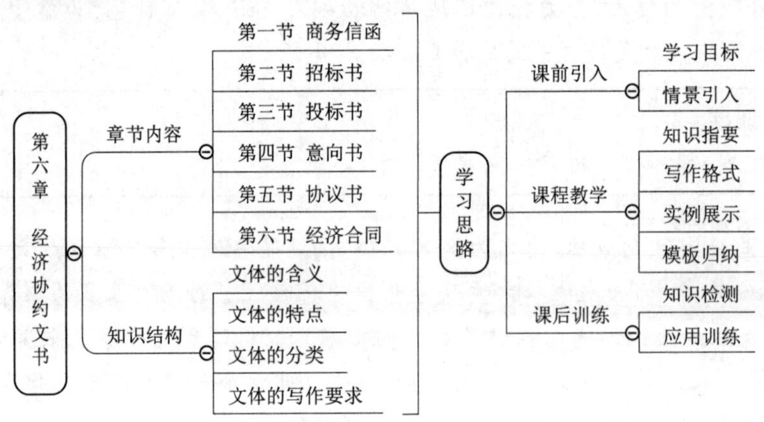

第一节 商务信函

【学习目标】

1. 了解商务信函的含义、特点及类型；
2. 掌握商务信函的构成要素与写作格式；
3. 能够按照写作要求撰写商务信函。

【情景引入】

林丽丽毕业于某学院经贸系，求职面试中，她以扎实的专业知识，获得某贸易公司人力资源部经理的好感，顺利进入复试。复试由公司主管人力资源部的副总经理主持，在与林丽丽“闲聊”了一些商务礼仪后，副总对林丽丽说本公司最近对某公司生产的光源产品很感兴趣，想与该公司联系订购一批节能灯管，请林丽丽代表公司写一封询价函，随即副总的秘书给她送上了纸和笔。林丽丽大感意外，因为平时对应用文写作不太重视，对商务信函的写作更是一片茫然，只好暗暗叫苦。如果你是林丽丽，你打算如何写这封询价函？

【知识指要】

一、商务信函的含义

商务信函是在商务活动中用来商洽工作、联系业务、询问和答复有关具体实际问题的一种文书。商务信函是一种具有信用性的商务文书。在商务往来活动中，从建立贸易关系开始到询价、报价、订货、发货、付款，直到索赔、理赔，各个环节几乎都需要使用商务信函进行有效沟通。

二、商务信函的特点

1. 平等性

商务信函主要用于不相隶属的单位或组织之间联系业务、洽谈交易、沟通感情、履行合同、处理各种商业事务，体现双方平等沟通的关系。

2. 灵活性

商务往来活动十分复杂，具体情形不同，交易对象不同，交易条件不同，因此其内容写法也就比较灵活，商务信函的应用也就十分广泛。

三、商务信函的分类

商务信函按照不同的标准可以划分为不同的类型。

商务信函按具体业务内容划分，可分为联络函、咨询函、推销函、订购函、催款函、寄样函、索赔函、理赔函、报价函、还价函、致歉函、谈判函、调解函、婉拒函。

商务信函按行文方向划分，可分为去函和复函。

四、商务信函的写作要求

1. 一事一函，目的明确

商务信函用于商务往来，具有明确的目的，其内容单一，一份商务信函只写一个事项，切忌一函多事。

2. 看清对象，措辞得体

商务信函往往反映一个企业的形象，态度要礼貌诚恳；在发生意见分歧时，应看清收函对象，做到措辞得体，语气委婉，维护双方良好关系。

3. 言简意明，体式规范

商务信函语言表达要准确，言简意明，条理清晰，忌笼统粗犷、含糊其词和抽象化，避免歧义和模棱两可。

【写作格式】

商务信函的主体结构和写作要点见表6-1。

表6-1　商务信函的主体结构和写作要点

结构名称		写作要点
标题		一般包括事由和文种两项内容，事由是对正文主要内容高度精练的概括，文种是信函种类的具体化，如询价函、报价函、订购函、销售函、索赔函等
称谓		在标题下另起一行或直接在第一行顶格书写受信者的名称，称谓后加冒号，以示对对方的尊敬。 姓名前可以加上“尊敬的”等敬语，姓名后应加上“先生”“女士”“经理”等称呼；如果只知道对方公司的名称，不知道对方确切的负责人姓名，就要写成“××公司”字样。但报价函例外，因为报价函是针对询价函的回函，所以称谓项应该根据询价函而写上对方的单位或部门名称、个人姓名等
正文	引言	简要说明发此信函的缘由。如果是答复信函，开头部分除说明已收到对方信函外，一般还要摘录对方信函的主要内容
	主体	商务信函的核心部分，要写明所发信函的主要内容。不同的信函，其具体内容不同。例如，询价函的主体部分可以询问某一种商品的具体情况，包括品质、单价、交货日期、结算方式、运输方式等；也可以向卖方索取商品目录、价格表、参考样品等。报价函的主体部分，一般要写明商品的品名、质量、单价、数量、规格、交货方式、结算方式、运输方式、包装方式、折扣等内容
	结语	不同的信函，结语写法不同。 例如，询问函一般希望对方答复，可使用“盼复”“请函复”“希望见复”等词语。告知函如果是仅阐明我方意见或观点，并不要求对方答复的，常使用“特此函达”“专此函达”等词语；也可以礼貌地提出要求或希望，如“相信在双方的共同努力下，我们之间的这笔交易定会达成”，或是对收信人可能给予的帮助表示感谢，如“对于您的帮助，在此谨表感谢！”
落款		在正文或结语的右下方署上写信者的名称。写信者的名称可以是单位或部门名称，也可以是个人姓名。 如写信者的名称是单位或部门名称，应当书写其全称或规范化简称； 如写信者的名称是个人姓名，前面可以标示其单位或部门名称。在署名的下方写上写信日期。在日期中间加盖发文单位印章，以示严肃负责
附件		如有附件，则位于落款下方

【实例展示】

实例6-1：

商洽函

××公司：

我方在《××××》杂志上得到贵公司名称和地址，盼与贵公司建立商务关系，特函奉告。

本公司系中国××产品最大的出口商之一，具有18年的商务经验，商誉驰名。我方的服务和产品质量保证会使贵方满意。

对我方的信用，如需作进一步的了解，请向中国银行××分行直接查询。

盼尽速回音。

××公司

××××年××月××日

实例 6-2：

询价函

××茶叶公司：

我单位对贵公司生产的绿茶感兴趣，需订购君山毛尖茶。品质：一级。规格：每包 100 克。烦请贵公司就下列条件报价：

1. 单价
2. 交货日期
3. 结算方式

如果贵方报价合理，且有给予最惠折扣，我方将考虑大批量订货。

盼速见复。

××超级商场

××××年××月××日

实例 6-3：

报价函

××公司：

前从××处获悉，贵公司为发展转口贸易，拟订购我公司××药品，直销香港。为配合你方开展这一业务，我们愿意大力支持，通力合作。现报供 10 000 箱，每箱 20 美元 CIF 香港净价；交货期 20××年××月××日，分两批各 5 000 箱，付款条件是不可撤销即期信用证。上述发盘 20××年××月××日前有效。

谨祝

商安

××进出口公司

20××年××月××日

实例 6-4：

订购函

××公司销售部：

非常感谢贵方××年××月对我方有关户外照明设备询问价格的复函。我们得悉，贵方能以现货供应。今随函附上订购该产品的正式订单，请及时按附上的订单所填写的规格、型号、数量装运。

××公司

××××年××月××日

实例 6-5：

索赔函

××公司：

××年×月×日由贵厂发出的集装箱运输车运送的铝材发生了下述意外情况：

续表

经查,该批铝材含量在90%以下者约占42%,不符合原定规格30 m×0.2 m的线型铝材总共122条,占总货量比重的29%,显然是货品质量不符。首批到货即出现这样的遗憾,使我们自然对今后的进货深感不安。因此,我们希望贵方能按合同约定对此次问题作妥善的处理,并保证今后的装货不再发生这样的意外。

我方已于××日电告贵方,兹将本地商检局检查凭证附上,再以书面告知。

××铝业贸易公司

××××年××月××日

【评析】上述是一组商务往来活动中使用频率很高的商务信函。它们共同的特点是内容具体明确,行文简短,语言准确得体,条理清晰,表意明确,符合商务信函的行文规范。

【模板归纳】

商务信函的参考模板如下所示。

<table>
<tr><td>询价函</td><td colspan="2">标题</td></tr>
<tr><td>尊敬的先生/女士:</td><td colspan="2">称谓</td></tr>
<tr><td>您好!
多位同行向我们推荐了贵公司生产的HVE-20研磨机,深知其为国内名牌产品。我公司目前需要该研磨机若干台,有意订购贵公司的产品。贵公司能否将研磨机的产品性能、配套装置等有关细节资料、价格目录及结算方式等寄给我公司,供我方参考。</td><td>正体</td><td rowspan="2">正文</td></tr>
<tr><td>若贵公司能在7月14日前回复,我方将不胜感激。再次感谢,盼望回复。
联系地址:××××××
联系电话:××× ×××× ××××
顺颂
商祺!</td><td>结语</td></tr>
<tr><td>××××有限公司
××××年××月××日</td><td colspan="2">落款</td></tr>
</table>

【知识检测】

一、填空题

1. 商务信函在结构上包括________、________、________及________四部分。
2. 商务信函按照行文方向划分,可分为________和________两种类型。

二、选择题

1. 商务信函中,如有商品目录、价格表、订货单等,一般在(　　)中体现。

A. 称谓　　B. 引言　　C. 正文　　D. 附件

2. 商务信函中,(　　)主要用于协商解决合同违约、经济纠纷问题。

A. 咨询函　　B. 订购函　　C. 联络函　　D. 索赔函

3. 下列商务信函的结束语中,表述得体的是(　　)。

A. 所列条款,必须同意

B. 事关重大,不可延误,务必于本月 10 日前回复

C. 以上事项,请尽快批准

D. 如符合贵方要求,敬请早日订货

三、判断题

1. 商务信函在撰写过程中,为了便于解决更多问题,可以一函多事。(　　)

2. 商务信函是商贸活动的凭据,具有一定的严肃性甚至法律效力。(　　)

3. 推销函主要用于向对方询问有关商品的信息、情况等。(　　)

四、简答题

1. 什么是商务信函? 商务信函有什么特点?

2. 商务信函写作时应注意哪些问题?

【应用训练】

一、病文诊改

请指出下面这份商务信函的问题,并进行修改。

×××先生:

已收到贵方 80 台 EPSONLQ－100 打印机的订单。我方将尽快予以办理,货物将在近期运抵贵方指定地点。我方将通过××银行开出以贵方为付款人的银行承兑汇票,承兑期限为 3 个月,希贵方按期承兑,切勿拖延。

××公司

20××年×月×日

二、写作训练

1. 询价函和报价函。

××贸易公司对××光源公司的××牌节能灯管很感兴趣,于 6 月 3 日给××光源公司发出询价函,询问该节能灯管的规格、单价、包装以及达成交易后的结算方式、交货方式、送货日期等。请你分别以××贸易公司和××光源公司的名义写一份询价函和报价函。

2. 催款函。

××贸易公司于××××年×月×日向××光源公司订购××牌节能灯管 60 箱,货款金额合计 1.5 万元,发票编号为×××××。现已超过付款日期但仍未见该贸易公司按合同付款。请你以××光源公司财务处的名义,给××贸易公司写一份催款函。

第二节　招标书

【学习目标】

1. 了解招标书的含义、特点和分类；
2. 掌握招标书的写作结构与技巧；
3. 能够按照写作要求撰写招标书。

【情景引入】

××学院将对部分学生宿舍物资进行更新，需购买电脑桌2 600张，圆凳4 800个，拟采用国内竞争性谈判采购方式。要顺利完成此项竞争性谈判采购任务，该学院物资设备招标采购办公室需要编制招标书，可是招标书如何撰写呢？

【知识指要】

一、招标书的含义

招标书又称招标通告、招标公告、招标启事。它是招标者为邀请有关符合条件的单位投标，将业务项目、项目标准及要求条件等写成的文书。

招标书是招标过程中介绍情况、指导工作，履行一定程序所使用的一种实用性文书。它提供全面情况，便于投标方根据招标书提供情况做好准备工作，同时指导招标工作开展。招标书一般通过大众传媒公开，因此也称招标广告，具有广告性。

二、招标书的特点

1. 规范性

规范性指招标书的制作有法可依，即按照《中华人民共和国招标投标法》的基本规定和要求，严格制作过程和基本内容。

2. 公开性

公开性即招标须本着公开、公平、公正的原则进行，招标文件要公开发表或向所有投标者提供，中标结果也要发表或向所有投标者通报，整个过程具有透明性和公开性。

3. 竞争性

招标书的发放就是吸引竞争者的加入，而从投标者中优选合作者的做法也决定了招标书具有竞争性。

三、招标书的分类

招标书按照不同的标准，有不同的分类。

按内容及性质分，可分为企业承包招标书、企业租赁招标书、工程建设招标书、大宗商品交易招标书、科研课题招标书、技术引进或转让招标书等。

按范围分，可分为国际招标书和国内招标书。

按时间分，可分为长期招标书和短期招标书。

四、招标书的写作要求

1. 事项合法，切实可行

招标文书和应知事项要符合法律法规等。招标程序应符合实际，科学规范、切实可行。

2. 内容全面，具体明确

介绍招标项目的内容要真实全面，招标的步骤要清楚具体，对投标人的要求应明确。

3. 合乎规范，准确简洁

招标书的写作应合乎规范，语言表述更应准确简洁。招标项目名称、技术规格、质量标准、投标方法等应准确表达，不可笼统、含糊，避免歧义。

【写作格式】

招标书即招标说明书，是对招标公告或招标邀请书内容的扩展，用来对有关招标事项做出具体的说明。一般由标题、正文和文尾三部分组成。

招标书的主体结构和写作要点见表 6-2。

表 6-2　招标书的主体结构和写作要点

结构名称		写作要点
标题		标题一般写在第一行中间。常见写法有三种： 1. 招标单位名称 + 招标项目名称 + 文种，这是比较完整、规范的标题形式，如《××钢铁公司外购大型设备招标说明书》。 2. 招标单位名称 + 文种，如《××投资企业公司招标公告》。 3. 招标项目 + 文种，如《建筑安装工程招标书》
正文	引言	简要写明招标的目的依据、项目名称、招标范围及招标单位的基本情况等
	主体	详细说明招标的有关内容和要求事项。 一般应写明以下事项：招标项目的性质、数量、技术规格或技术要求，投标价格的要求及其计算方式，评标的标准和方法，交货、竣工或提供服务的时间，投标人应当提供的有关资格和资信证明文件，投标保证金的金额或其他形式的担保，投标文件的编制要求，提供投标文件的方式、地点和截止日期，开标、评标、定标的日程安排，合同格式及主要合同条款
文尾		招标书的文尾包括落款、日期和印章。落款应写明招标单位的名称、地址、电话、邮编及联系人。落款后另起一行写明招标书制发的年月日，最后加盖公章

【实例展示】

实例 6-6：

××师范大学关于台式计算机的招标公告

根据《中华人民共和国政府采购法》等有关规定，××师范大学就台式计算机进行公开招标，欢迎国内合格的供应商前来投标。

一、招标项目编号：NO. 2021018

二、招标项目概况（内容、用途、数量、简要技术要求等）

台式计算机约 280 套，共四种配置，具体以标书为准。

具体内容欢迎访问××师范大学采购中心网站 http://cgzx. ××××. net. cn/。

三、投标供应商资格要求

①符合《中华人民共和国政府采购法》中规定的供应商资格要求；

②须在公司经营范围之内，有投标产品供应能力，能满足合同规定的配送和服务要求；

③具有所投品牌原厂商针对本项目的授权书原件；

④在最近三年内无骗取中标，严重违约、违纪及重大安全和质量问题之一者。

四、招标文件的发售时间及地点等

时间：××××年 7 月 22 日—××××年 8 月 8 日（双休日及法定节假日除外）

上午：8:30—11:30　　下午：13:30—16:30

地点：××师范大学采购中心 114 室

标书售价：每本 200 元（售后不退）

五、投标截止时间：××××年 8 月 12 日上午 9:00

六、投标地点：××师范大学采购中心会议室（行政大楼一楼）

七、开标时间：××××年 8 月 12 日上午 9:00

八、开标地点：××师范大学采购中心会议室（行政大楼一楼）

九、投标保证金

投标保证企：10 000 元。

交付方式：汇票。

收款单位（户名）：××师范大学。

开户银行：商业银行××师大支行。

银行账号：13018264××××422。

十、其他事项

投标人购标书时应提交的资料：

①企业营业执照副本（复印件加盖公章）。

②法定代表人授权委托书（原并）。

续表

十一、联系方式

采购人名称:××师范大学

地点:××市迎宾大街688号

联系人:王老师

联系电话:××××××

××师范大学采购中心(章)

××××年7月20日

【评析】这篇招标书的标题由单位名称、招标项目和文种构成,招标书的正文第一段介绍事由,正文主体部分陈述了采购项目的具体内容、采购方式、合格的投标人的资格条件、招标文件的获取方式、投标文件的递交方式、开标时间与地点、投标保证金及交付方式等,最后提供了户名、账号、开户行信息。本招标书表达明确、简洁,格式规范,不足之处是缺少对招标单位的简要介绍。

【模板归纳】

项目开发招标书的参考模板如下所示。

<table>
<tr><td>××××公司招标公告</td><td colspan="2">标题</td></tr>
<tr><td>××××公司根据《中华人民共和国招标投标法》和××××公司相关采购管理办法的规定,决定对××××采购项目进行公开招标,欢迎国内符合条件的供应商前来投标。</td><td>引言</td><td rowspan="2">正文</td></tr>
<tr><td>一、招标文件编号:
二、采购项目名称:
三、采购内容(内容、数量、简要技术要求等):
四、采购方式:公开招标。
五、合格的投标人的资格条件:
六、招标文件的获取(时间、地点、标书售价、联系人):
七、投标文件的递交
八、开标时间与地点
九、投标保证金及交付方式
户名:
账号:
开户行:
联系人及联系方式:</td><td>主体</td></tr>
<tr><td>××××公司
20××年××月××日</td><td colspan="2">落款</td></tr>
</table>

【知识检测】

一、填空题

1. 招标书在结构上包括________、________及________三部分。
2. 正文是招标书的核心部分,包括________和________两部分。

二、选择题

1. 在招标书中,(　　)部分需要写明招标目的、招标依据等。

A. 标题　　B. 引言　　C. 正文主体　　D. 落款

2.《拆迁招标书》的标题是由(　　)构成。

A. 招标单位名称+招标项目名称+文种　　B. 招标单位名称+文种

C. 招标项目名称+文种　　D. 文种

三、判断题

1. 招标书是招标者为邀请有关符合条件的单位投标,将业务项目、项目标准及要求条件等写成的文书。(　　)
2. 招标单位拟进行招标时,无须公开发表或向所有投标者提供招标文件。(　　)
3. 招标书的撰写应本着公开、公平、公正的原则。(　　)

四、简答题

1. 什么是招标书?招标书有哪些种类?
2. 招标书的主体部分必须具备哪几方面的内容?

【应用训练】

一、病文诊改

请指出下面这份招标书的问题并进行修改。

招标书

我校在××校区新建一座办公楼,由××市城市建设委员会批准,建筑工程实行公开招标,现将招标有关事项公告如下:

一、工程名称:××××大学××校区办公楼

二、建筑面积:××××m^2

三、设计及要求:详见附件

四、承包方式:全部工程实行包工包料

五、领取招标文件时间:有意投标者,请于20××年3月20日前领取招标文件,逾期不予办理。

投标人请将投标文书及上级主管部门的有关签证等,密封投寄或派人直接送本校基建处。收件至20××年4月20日截止。开标日期定于20××年××月××日,在××市公证处公证下启封开标,地点在××市××路××号××大学办公楼312室。

××大学××校区建设招标办公室

20××年2月25日

二、写作训练

1. 在下面所给定材料的基础上，请代××学院招标办公室编制一份招标书。

> ××学院拟修建一座图书馆楼，建筑总面积××××平方米，由投标单位包工包料。××学院对图书楼的设计和质量要求以及原材料的质量标准已提出了书面材料。××××年5月15日至××××年5月20日为工程招标起止时间，××××年6月10日上午9时在××学院1号楼210室公开开标。竣工日期为××××年12月30日。工程的主项报告及招标办公室已经获上级有关部门批准。××学院地址在××市××路××号。项目联系人：××，咨询电话：0451—×××××××××。

2. 在下面给定材料的基础上，请代××学院拟定一份招标书。

> ××学院拟通过招标确定教职工节日慰问品的定点供货商，请代此学院写一则招标书。具体情况如下：优质大米预估数量为1 310袋，香菇（干货）预估数量为1 310袋；压榨花生油预估数量为1 450瓶，八渡笋（干货）预估数量为1 450袋。其他相关信息自行补充。

第三节　投标书

【学习目标】

1. 了解投标书的含义、特点、分类；
2. 掌握投标书的写作格式；
3. 能够按照写作要求撰写投标书。

【情景引入】

林飞的公司创业至今已有三年了，整体经营情况还不错，在圈子里也逐渐有了一定的知名度。某一天一家公司给林飞发来了一封邀请函，请他参与其公司供应商的竞标。林飞非常心动，这可是一笔大生意，但是参与竞标的企业有好几家，怎么才能在竞争中夺标？投标书是关键，什么样的投标书才能帮助林飞获得此次竞标呢？

【知识指要】

一、投标书的含义

投标书又称“标函”或“标书”，是投标人按照招标条件和要求制作的在规定时间内递送招标人的承诺性文书。招标人组织开展的评标、决标一系列活动，都必须以投标书为依据。

二、投标书的特点

1. 针对性

投标书的内容皆是按照招标书提出的项目、条件和要求而写，针对性强。

2. 求实性

投标书对投标项目的分析、对己方的介绍、拟采取的措施和承诺等都具有求实、求真、忌虚假的特性。

3. 竞争性

投标是一种竞争活动，投标书是投标方参与竞争的唯一武器。投标人要中标，就要充分展示自己的实力和优势，才能在竞争中脱颖而出。

三、投标书的分类

与招标书一样，投标书也可以从不同角度进行分类。

按投标人员组成情况划分，可分为个人投标书、合伙投标书、集体投标书、企业投标书等。

按投标的性质和内容划分，可分为工程建设项目投标书、大宗商品交易投标书、选聘企业经营者投标书、企业租赁投标书、劳务投标书等。

四、投标书的写作要求

1. 实事求是，资料真实

投标书的内容直接关系到能否中标，因此投标书在介绍自己的条件和优势时，一定要实事求是。所附的有关资料、数据，也应真实准确。

2. 考虑周密，表达准确

投标书的内容关系对招标人的承诺，具有法律的严肃性。应考虑周密，语言表达准确，力避模棱两可、易生歧义的语句。

3. 态度谦和，用语得体

标书中宜用“贵方”“贵单位”“贵公司”等尊重对方的词语，显示投标人的谦和，以便对方容易接受投标。

【写作格式】

投标书有表格式、说明式和综合式等写法。一般由标题、称谓、正文和文尾四部分组成。

招标书的主体结构和写作要点见表6-3。

表 6-3　招标书的主体结构和写作要点

<table>
<tr><th colspan="2">结构名称</th><th>写作要点</th></tr>
<tr><td colspan="2">标题</td><td>标题一般由投标方的名称、投标项目和文种组成，如《××公司承包××学院新校区工程投标书》。也可由投标方的名称与文种两部分组成，如《××建筑工程公司投标书》。更多的是用文种直接作标题，如《投标书》</td></tr>
<tr><td colspan="2">称谓</td><td>称谓部分填写招标单位名称，即投标书的主送机关。一般顶格书写招标单位的全称。例如，致：××××××(招标单位全称)</td></tr>
<tr><td rowspan="2">正文</td><td>引言</td><td>简明扼要地说明投标方的名称，投标的方针、目标以及中标后的承诺等内容，开宗明义，提纲挈领</td></tr>
<tr><td>主体</td><td>一般根据招标书提出的目标、要求，介绍投标企业的现状、说明具备投标的条件，提出标价(常用表格表示)、完成招标项目的时间，明确质量承诺和应标经营措施，此外，根据招标者提出的有关要求，填写标单等。同时，可以附件形式附上有利于己方中标的有关材料等</td></tr>
<tr><td colspan="2">文尾</td><td>写明投标单位的名称、法人代表、联系人地址、电话号码、E-Mail、邮政编码，注明投标日期</td></tr>
</table>

【实例展示】

实例 6-7：

培训楼工程施工投标书

致：××××(招标单位)

根据××铜矿兴建培训楼工程施工招标书和设计图的要求，作为建筑行业的×级企业，我公司完全具备承包施工的能力与条件，决定对此项工程投标。具体说明如下：

一、综合说明

工程简况(工程名称、面积、结构类型、跨度、高度、层数、设备)：培训楼一幢，建筑面积 10 700 m^2，主体 6 层，局部 2 层。框架结构：楼全长 80 m，宽 40 m，主楼高 28 m，二层部分高 9 m。基础系打桩水泥浇筑，现浇梁柱板。外粉全部，玻璃马赛克贴面，内粉混合砂浆、涂料，个别房间贴壁纸。全部水磨石地面，教室呈阶梯形，个别房间设空调。

二、标价(略)

三、主要材料耗用指标(略)

四、总标价

总标价 3 408 395.20 元，每平方米造价 370.23 元。

五、工期

开工日期：20××年 2 月 5 日；

竣工日期：20××年 8 月 20 日；

施工日历天数：547 天。

六、工程计划进度(略)

七、质量保证

全面加强质量管理，严格操作规程；加强各分项工程的检查验收，上道工序不验收，下道工序绝不上马；加强现场领导，认真保管各种设计、施工、试验资料，确保工程质量达到全优。

续表

八、主要施工方法和安全措施 安装塔吊一台、机吊一台，解决垂直和水平运输；采取平面流水和立体交叉施工；关键工序采取连班作业，坚持文明施工，保障施工安全。 **九、对招标单位的要求** 招标单位提供临时设施占地及临时设施房间，我们将合理使用。 **十、坚持勤俭节约原则，尽可能杜绝浪费现象** 投标单位：××建筑工程总公司（公章） 负责人：李××（盖章） 电话：××××××××× 传真：××××××××× 电报：××××××××× 附件：本公司基本情况介绍

【评析】这是一篇工程建设项目投标书。正文先介绍了工程简况，然后说明了标价、耗材指标、工期、计划进度等，对招标书做出了明确的回答。这可以说是投标单位的正式报价单，是评标、决标的依据。本投标书还包括了保证工程质量的措施和达到的等级、主要施工方法、安全措施和对招标单位的要求等。文末附上公司基本情况，让他人对己方建立信心。这是一份写得较完整、较规范的投标书。

【模板归纳】

项目投标书的参考模板如下所示。

<table>
<tr><td>投标函</td><td colspan="2">标题</td></tr>
<tr><td>致：××××（招标单位）</td><td colspan="2">称谓</td></tr>
<tr><td>根据贵方为××××项目的投标邀请（投标编号：××），我方××××（投标人名称）正式授权××××为授权代表（全名，职务），代表我方进行有关投标的一切事宜。</td><td>引言</td><td rowspan="2">正文</td></tr>
<tr><td>在此提交的投标文件，正本一份，副本四份，唱标信封一份。包括如下内容：
一、投标函
二、投标报价表
三、全套资格证明文件
四、技术、商务响应文件
五、技术设计与实施方案文件
六、服务质量承诺
七、投标人近两年内相关业绩证明资料
八、由××××（银行名称）出具的投标保证金、履约保证金保函
九、应招标文件要求的其他文件</td><td>主体</td></tr>
</table>

续表

<table>
<tr><td rowspan="2">我方已完全明白招标文件的所有条款要求，并重申以下几点：
1. ×××××××××
2. ×××××××××</td><td>主体</td><td>正文</td></tr>
<tr></tr>
<tr><td>投标方名称：×××××××××
法人授权代表（盖章或签名）：××××
投标方代表姓名、职务：×××、×××
地　　址：×××××××××
邮政编码：××××
电　　话：××××
E-Mail：×××××××××
××××公司
20××年××月××日</td><td colspan="2">文尾</td></tr>
</table>

【知识检测】

一、填空题

1. 投标书的特点是________、________和________。

2. 投标书的标题一般由________、________和________组成。

二、选择题

1. 编写投标书时，具体内容如目标、造价、进度等，都要以招标单位所提出的各项要求为依据，体现了投标书的（　　）特点。

A. 针对性　　B. 竞争性　　C. 约束性　　D. 求实性

2.《办公用品采购项目投标书》的标题是由（　　）构成。

A. 投标人名称 + 招标项目名称 + 文种　　B. 投标人名称 + 文种

C. 招标项目名称 + 文种　　D. 文种

三、判断题

1. 投标书的语言表述应避免出现模糊度大的词语，如"尽量""力争"等。（　　）

2. 招标书和投标书不是合同，并不具备法律约束力。（　　）

3. 投标书所涉及的内容事项必须符合国家的有关法律、法规和政策规定。（　　）

四、简答题

1. 什么是投标书？投标书有哪些种类？

2. 投标书的结构包括哪几个部分？写作投标书需注意哪些问题？

【应用训练】

一、病文诊改

请阅读下面材料，找出下文投标书的问题，并进行修改。

致:××公司投标书:

我们看到了××公司的招标书,觉得凭借我们的实力一定能够中标。因此,我们决定投标。

1. 货物总报价:500万元人民币。

2. 货物清单一式三份。资格审查文件一式三份。

3. 投标保证书一份。

另外,我们必须郑重声明,我们拥有以下权利和义务:

1. 我们将根据招标文件的规定履行合同的责任和义务。

2. 投标人放弃要求你们进一步招标文件。

3. 如果在开标之后的投标有效期内撤标,那么投标保证金将归你们所有。

4. 鉴于以上情况,我们认为你们一定会选择我们中标。

××机械制造厂

××××年××月××日

二、写作训练

1. 阅读下文材料,如果你是××建筑公司负责人,请草拟一份具有竞争力的投标书。

××学院为了创造良好的教学环境,决定利用暑假一个月时间,对一万平方米的教学楼进行整修,包工包料(涂料、油漆、水泥、木头、玻璃等由投标者自备),向社会各建筑工程公司公开招标(时间为7月10日至8月10日,质量好、技术高、速度快、价格低者优先)。

2. 某高校图书馆拟建电子阅览室,需采购150台计算机。假设你是一家电脑公司市场部经理,请拟写一份投标书。

第四节 意向书

【学习目标】

1. 理解意向书的含义、用途和特点;
2. 掌握意向书写作结构与写作要求;
3. 能够结合实际情况撰写意向书。

【情景引入】

广东欣华对外贸易公司与深圳唯林科技公司经过几次接触,本着优势互补、互惠互利的原则,就双方建立战略合作伙伴关系事宜进行了友好协商,并达成了合作意向。双方决定签订一份建立战略合作伙伴关系意向书，为以后真正合作时签订合作协议书奠定基础。那么，意向书该如何签订呢？又有哪些注意事项呢？

【知识指要】

一、意向书的含义

意向书是当事人双方或多方之间，在对某项事物正式签订条约、达成协议之前，表达初步设想的意向性文书。意向书的作用主要有三个方面：

①意向书能传达“意向”，提请对方注意或供参考，可以约束双方的行动，保证双方的利益。

②意向书能反映业务工作上的关系，为合作双方进行实质性谈判奠定基础，从而能保证业务朝着健康有利的方向发展。

③意向书是签订合同的先导，可为正式签订协议或合同打下基础。

二、意向书的特点

1. 协商性

意向书不具有法律效力，是双方初步协商的产物。因此，写意向书时多用商量的语气，不带任何强制性。有时还用假设、询问的语气。

2. 灵活性

意向书的文字比较灵活，条款比较原则，对实质性的关键问题不像合同那样需作出具体、准确的表述，而只表达原则性的意向。

3. 临时性

意向书是协商过程中各方基本观点的记录，一旦达成正式协议，便完成了意向性的使命。意向书不像协议书、合同那样具有法律效力。

三、意向书的分类

意向书按照不同的标准，可以分为不同的类型。

按文体格式划分，可分为条款式意向书和书信式意向书。

按具体内容划分，可分为合作意向书、投资意向书、购房意向书、招股意向书和就业意向书。

四、意向书的写作要求

①坚持平等互利的原则。不分国家大小、单位大小或资本多少，应一视同仁，平等对话；既不能迁就对方，又不能把自己的要求无原则地强加给对方。

②态度诚恳，行文语气体现协商色彩。不用规定性或强制性的语句。

【写作格式】

意向书的主体结构和写作要点见表6-4。

表 6-4　意向书的主体结构和写作要点

结构名称		写作要点
标题		意向书标题常见的形式有两种： 1. 直接显示文种“意向书”； 2. 项目名称 + 文种构成，如《中外企业合营意向书》《招股意向书》
正文	引言	一般写明合作各方当事人单位的全称，双方接触的简要情况，以及合作的指导思想，继而用“双方就有关事宜，达成如下意向”一类承上启下的惯用语导出主体部分
	主体	主体部分是意向书的重点内容。 一般写双方的意图及初步商谈后达成的倾向性认识和比较认同的事项。 多采用分条列项的形式写。各项条款之间的界限要清楚。各条项的内容要相对完整。可参照合同或协议的条款排列
	结尾	写明“未尽事宜，在签订正式合同或协议书时再予以补充”一语，以便留有余地
落款		写明意向书签订各方单位的名称、签订时间、通信地址、电子邮箱、电话号码等

【实例展示】

实例 6-8：

开展技术经济合作意向书

××对外经济办公室（甲方）与深圳××有限公司工贸发展部（乙方），经双方协商同意，确定如下技术经济合作关系。

一、双方合作范围

1. 高科技产品开发；
2. 农副产品深加工与综合利用；
3. 外贸出口；
4. 合办第三产业；
5. 技术咨询；
6. 高新技术以及资金等方面的引进合作。

二、双方义务

1. 甲方负责提供其资源、项目及资料和项目的落实。

2. 乙方负责提供合作开发项目的技术资料，组织有关技术力量，以及协调开发项目的有关关系。协助或代理甲方的产品出口，合作项目产品的出口，甲方所需或双方合作项目所需的设备、技术的引进。

3. 双方确定具体的联络人员，进行经常的联络工作。

续表

三、双方合作程序

由双方商定在适当时间相互考察，根据考察结果，共同商拟双方合作项目、方式、内容和步骤。

四、双方合作方式

双方本着互惠互利、利益共享、风险共担的原则，根据不同的项目采用相应的合作方式。具体合作项目由双方另行签订合同。

五、本意向书一式四份，各执两份

甲方：××对外经济办公室　　代表：×××

联系地址：×××××××××××××　　电话：×××××××××

乙方：深圳××有限公司工贸发展　　代表：×××

联系地址：深圳市××路××大厦206室　　电话：×××××××××

时间：××××年11月1日

【评析】这份意向书的标题由项目和文种构成。引言写明了签订意向书的单位，承上启下惯用语导出本文的主体。主体部分内容包括合作的范围、双方义务、合作程序、合作方式等方面的意向性意见。文尾写意向书份数、双方代表的签字及通信信息。

全文目标具有导向性，各条款内容注重只确定原则意向，而不涉及具体的数字等细则，可为日后签订实质性、具体性的项目合同奠定基础。这是一则写得较好的意向书，可资借鉴。

【模板归纳】

意向书的参考模板如下所示。

<table>
<tr><td>联办综合服务公司意向书</td><td colspan="2">标题</td></tr>
<tr><td>××市化工厂（以下简称甲方）
××公司（以下简称乙方）</td><td>引言</td><td rowspan="2">正文</td></tr>
<tr><td>甲乙双方于20××年×月×日在××地就创办联营综合服务公司的问题进行了初步协商。根据双方需要，为更合理利用双方优势，提高经济效益和社会效益，双方在平等互利的基础上达成如下联营意向：
一、联营综合服务公司在创建之初的生产经营项目主要有：一是利用甲方在生产过程中产生的废渣石灰脚生产煤渣砖；二是代客户运输。
二、甲方提供运输工具载重车数辆给联营企业，按月收取适当的租用费。乙方提供土地一块给联营企业，按月收取适当的租用费。乙方一并提供综合服务公司所需的生产人员。
三、此联营项目投资总额估计十余万元（包括基建、厂房、设备及流动资金）。甲方投资比例约×成，乙方投资比例约×成实现的利润按投资比例分成。</td><td>主体</td></tr>
</table>

续表

<table>
<tr><td>四、综合服务公司是具有法人资格、实行独立核算、自负盈亏的企业。
五、双方各派代表若干人组成筹建小组，具体负责筹建工作。筹建小组应于明年春完成可行性研究并提交工作方案。</td><td>主体</td><td rowspan="2">正文</td></tr>
<tr><td>六、有关具体问题双方在进行可行性研究后进一步协商。
七、本意向书一式四份，双方各执两份。</td><td>结尾</td></tr>
<tr><td>甲方（盖章）：　　　　乙方（盖章）：
甲方代表（签字）：　　　　乙方代表（签字）：
联系电话：××××××　　　　联系电话：××××××
公司地址：××××××　　　　公司地址：××××××

××××年×月×日　　　　××××年×月×日</td><td colspan="2">落款</td></tr>
</table>

【知识检测】

一、填空题

1. ________书为进一步合作创造条件，为签订合同或协议打下基础，是协议书或合同的先导。

2. 意向书的特点是________、________和________。

二、选择题

1. 意向书只是表达初步的合作意愿，并不是合作的最终完成，是正式签订合作协议或合同的先导，体现了意向书的（　　）特点。

A. 协商性　　B. 临时性　　C. 灵活性　　D. 原则性

2. 意向书中（　　）位置，需要写明参与项目商洽的各方当事人单位名称、谈判代表的姓名、签订日期等构成。

A. 正文　　B. 引言　　C. 结尾　　D. 落款

三、判断题

1. 意向书与协议书、合同均具有法律效力。（　　）

2. 意向书的语言表述，要确切、明白，不能模棱两可。（　　）

3. 意向书签订后，当事人各方不得进行补充和修改。（　　）

四、简答题

1. 什么是意向书？意向书有什么特点？

2. 意向书的撰写有哪些要求？

【应用训练】

一、病文诊改

下文是一份合资建立公司的意向书，内容不够完整，结构上也存在一些问题。请根据意向书的写作要求,修改下文。

意 向 书

东北铁矿开发有限公司与福州商贸投资集团有限公司经过友好协商,一致同意在福州市合资建立××制造公司。

一、甲、乙双方愿意按中国《合作经营企业法》合办一个合资企业,约定投资人民币1 500万元。乙方投资人民币600万元,占投资总额的40%。

二、合资企业的名称为"福州市××制造有限公司",企业地址设在福州市××路××号。

三、合资企业的主导产品是乙方所需的××,产品90%以上由乙方负责在福建及广东一带销售。

四、甲方负责向合资企业提供必需的原材料、配套件、市场信息、样品图纸等;乙方负责立项、组织生产及解决生产场地等。

签订日期:××××年×月×日

甲方:东北铁矿开发有限公司　　　　乙方:福州商贸投资集团有限公司

代表:×××　　　　代表:×××

20××年2月25日

二、写作训练

1. 假设你是一名在建筑行业工作的技术员,与另一家同行业的公司进行技术合作,在正式合作前需要签署一份双方合作的意向书。请你根据双方情况,拟写一份技术合作意向书。

2. 请根据下面材料,草拟一份意向书。

××市玩具厂(甲方)和香港××玩具公司(乙方)经过友好洽谈,双方达成初步共识:

一、为了扩大玩具贸易,乙方要求甲方提供稳定生产的玩具厂,为乙方制造玩具,甲方同意在××县××镇建一间玩具厂。

二、乙方向甲方提供价值××万元的专用设备。

三、甲乙双方的贸易和来料加工业务,其价格、规格、交货日期等,均应逐项签订合同。

四、乙方派人员到甲方玩具厂进行技术辅导及质量监督,所需费用由乙方自己负担。

第五节　协议书

【学习目标】

1. 了解协议书的含义、特点和分类;

2. 掌握协议书的主体结构与写作要点；

3. 能够按照写作要求撰写协议书。

【情景引入】

××市××学院团委为了使学生拥有更强的责任心和爱心，养成尊老爱幼的良好风气，拟与××市舒康敬老院协议定期为敬老院的老人们开展“爱心活动”，并在每次“爱心活动”结束后，请敬老院领导给予评价。团委老师安排学生会主席汪明明拟写一份协议书，协议书中要包括“爱心活动”的时间、地点和内容及安排等条款。那么，这份协议书如何撰写呢，格式上有哪些要求？常见的协议书又有哪些呢？

【知识指要】

一、协议书的含义

协议书是指当事人双方（或多方）为了解决或预防纠纷，或确立某种法律关系，实现一定的共同利益、愿望，经过协商而达成一致后签署的书面意见。

二、协议书的特点

1. 灵活性

协议书一般没有固定统一的写作格式，其内容安排、条款形式等都由当事人协商决定，没有法律规定的文本格式。

2. 广泛性

协议书的写作范围和涉及的领域相当广泛，凡不宜签订合同的合作形式，以及不宜使用合同来明确当事者权利义务关系的事宜，可用协议书形式完成。

3. 协作性

协议书的订立往往是为了合作完成某一项目，故大量条文都是体现合作双方（或多方）在权利、义务上的合作关系。

三、协议书的分类

协议书按照不同的标准，可以分为不同的类型。

按协议书的具体内容划分，可分为承包工程协议书、购销协议书、财产转让协议书、承揽加工协议书、财产保险协议书、赔偿协议书、经济技术合作协议书等。

按协议书的作用划分，可分为意向式协议书、补充修订式协议书和合同式协议书。

四、协议书的写作要求

1. 遵循平等互利、协商一致的原则

协议书作为签订合同的基础文件，在起草制订时应注意平等互利、协商一致，做到态度诚恳、语气平和、内容具体、条款明确。

2. 保持协议与合同口径一致

从某种意义上讲,协议书是合同的铺垫,某些关键性的合同内容往往在协议书中提前体现,因而制订协议书时,一定要目光长远,留有余地,以保证协议书与合同口径的一致,使签订合同时具有更大的主动权。

【写作格式】

协议书的主体结构和写作要点见表6-5。

表6-5 协议书的主体结构和写作要点

结构名称		写作要点
标题		协议书标题常见的形式有两种: 1. 直接标明文种"协议书"; 2. 协议性质+文种构成,如"企业财产转让协议书"
当事人名称		写明参与协议的双方或多方当事人的单位名称或个人姓名,在名称后面用圆括号标注"以下简称甲方""以下简称乙方"
正文	引言	写明签订该协议的目的、依据和过程等
	主体	写明双方当事人议定的内容,一般应包括协议的条款、协议的时间和期限、合作的方式、双方的权利和义务、在有关问题上的具体要求、违约责任、履行条款期限、协议份数以及其他需要说明的事项等
落款		包括双方及多方当事人单位名称和法定代表人签名、盖章;签订协议书的日期;有关附项,包括单位地址、电话、传真、开户银行、银行账号等

【实例展示】

实例6-9:

投资合作协议书

甲方:

乙方:

双方本着友好协商,互利互惠的原则,就甲方于20××年9月18日—19日在北京举办的"20××风险投资扶持中国企业新加坡上市双赢模式推介会"达成如下协议。

第一条 双方合作内容

甲方发起并主办"20××风险投资扶持中国企业新加坡上市双赢模式推介会",乙方作为本次推介会的代理合作单位与甲方合作,推介会举办地点为北京,举办时间为20××年9月18日—19日。

第二条 双方合作权利与义务

1. 甲方负责本次推介会的招商文案策划、演讲嘉宾的联系和确认、场地的落实与布置、对会场进行总体控制与协调,并负责保障本次推介会圆满顺利完成。

续表

2. 甲方为乙方提供招商之宣传材料。

3. 甲方负责合作项目的媒体支持。

4. 甲方对本次推介会的招商文案、演讲嘉宾及用于招商的宣传材料，享有独立的知识产权。

5. 乙方利用本身掌握的客户资源为本次推介会做招商工作，以付费客户为准。

6. 乙方招商收入，由乙方或参会人员直接以电汇形式在开会前一周内将会费汇入甲方指定账户。

7. 乙方招收参会人员的会费，甲方按标准以招商价格7折与乙方进行结算。（注：甲方标准的对外招商价格为人民币3 000元/人）。甲方扣除乙方收入的应缴税金。

8. 乙方对外招商应保持和甲方一致或高于甲方价格，未经甲方同意乙方不得擅自降价，如甲方发现乙方有降价行为，甲方有权取消乙方合作代理资格。

第三条　法律责任

1. 推介会期间如果出现质量问题受到参会代表起诉，中国××杂志社负责解决有关纠纷并承担责任。

2. 推介会期间如因法定的不可抗力事由而非协议约定的事由导致本次推介会无法举办或无法如期举行，则协议双方互不追究对方的违约责任，但代理方有义务协助主办方处理事宜，包括退票和协调。

第四条　保密条款

双方在合作或合作之外从对方获得任何有价值的商业信息或技术信息应予以严格保密，未经对方书面同意不得向第三方披露或泄露，也不得擅自许可别人使用，违反本条将视为严重违约，应承担相应的违约责任并赔偿一切由此导致的经济损失。

第五条　协议之不可转让性

本协议约定之权利义务具有不可转让性，任何一方在取得对方明确的书面同意之前，不得就本协议书部分或全部内容进行转让，否则实施转让方将视为严重违约，转让行为无效。

第六条　争议解决

双方协议书发生争议或纠纷，应首先协商解决，协商不成，任何一方有权向被告方所在地有管辖权法院提起诉讼。

第七条　其他

1. 本协议书一式两份，双方各执一份，效力等同。

2. 协议书未尽事宜由双方另行协商并签订补充协议予以确定。

双方签署如下：

甲方：（盖章）	乙方：（盖章）
负责人：（签字）	负责人：（签字）
签署时间：	签署时间：

【评析】这是一份投资合作协议书，是一篇协议书规范之作。它的格式由标题、立约当事人、正文和落款四部分组成，结构完整。标题由文书的内容“投资合作”和文种“协议书”组成，醒目、规范；立约单位明确，合作事项表述清晰；双方责任与义务清楚；落款部分，简单直观。

【模板归纳】

协议书的参考模板如下所示。

<table>
<tr><td>业务咨询合作协议</td><td colspan="2">标题</td></tr>
<tr><td>甲方：________（以下简称甲方）
乙方：________（以下简称乙方）</td><td colspan="2">当事人名称</td></tr>
<tr><td>甲方和乙方经过友好协商，在相互信任、相互尊重和互惠互利的原则基础上，建立下合作协议：</td><td>引言</td><td rowspan="2">正文</td></tr>
<tr><td>一、甲乙双方在符合双方共同利益的前提下，就企业管理咨询业务合作等问题，自愿结成战略合作伙伴关系，乙方为甲方提供业务资源，协助甲方促成业务与业绩，实现双方与客户方的多赢局面。
二、乙方为甲方提供业务机会时，应严格保守甲方与客户方的商业秘密，不得因已方原因泄露甲方或客户方商业秘密而使甲方商业信誉受到损害。
三、甲方在接受乙方提供的业务机会时，应根据自身实力量力而行，确实无法实施或难度较大、难以把握时应开诚布公、坦诚相告，并求得乙方的谅解或协助，不得在能力不及的情况下轻率承诺，从而使乙方客户关系受到损害。
四、乙方为甲方提供企业管理咨询业务机会并协助达成的业务事项，甲方应支付相应的信息资源费用。费用支付的额度视乙方在业务达成及实施过程中所起的作用而定，原则上按实际收费金额的一定百分比执行，按实际到账的阶段与金额支付，具体为每次到账后的若干个工作日内支付。
五、违约责任
1. 合作双方在业务实施过程中，如因已方原因造成合作方、客户方商业信誉或客户关系受到损害的，受损方除可立即单方面解除合作关系外，还可提出一定数额的经济赔偿要求。同时，已经实现尚未结束的业务中应该支付的相关费用，受损方可不再支付，致损方则还应继续履行支付义务。
2. 甲方在支付信息资源费用时，如未按约定支付乙方款项的，每延迟一天增加应付金额的5%，直至该笔金额的全额兑现为止。
六、争议处理：如发生争议，双方应积极协商解决，协商不成的，受损方可向××市仲裁委员会申请仲裁处理。
七、本协议有效期暂定一年，自双方代表（乙方为本人）签字之日起计算。本协议到期后，甲方应付未付的信息资源费用，应继续按本协议支付。</td><td>主体</td></tr>
</table>

续表

八、本协议到期后,双方均未提出终止协议要求的,视作均同意继续合作,本协议继续有效,可不另续约,有效期延长一年。 九、本协议在执行过程中,双方认为有需要补充、变更的,可订立补充协议。补充协议具有同等法律效力。补充协议与本协议不一致的,以补充协议为准。 十、本协议经双方盖章后生效。本协议一式两份,甲乙双方各执一份,具有同等法律效力。	主体	正文
甲方:(公章) 乙方:(公章) 签约日期: 年 月 日	落款	

【知识检测】

一、填空题

1. 协议书在结构上包括________、________、________及________四部分。
2. 协议书具有________、________和________特点。

二、选择题

1. 协议书中(　　)部分交代签订协议书的原因、目的、依据。

   A. 当事人名称　　B. 引言

   C. 主体　　D. 结尾

2.《赔偿协议书》的标题是由(　　)构成。

   A. 当事人名称+协议性质+文种　　B. 当事人名称+文种

   C. 协议性质+文种　　D. 文种

三、判断题

1. 撰写协议书时,要注意语言的准确性和周密性,做到意思明确、表述周密、文辞简洁。(　　)
2. 协议书与合同书都属于契约类文书。(　　)
3. 协议书在写法、格式、内容等方面与合同相似,因此等同于合同。(　　)

四、简答题

1. 什么是协议书?协议书有什么特点?
2. 协议书的撰写有哪些要求?

【应用训练】

一、病文诊改

请阅读下面材料,找出存在的问题并进行修改。

协议书

协议双方名称：

中国××公司××分公司（被代理人）

××国××公司（代理人）

一、中国××公司××分公司（以下称作“被代理人”）指定××国公司（以下称作“代理人”）为被代理人的××产品在瑞典、丹麦和挪威以××、××销售的唯一代理人。

二、双方同意在本协议的有效期限内，被代理人不得向上述国家的任何其他实体提供本协议约定的商品，而代理人也不得从任何其他公司进口同一产品。

三、代理人同意每年至少销售××吨××。具体的销售数量、规格、交货日期、价格、付款条件、包装等，以每份成交合同或订单规定为准。

四、为便于被代理人准备和交付货物，代理人应在每一次装船前至少60天向被代理人提交订单。

五、为了让被代理人保持了解上述三个国家的市场行情，代理人每年应向被代理人提交一份市场报告。

六、本协议自签字之日起生效，有效期为两年，期满后可自动延期一年，除非任何一方在期满前120天出具书面通知，提醒对方本协议行将终止。

七、本协议用中、英两种文字书写，两种文本内容完全相同，皆具同样法律效力。协议方各执一份。

被代理人：中国××公司××分公司（章）　　代理人：××国××公司（章）

地址：中国××市××路××号　　地址：××国××市××街××号

签约地点：××××××　　签约日期：××××年××月××日

二、写作训练

1. 根据下列所给材料，拟写一份协议书。

苏州丽人制衣厂与香港飞旗公司于××××年×月×日签署了一份协议，香港飞旗公司要求丽人制衣厂为其每年生产丝绸服装10万件，规格为真丝面料、不绣花的女装衬衣，上半年下半年各交付一半。为了确保质量，香港飞旗公司愿提供××万港元的生产丝绸服装的专用设备和附属设备，设备款项由香港飞旗公司无息垫付，丽人制衣厂在两年内分期归还，每期归还50%，在来料加工的工费中扣除。产品价格每件60港元。香港飞旗公司答应派出经验丰富的技术人员来丽人制衣厂进行技术指导，其费用由港方负担，协作期为五年。

2. 社工机构与敬老院就“志愿活动”签订了合作协议书，请自行起草一份不超过300字的协议书，要求包含合作方式、服务频率、内容等。

第六节　经济合同

【学习目标】

1. 了解经济合同的含义、特点和分类；
2. 掌握经济合同的写作结构与写作格式；
3. 能够根据实际业务撰写各类经济合同。

【情景引入】

某市木器加工厂与某建筑公司竹木加工厂签订了一份杉木板买卖合同，这批杉木板主要用于做门窗，合同在供货品名栏中填写的是："做门窗用杉木板"，双方在合同上盖章后开始履行，但当木器加工厂把一车柳杉门装运到建筑公司后，建筑公司检验时拒收理由是：柳杉木质太软，根本不能做门窗，而加工厂则坚持柳杉木也是杉木，不能做门窗理由欠充分，对方必须收货付款，于是双方争执不休，对簿公堂。问题到底出自哪里呢？经济合同的签订又要注意哪些事项呢？

【知识指要】

一、经济合同的含义

合同书也称契约，是当事人为确立双方的权利与义务而达成并共同遵守的协议，是具有某种法律关系的契约性文书。《中华人民共和国合同法》规定：合同是平等主体的自然人、法人、其他组织之间，设立、变更、终止民事权利义务关系的协议。经济合同是在经济领域内使用的合同，是狭义的合同，是合同当事者为实现一定的经济目的而达成的经济协议。

合同关系是一种法律关系，对当事人具有法律约束力。当事人应当按照约定履行自己的义务，不得擅自变更或者解除合同。依法订立的合同，受法律保护。

二、经济合同的特点

1. 合法性

合同的合法性表现在两个方面：一是合同内容必须合法；二是当事人必须具有合法资格。

2. 约束性

合同一经依法成立，就具有法律效力，当事人必须全面履行，任何一方违约都要承担经济和法律责任。

3. 一致性

合同当事人必须充分协商取得一致意见。

4. 对等性

合同当事人双方处于平等地位，权利和义务相互对等；任何一方不得把自己的意志强加给对方，任何组织和个人不得非法干预。

三、经济合同的分类

合同种类繁多，根据不同的标准可以划分为不同的类型。

合同按时间划分，可分为长期合同、中期合同和短期合同。

合同按形式划分，可分为口头合同和书面合同。书面合同按照结构方式，又可分为条款式合同、表格式合同和复合式合同。

合同按内容划分，《合同法》将合同分为15种：①买卖合同；②供用电、水、气、热力合同；③赠与合同；④借款合同；⑤租赁合同；⑥融资租赁合同；⑦承揽合同；⑧建设工程合同；⑨运输合同；⑩技术合同；⑪保管合同；⑫仓储合同；⑬委托合同；⑭行纪合同；⑮居间合同。

四、经济合同的写作要求

1. 合同内容要合法

经济合同的内容必须遵循合法性原则，不得违反国家的法律法规，当事人要承担相应的权利与义务。合同的内容和程序都必须严格遵守《合同法》中的条款，凡与国家法律法规相违背的合同属于无效合同，不受法律保护。

2. 合同条款要完备

在合同书中，当事人双方的权利、义务、责任都要分别写清楚。条款要清楚具体、不可含混不清，更不能有遗漏，条款中应根据标的物的特点尽可能具体化，如数量和质量的要求等。根据需要，还可在合同中另加附件。

3. 合同格式要规范

无论使用表格式合同，还是条款式合同，均应按照有关规定和相关要求，以合同示例文本为范本，认真填写或书写。

4. 合同措辞要严密

合同书的措辞要准确、严密、简练、无歧义。合同书中使用的概念，当事人应该有一致的理解，不能出现含糊不清或模棱两可的语句。

【写作格式】

经济合同的主体结构和写作要点见表6-6。

表6-6　经济合同的主体结构和写作要点

结构名称	写作要点
标题	一般由合同性质加“合同”两字组成，如《买卖合同》《租赁合同》等。也可提到城市名称、单位名称、时间或标的物等，如《上海市机电设备租赁合同》《20××年下半年买卖合同》等

续表

<table>
<tr><th colspan="2">结构名称</th><th colspan="3">写 作 要 点</th></tr>
<tr><td colspan="2">立合同人</td><td colspan="3">即合同当事人名称或姓名。
准确写出签约单位或个人的全称、全名,并在其后注明双方约定的固定指代,如一般写“甲方”“乙方”。如有第三方,可将其称为“丙方”。在对外贸易合同中,有时可指代为“卖方”“买方”</td></tr>
<tr><td rowspan="8">正文</td><td>引言</td><td colspan="3">即合同的开头,主要写明订立合同的目的、原则、根据,是否经过平等、友好协商等。例如,“根据《××××》和有关规定,为明确甲乙双方的权利和义务,按照平等自愿的原则,经双方协商一致,特签订本合同。”</td></tr>
<tr><td rowspan="6">主体</td><td colspan="3">合同的核心,其内容由当事人约定,一般应包括以下条款</td></tr>
<tr><td>1</td><td>标的</td><td>标的是合同当事人双方权利和义务所共同指向的对象。合同种类不同,标的也不尽相同,标的可以是物、行为和智力成果</td></tr>
<tr><td>2</td><td>数量、质量要求</td><td>数量是标的的具体指标,是确定权利与义务大小的度量,必须规定得明确具体,数字和计量单位应精确。质量是合同的基本条件之一,必须从使用材料、质地、性能、用途甚至保质期等各方面进行详细约定</td></tr>
<tr><td>3</td><td>价款或报酬</td><td>指合同标的的价格,是合同各方当事人根据法律法规等有关规定,对标的议定的价格,是合同一方以货币形式取得对方商品或接受对方劳务所应支付的货币数量。要明确标的的总价、单价、货币种类及计算标准,付款方式、程序,结算方式</td></tr>
<tr><td>4</td><td>合同履行的期限、地点和方式</td><td>履行期限是合同的有效期限,是合同具有法律效力的时限和责任界限,过时则属违约。日期用公元纪年,年月日书写齐全。地点是指当事人履行合同义务、完成标的任务的地点。履行方式是当事人履约的具体办法,如借贷合同的出资方要以提供一定的货币来履约等</td></tr>
<tr><td>5</td><td>违约责任</td><td>这是对当事人不履行合同义务时的制裁措施。违约责任应考虑周全,需逐一估计其可能发生的事,包括写明发生当事人不能预料、无法躲避且不可抗拒的因素时如地震、台风等如何处理等</td></tr>
<tr><td>尾部</td><td colspan="3">必要的说明,如说明解决争议的方法,合同的份数、保管方式及有效期;说明合同所附的表格、图纸、实物等附件</td></tr>
<tr><td colspan="2">落款</td><td colspan="3">要写明双方单位全称和代表姓名,并签名盖章。还应写上合同当事人的有效地址、邮政编码、电子邮箱、电话以及开户银行、账号等</td></tr>
</table>

【实例展示】

实例 6-10:

××有限公司买卖合同

供方:××家具　　　　合同编号:2021C 字(203)号

需方:××有限公司　　　　签订地点:××有限公司

签订时间:2021 年 6 月 20 日

根据我国合同法有关规定,供需双方经友好协商,共同制定以下条款,以资共同遵守。

续表

一、产品名称、品种规格、数量、金额、交货时间见下表。

产品情况一览表

产品名称	型号	单位	数量	单价/元	金额/元	交货时间
办公桌	A86	张	30	500	15 000	2021 年 9 月 30 日
椅子	B55	把	50	80	4 000	2021 年 9 月 30 日
合计人民币金额(大写):壹万玖仟元整						

二、质量要求、技术标准:国家标准/行业。

供方对质量负责的条件和期限:供方保证质量,实行“三包”。

三、交货办法、交货地点:供方免费直接送至需方指定仓库。

四、运输方式和费用负担:货车运送,费用由供方负担。

五、包装标准,包装物的供应与回收和费用负担:供方负担。

六、给付定金的数额、时间:无。

七、结算方式及期限:需方收货并验收合格后 30 日内付清人民币壹万玖仟元整。

八、如需提供担保,另立合同担保书,作为本合同附件。

九、违约责任:如供方不能按时交货,每拖延一天,由供方按货款总金额的百分之一赔偿需方的损失,需方必须按双方协商日期交付货款,若违约,每迟交付十天,由需方按货款总金额的百分之一赔偿供方。

十、解决合同纠纷的方式:一旦双方发生纠纷,自行协商不成时,到仲裁机构仲裁。

十一、本合同一式两份,供、需双方各执一份。

供方:××家具	需方:××有限公司
单位名称(章):	单位名称(章):
单位地址:	单位地址:
法定代表人:	法定代表人:
开户银行:	开户银行:
账号:	账号:
邮政编码:	邮政编码:

【评析】这是一篇商品的买卖合同。正文部分用条文式和表格式结合的形式,依次明确了产品名称、品种规格、数量、金额、交货时间、质量要求、技术标准、交货办法、交货地点、运输方式和费用负担、结算方式及期限等内容。双方违约责任明确,并写明解决合同纠纷的方式,便于双方履行合同,该合同结构完整,条款具体详细,表达层次清晰,语言流畅。

【模板归纳】

经济合同的参考模板如下所示。

合同内容	结构	
磷矿石买卖合同	标题	
立合同双方： 供方：明东矿场（简称供方） 需方：永明化肥厂（简称需方）	立合同人	
需方向供方订购磷矿石，为了保证买卖活动顺利进行，根据《中华人民共和国合同法》，经双方协商，一致达成以下条款，以资共同遵守。	引言	正文
一、品名、数量、单价、金额（见下表） （见下方表格） 二、矿石质量：含硫量在25%以上。 三、交货时间、地点：由供方负责将矿石按季运抵需方三号仓库。 四、运输费用：运费及装卸费均由供方自行负责。 五、验收标准：货到需方仓库后，由需方按双方议定矿石含硫量标准验收。 六、结算方式：需方收货后，经验收合格，凭收货单结算，并将货款在交货后3天内汇到供方开户银行账号。 七、违约责任：双方如有特殊情况需要变更合同，应提前30天通知对方，并经双方同意才能修改，否则，所造成的损失由违约方负责赔偿（违约罚金按合同总金额的1%/天计算）。	主体	正文
八、附则 1. 本合同经双方签字盖章后生效。 2. 本合同一式四份，供需双方各执一份，双方开户银行各存一份。	尾部	正文
供方：明东矿场（章）　　需方：永明化肥厂（章） 代表：　　代表： 地址：　　地址： 电话：　　电话： 开户银行：　　开户银行： 账号：　　账号： 签订日期：××××年××月××日	落款	

品名	数量/t	单价/元	金额/元	交货时间及数量/t			
				第一季度	第二季度	第三季度	第四季度
磷矿石	6 000	83	498 000	2 000	2 000	1 000	1 000
合计人民币金额（大写）：	肆拾玖万捌仟元整						

【知识检测】

一、填空题

1. 经济合同在结构上包括________、________、________及________四部分。

2. 合同是________的自然人、法人、其他组织之间设立、变更、终止民事权利义务关系的协议。

3. 经济合同的特点有________、________、________和________。

二、选择题

1. 合同双方均不得将自己的意愿强加给另一方,体现了合同的(　　)特点。

A. 合法性　　B. 约束性　　C. 一致性　　D. 对等性

2. (　　)是指合同当事人双方权利和义务共同指向的对象。

A. 价款或报酬　　B. 标的物

C. 履行期限、地点和方式　　D. 违约责任

三、判断题

1. 合同一旦签订,就具有法律效力,合同双方必须依法执行。(　　)

2. 一旦合同订立,合同双方不能擅自变更合同,更不能解除合同。(　　)

3. 签订经济合同是一种法律行为,必须遵循合法原则、平等互利原则和协商一致原则。(　　)

四、简答题

1. 什么是经济合同?经济合同有什么特点?

2. 经济合同的撰写有哪些要求?

【应用训练】

一、病文诊改

1. 下面是一些因写作不规范、不严密而已经引起争议的合同条款,阅读后回答后面的问题。

(1)一份购销合同规定:××针织品厂供给××服装商场男女羊毛衫各200件,“分二、三两个季度发货”。合同签订后,××针织品厂在6月份发货100件,8月份发货300件。××服装商场以××针织品厂不讲信用,两个季度没有均衡发货为由,要求退货,而××针织品厂拒绝退货。

问题:试问此条款该如何写,××服装商场才有充足理由退货?

(2)某联营合同中对各方的责任是这样规定的:

第一,甲方负责筹集“三材”,并负责设计院的图纸。

第二,乙方负责购买砖瓦石块及其他用料。

问题:请问上述条款有什么毛病?该如何写才能避免经济纠纷?

(3)某合同规定:乙方必须在××××年×月×日前,“为甲方提供500公斤优质黑木耳”。

问题:合同履行中该条款引起争议,请分析此条款应如何规定才能避免争议。

2. 请指出下面这份合同存在的问题，并一一修改。

合　同

甲方：××市××局

乙方：××建筑公司办公室

一、甲方委托乙方建造一座楼房，由乙方负责建造。

二、全部建造费为人民币××万元左右。甲方在订立合同生效一个月左右，先付给乙方全部费用的70%，其余部分在楼房建成能够验收后一次付清。

三、建房所有的各种材料，由乙方根据需要自行解决。

四、大楼从合同签订之日起，用一年以内时间完工交付使用。

五、合同一式两份，双方各执一份为凭，并作为检查督促的依据。

××市××局基建处

××建筑公司办公室

××年4月5日

二、写作训练

1. 请根据下列所给材料，起草一份经济合同，双方地址、开户银行、账号、联系方式等自拟。

绿源茶叶公司代表李林与英华茶场代表徐杰于××××年×月×日签定了一份茶叶购销合同，具体货物是英华特级红茶，数量是1 000千克，每斤价格为60元，××××年×月×日之前由茶场运往公司，运费由茶场负责，检验合格后，茶叶公司于收货10天之内通过银行托付汇款，茶叶用大塑料袋内装，外用纸板箱或麻包袋封装，包装费仍由茶场负责。合同签订后，如双方不履行，在正常情况拒不交货或拒付货款都需处以货款20%的罚金迟交货或迟付款，则每天罚万分之三的滞罚金；数量不足，按不足部分货款的20%计赔；质量不合格，则重新酌价；如遇特殊情况，则提前20天通知对方，并赔偿损失费10%。本合同由英华县工商行政管理所鉴证。

2. 请根据下面给定材料，结合实际拟写一份格式规范的仓储合同。

××××年2月1日，甲公司与乙公司订立仓储合同，将一批货物储存在乙公司的仓库里，储存期12个月，仓储费为1万元。××××年2月3日，乙公司收到货物后向甲公司签发了仓单。在合同中，双方特别约定了仓单的依法转让问题。

第七章 经济报告文书

如今是经济高速发展的信息时代,纷繁复杂的经济信息充斥着我们的生活,也决定企业的未来。作为企业的管理者,如何了解分析经济信息所蕴含的更深层次内容,就需要经济报告文书分析数据,帮助管理者科学决策。所谓经济报告文书,就是在经济活动中向上级或群众就调查、观察的结果提出详细书面材料的一种实用文体。通过定期编制经济报告文书,可以将日常经济活动资料集中起来,进行归类、整理,全面、概括地反映某一部门、某一市场或某一项目的经济活动全貌,向管理者传递其经济活动状况的有用信息。本章主要介绍市场调查报告、市场预测报告、经济活动分析报告、可行性研究报告四种常用的经济报告文书。

本章的具体架构如下:

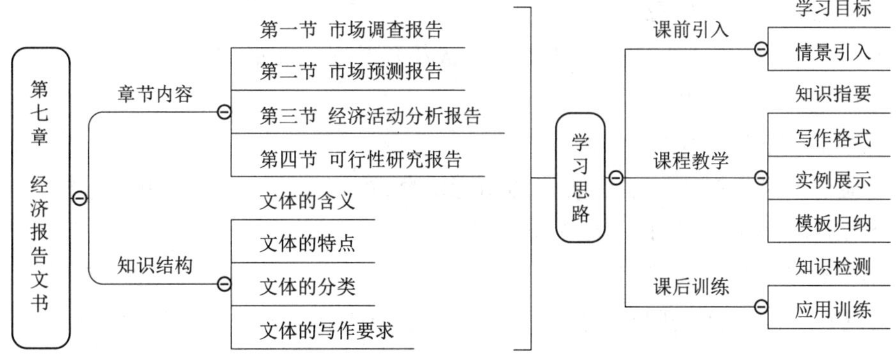

第一节 市场调查报告

【学习目标】

1. 了解市场调查报告的含义、特点和作用;
2. 掌握市场调查报告的基本要素、结构和写法;
3. 领会市场调查报告的写作要领。

【情景引入】

飞飞大学毕业后决定自己创业,打算开一家专门为有创业想法的人提供研讨空间的咖啡吧。可是这样的咖啡吧能不能做下去?开了以后有没有客源?创业不是盲目地追赶潮流,为了让自己有限的资源发挥更大的作用,飞飞打算先了解一下市场对此方面产品的需求情况,以及未来的发展情况,并写成市场调查报告,给一些志同道合的伙伴看,希望能够获得他们的支持。可是,飞飞在撰写市场调查报告时却发现不知从何写起。同学们,你们知道市场调查报告如何撰写吗?

【知识指要】

一、市场调查报告的含义

市场调查报告的写作基础是市场调查。

市场调查就是指运用科学的方法,有目的地、系统地收集、记录、整理有关市场营销信息和资料,分析市场情况,了解市场的现状及其发展趋势,为市场预测和营销决策提供客观的、正确的资料。

市场调查报告是运用科学的方法,对市场的营销情况或重要的经济现象进行调查,经过认真分析、研究后写成的报告性文书。它反映调查者对市场进行调查研究和分析的结果。

二、市场调查报告的作用

1. 获取经济预测的信息

市场调查报告所掌握的市场的历史、现状及其发展变化的轨迹,给企业提供进行经济预测的可靠信息。

2. 提供企业决策的依据

市场调查报告所提供的准确的市场动态信息,可直接为企业决策提供依据,从而使企业产销需求对接,规避竞争中的风险。

3. 推动企业改善经营管理

市场调查报告有助于正确认识市场,推动企业改善经营管理,遵循经济规律,提高经济计划的制订水平。

三、市场调查报告的特点

1. 针对性

通常市场调查报告都是针对某一地区、某一商品或某个问题而写就的。市场调查报告的写作要有明确的针对性和目的性,这样才能为企业决策提供有利的依据。市场调查的针对性越强,市场调查报告就越具有指导意义。

2. 科学性

市场调查报告的科学性表现在两个方面:一是调查方法的科学性,市场调查的方法有资料法、问卷法、观察法、抽样调查法等;二是调查数据、调查结果的科学性,调查数据和调查结果要符合事实。否则,市场调查报告就失去了意义。

3. 时效性

商品更新换代,市场变幻莫测,市场调查要及时准确地把握市场情况,及时分析研究市场信息,给有关部门提供决策参考,以便于在激烈竞争中捕捉商机,在同行业中抢占先机。

四、市场调查报告的分类

市场调查报告的种类很多,按照不同标准划分,可分为不同的类型,如以调查内容为标准,一般分为以下几种。

1. 有关产品情况的市场调查报告

主要反映消费者对某种产品的质量、价格、款式、包装、使用的方便性和耐久性、技术服务方面的评价和要求,以及产品在市场上的占有率、老产品市场是否滞销、新产品是否需要改进等内容。

2. 有关消费者情况的市场调查报告

主要反映消费者的数量、分布地区、经济状况以及消费者由于年龄、职业、文化程度的不同所产生的消费习惯和消费方式上的差异。

3. 有关销售情况的市场调查报告

主要反映商品的供求比例、销售能力、销售状况、影响销售的因素。

4. 有关竞争对手情况的市场调查报告

主要调查竞争对手的规模、资金、产品的品种、质量以及营销手段、售后服务、市场占有率等情况,再将本企业相关情况与之比较。

五、市场调查报告的写作要求

1. 目的明确,主旨集中

市场调查者要明确市场调查的主要目的。对调查得来的材料认真分析,在基本情况已经掌握的前提下,要围绕核心问题将调查的重点放在要解决的主要问题上。

2. 材料典型,内容真实

好的市场调查报告离不开真实典型的材料。只有调查来的材料真实、准确、典型,才能保证市场调查报告的质量。因此,应下大力气收集具有说服力的第一手材料。

3. 方法科学,结论准确

调查得到的材料有很多,但如何让材料为主旨服务,就需要用科学的方法对材料和数据进行分析,通过定性分析或定量分析的方法,对事物的本质进行剖析、推理、归纳,从而得出较为全面客观的结论。

4. 调查及时,注重时效

时效性是市场调查报告的灵魂。只有紧紧把握市场脉搏,对瞬息万变的市场做出迅速、及时的反应和判断,才能充分发挥市场调查报告应用的作用。

【写作格式】

从严格意义上说,市场调查报告没有固定不变的格式。不同调查报告的写作方式和结构，主要依据调查的目的、内容、结果以及主要用途来决定。但一般来说，各种调查报告在结构上都包括标题、前言、主体、结尾和落款几个部分。

市场调查报告的主体结构和写作要点见表7-1。

表7-1　市场调查报告的主体结构和写作要点

<table>
<tr><th colspan="2">结构名称</th><th>写作要点</th></tr>
<tr><td colspan="2">标题</td><td>一般有两种构成形式：
1. 公文式标题，由调查对象和内容、文种名称组成，如《关于大学生消费心理问题的调查报告》《关于××产品滞销的调查报告》。
2. 文章式标题，用概括的语言形式直接交代调查的内容或主题，如《全省城镇居民潜在购买力动向》。实践中，这种类型市场调查报告的标题多采用双题（正副题）的结构形式，如《市场在哪里——天津地区三峰轻型客车用户调查》等</td></tr>
<tr><td rowspan="3">正文</td><td>前言</td><td>市场调查报告正文的前置部分，应简明扼要，精练概括。
一般应交代调查的目的、时间、地点、对象与范围、方法等与调查者自身相关的情况，也可概括市场调查报告的基本观点或结论，以便使读者对全文内容、意义等获得初步了解。然后用一过渡句承上启下，引出主体部分</td></tr>
<tr><td>主体</td><td>市场调查报告的核心，也是写作的重点和难点所在。它要完整、准确、具体地说明调查的基本情况，进行科学合理的分析预测，在此基础上提出有针对性的对策和建议。具体包括以下三方面内容：
1. 基本情况。即介绍通过调查获得，且经过归纳整理的资料数据及图表，说明被调查对象过去和目前的情况。
2. 分析及结论。这部分内容有：一是调查得来的资料数据是如何分析、归纳的；二是写发现的问题和得出的关于市场状况的结论。这部分内容也可以和基本情况融合在一起写，即边介绍情况边分析。
3. 建议。根据分析及结论提出有针对性的对策或措施</td></tr>
<tr><td>结尾</td><td>结尾没有特定的格式。可以概括全文的观点，写出总结式的意见。或对未来做出展望，指出方向，也可以报告主体写完后，不加结尾</td></tr>
<tr><td colspan="2">落款</td><td>落款包括署名和日期。署名应写明单位名称或作者名称，写在正文右下方；日期应写明年、月、日，写在署名下方</td></tr>
<tr><td colspan="2">附录</td><td>有的市场调查报告还有附录。附录内容一般是有关调查的统计图表、资料来源、参考文献等</td></tr>
</table>

【实例展示】

实例7-1：

××××超市中牛奶市场调查报告

为了深入了解××市牛奶业市场竞争状况，对××品牌牛奶在当地市场的可持续发展提出合理化建议，特进行此次调查。调查由××××机构承担，调查时间是20××年×月×日，调查方式为实地访问，调查结果如下：

续表

(一)超市情况简介

本品与竞品情况比较分析。

从当地奶业整体市场竞争品牌看,可分为本地品牌和外地品牌,本地品牌为源清和嘉喜,外地品牌为蒙牛、伊利、太子奶等。

1. 各品牌销售产品结构分析(仅限低温产品)

(1)各品牌畅销的低温奶基本类似。其中蒙牛的大果粒、伊利的恋恋风表现比同类产品好;而××巴氏纯牛奶是所有超市销售的唯一巴氏纯牛奶,据导购员介绍铺售情况较好……

(2)本公司产品结构分析。根据1-3月份销售数据统计,各类产品市场占有情况加下:优益杯(25%)>实惠装(18%)>常温奶(16.6%)>原味酸奶(12%)>杯装酸奶(9%)>桶装酸奶(5%)……

2. 各品牌超市铺货率分析(略)

3. 各品牌陈列及排面情况

综合来看,各品牌的位置和排面没有差别,基本平分秋色;具体到不同超市,各品牌表现各有优劣。

4. 产品价格分析

高端产品的价格,得益较竞品低;畅销品的价格与竞品持平或略低(竞品促销除外)。

5. 促销比较分析

根据所了解情况,竞品与我公司的促销方式与所促销产品基本雷同,没有较为特殊之处。

(二)消费者分析

1. 根据现场观察情况,购买低温奶的消费者有90%以上为18~40岁的女性。

2. 影响消费者购买的因素主要为:品牌、价格、生产日期(新鲜度)、产品配方(对增稠剂、添加剂较为敏感)等,说明消费者对健康非常重视。

3. 一次购买量:80%为1~2袋。

(三)本公司SWOT分析

1. 优势

一是专业的巴氏奶制造商;二是当天可送达本地,能保持产品的新鲜度;三是产品种类较多,与竞品有一定的差异化;四是有一定的品牌知名度。

2. 劣势

(1)虽有知名度,但与竞品相比,缺乏忠诚度;

(2)销售渠道单薄,只有超市和投递,不能发挥协同整合效用。

续表

3. 机会 (1)消费者对健康的重视和对奶产品的认知越来越高,有利于巴氏奶的成长; (2)竞品目前还没有将巴氏奶引入超市渠道,如果我公司先行一步,可形成先行者优势,成功的机会较大; (3)社区已经培养了一部分消费群,有助于超市渠道的销售。 4. 威胁 (1)如果竞品在本公司之前进入超市,本公司优势将受到限制; (2)竞品推出与我公司相同的产品,势必影响我公司差异化产品的销售; (3)消费者对巴氏奶的认知会有一个较长的过程,需要承担消费者的前期教育工作。 (四)策略与建议 (1)产品多样化与差异化策略 (2)寻求单品突破 (3)产品结构框架 (4)促销差异化 (5)促销资源集中化 (6)低端产品的价格 (7)销售渠道开拓 (8)加强新鲜度管理 (9)服务周到 ×××××× ××××年××月××日

【评析】这是一篇简短的单一系列产品的市场调查报告。市场调查报告有标题、调查目的、调查方法、调查时间、调查结果与分析、策略与建议。本市场调查报告非常完整,有市场品种竞争分析、产品市场份额分析,并提出牛奶系列产品在市场销售中存在的各类问题,最后提出整改措施。

【模板归纳】

市场调查报告的参考模板如下所示。

<table>
<tr><td rowspan="3">南华区附源路建材家居市场调查报告
随着南华区“商务强区”发展战略的不断推进,我区逐步形成了一批实力强、影响力大的市场。区统计局近期专门组织人员对附源路建材家居市场进行了深入调查,报告如下。
一、南华区附源路建材家居市场基本情况(略)</td><td colspan="2">标题</td></tr>
<tr><td>前言</td><td rowspan="2">正文</td></tr>
<tr><td>主体</td></tr>
</table>

续表

二、商圈特点 1. 地理位置优势(略) 2. 品牌带动优势(略) 3. 市场层次分明、定位清晰(略) 三、建材家居市场存在的问题 1. 受市场环境影响,经营状况出现下滑,市场亟待转型(略) 2. 资金回笼压力加大,运营成本偏高(略) 3. 室外市场环境较差,配套设施不够完善(略) 4. 家居市场价格乱象(略) 四、市场发展方向的建议 1. 协调市场管理部门,确保商业入库(略) 2. 家居装饰定制化、整体化(略) 3. 实体店铺与电商相结合(略) 4. 优化市场配套,提高消费体验(略) 5. 加强市场经营行业规范管理(略)	主体	正文
×××××× 20××年××月××日	落款	

【知识检测】

一、填空题

1. 市场调查报告具有________、________和________三方面特点。

2. 有关________情况的市场调查报告,主要反映商品的供求比例、销售能力、销售状况、影响销售的因素。

二、选择题

1. 决定整个市场调查报告质量的高低和作用大小的是(　　)部分。

A. 标题　　B. 前言　　C. 主体　　D. 结尾

2.《"上帝"都到哪里去了》在市场调查报告中属于(　　)标题。

A. 公文式　　B. 完整式　　C. 文章式　　D. 复合式

三、判断题

1. 市场调查报告的撰写,必须以调查资料为依据,充分体现重事实、重数据、靠事实数据讲话的原则。(　　)

2. 市场调查报告的价值,在于提供确切有效的信息。(　　)

3. 市场调查报告的内容范围不包括社会环境调查。(　　)

四、简答题

1. 什么是市场调查报告?市场调查报告有什么特点?

2. 市场调查报告的主体结构和写作要求有哪些?

【应用训练】

一、病文诊改

阅读下面的调查报告提纲,分析提纲的不妥之处。

××市××区医疗卫生保健点的现状调查

一、前言

1. 调查的目的

为进一步规划××区医疗卫生保健点的发展做好基础调研工作。

2. 调查的对象及时间地点

二、正文

1. 医疗卫生保健点的全区布局及存在的问题

2. 全区人口对医疗卫生保健的需求

3. 医疗专职工作人员的现状

4. 今后发展的几点设想

二、写作训练

1. 衣、食、住、行是人类生活的四大元素。人们把“衣”放在首位,可见衣服对于我们的重要性。随着社会文明的不断发展,人们对衣物的要求已不再是遮羞御寒,它的功能角色逐渐发生了变化,其装饰功能似乎已成了服装的灵魂。那么,高校大学生对服装品牌的需求状况如何呢?请你按以下目标内容设计一份调查问卷。

(1)大学生大都追求什么样的服装?

(2)大学生在服饰方面追求的个性如何?

(3)大学生对服装品牌的了解有多少?

(4)大学生在追求服装品牌的同时又要求有怎么样的消费水平?

(5)大学生追求服装品牌时有怎样的消费观点?

(6)品牌服饰对大学生有何影响?

2. 请根据下列选题任选其一,5~6位同学为一组,撰写一篇市场调查报告,2 000字左右,并完成PPT制作。

(1)大学生手机消费情况调查。

(2)大学生勤工助学情况调查。

(3)大学生月度生活费支出情况调查。

(4)大学生课堂学习情况调查。

(5)大学生在线学习情况调查。

(6)大学生考证意愿情况调查。

第二节　市场预测报告

【学习目标】

1. 认识市场预测报告在经济活动中的重要性；
2. 了解市场预测报告的含义、分类及特点；
3. 掌握市场预测报告的构成要素和写法。

【情景引入】

某一年的冬天特别寒冷，全国各地的保暖、取暖产品销量激增。达兴集团是经营、销售××牌系列小家电的企业，公司市场部张经理敏锐地洞察到天气异常给企业带来的商机，认为保暖、取暖产品的销售量在未来一段时间内将大幅增加。于是，迅速向公司决策层汇报，建议继续大量投入取暖器的生产。如果你是该公司市场部的业务员，张经理让你以市场部名义，拟写一份取暖商品的市场预测报告呈交集团总部，你打算如何来完成这项任务？

【知识指要】

一、市场预测报告的含义

市场预测报告的写作基础是市场预测。市场预测是在调查研究的基础上，以准确、及时的统计调查资料为依据，从市场发展的历史和现状出发，运用科学的方法和手段，对客观经济过程及未来变动趋势所进行的分析、测算和判断。市场预测报告就是反映和描述市场预测的分析研究过程及其成果的书面报告。

二、市场预测报告的作用

1. 科学决策的依据

决策部门拥有充分的市场预测信息，才能制定出切实可行的方针政策，才能选定最优方案。可以这样说，没有科学的市场预测，就没有科学的决策。

2. 正确经营的基础

市场预测报告能给企业及时提供变化的各种资料和预测数据，使企业掌握市场未来的发展趋势，以合理调整生产结构，保证企业生产经营的连续性和正确性。

3. 增强竞争能力的保证

企业通过对市场的预测，可捕捉大量的市场信息，可指导商品的流向，保证自己的产品在市场上具有一定的竞争能力。

三、市场预测报告的特点

1. 预见性

市场预测报告是根据市场的历史和现状,推断市场未来的走向和发展变化趋势,预测市场经济活动发展的前景,从而为企业未来的经营管理决策提供科学依据。因此,预见性是市场预测报告最突出的特点。

2. 科学性

市场预测是在掌握详尽的信息资料的基础上,运用科学方法对经济现象的历史和现状进行科学的分析研究,经过严密地推理和科学论证,从而得出科学的预测结论。

3. 时效性

市场预测报告必须及时。市场是不断变化的,企业要想赢得竞争优势,就必须以最快的速度,迅速、全面地掌握市场信息情报,并及时提供给企业的决策者。否则,就会错失商机。

四、市场预测报告的分类

市场预测报告使用的范围广、频率高,按照不同的分类标准,可分为不同的种类。

按预测范围划分,可分为宏观市场预测报告和微观市场预测报告。

按预测期限划分,可分为长期预测报告、中期预测报告和短期预测报告。长期预测报告即对五年以上的市场发展远景进行预测的报告;中期预测报告是对五年内市场发展前景进行预测的报告;短期预测报告是对一年内市场变化发展趋势进行预测的报告。

按预测内容划分,可分为专项预测报告和综合预测报告。

按预测的方法划分,可分为定性预测报告和定量预测报告。

五、市场预测报告的写作要求

1. 目标明确,资料详尽

撰写市场预测报告首先要确定预测对象,有了明确的目标,才能把握方向,收集到合理有用的资料,而且资料需要丰富详尽,为预测提供有力的论证。

2. 科学统计,预测准确

市场预测报告的预见性离不开运用科学的理论和方法,只有很好地结合定性和定量的分析方法,立足科学,做到客观真实,才能准确、科学地预测市场的发展趋势。

3. 合理建议,及时反映

市场预测报告的最终目的是为决策者提供科学的决策依据,找出应对市场动态发展的合理性建议。预测是在市场机遇出现之前完成的,这就要求预测结果应及时反映给决策者,切勿错失时机。

【写作格式】

市场预测报告的主体结构和写作要点见表 7-2。

表 7-2　市场预测报告的主体结构和写作要点

结构名称		写作要点
标题		标题一般有三种写法： 1. 完整式标题。由区域+时间+内容+文种，如《北京市场2021—2022年啤酒需求量预测报告》。 2. 省略式标题。即省略完整式标题中一两个要素，由两三个要素构成，如《浙江市场家用汽车销售趋势预测》。 3. 消息式标题。采用新闻消息标题的写法，但标题中寓含着"预测"，如《国产手机市场占有率将持续上升》
正文	前言	一般介绍预测的对象、时间、目的、基本情况等方面的内容。引言部分没有固定的模式，也可以省略不写
	主体	一般由三部分构成： 1. 基本现状。主要陈述预测对象的发展历史和当前状况，为预测提供基础。此部分应真实全面地展示调查得来的历史，特别是现实的资料和数据，并作出简要分析。 2. 预测分析。全文的重点和核心，集中反映预测的成果，反映预测的过程和结论。应在现状的基础上，运用已知数据、资料，通过各种预测方法和手段，推导出经济发展的前景和未来的趋势。 3. 对策建议。根据预测结果，提出改善经营、加强管理的措施和办法，以供有关部门采纳或作为决策的依据。此部分应力求具体、切实可行
	结尾	对全文进行总结性概括，与前言相呼应。此部分也可以省略
落款		写明预测报告单位或作者的姓名、时间。要分行写，标注在正文右下方

【实例展示】

实例 7-2：

20××年××省农业生产资料价格走势分析

今年，受国际原油、天然气和煤炭市场价格持续攀升等因素影响，我省农资市场价格呈持续震荡上行走势，市场平均价格与去年相比，大幅上升12.95%。预计明年我省农业生产资料价格高位运行的可能性较大。

一、今年价格运行基本情况

（一）化肥价格持续上升

据监测，今年我省主要化肥价格总体持续上升，其中除国产氯化钾价格保持去年同期水平外，其他品种如碳酸氢铵、国产尿素、过磷酸钙、进口氯化钾、国产和进口三元复合肥价格同比分别上涨16.22%、18.84%、16.67%、4.69%、13.71%和8.31%。

（二）农膜和农药价格总体小幅上升

今年，我省农膜中高压聚乙烯棚和高压聚乙烯地膜均价每千克分别为12.68元和11.77元，与去年相比分别上升了4.62%和3.88%；农药中敌敌畏、氧化乐果、稻瘟净和百草枯价格分别比去年上涨2.18%、下降0.09%、下降0.04%和上涨1.10%。

（三）农用柴油价格持续上升

今年，我省农用柴油（0号）价格持续上升，均价每千克比去年大幅上升了12.71%。

续表

二、影响我省农业生产资料价格持续攀升的主要原因 (一)农产品价格上升预期增加支撑化肥市场高位攀升 一方面,在国家提高水稻等农产品收购价格后,农户种粮积极性进一步增加,化肥市场价格也呈现出持续向上走势。另一方面,我国化肥淡储工作的缓慢启动,化肥市场消费依旧没有明显增加。年底,在化肥生产和经销企业库存普遍相对较低的因素影响下,国内化肥市场价格高位震荡趋稳的可能性将进一步增加。 (二)化肥生产和流通成本大幅增加,市场价格高位运行 今年以来,国际油气、天然气、硫黄和煤炭等原材料市场价格的持续攀升,有效刺激了包括化肥在内的化工产品成本的大幅增加。 **三、明年我省农业生产资料市场价格预测与展望** 明年,考虑到我国化肥产能仍然严重过剩,其他国家不断加大化肥产业的发展步伐,同时世界经济形势仍存在诸多不确定因素,化肥市场价格大幅攀升的可能性不大。但在需求、出口和成本增加的因素影响下,我省化肥市场价格在一定时期内仍然将高位运行。因此,预计明年我省农业生产资料高位震荡运行的可能性较大。 **四、几点建议** 一是大力倡导绿色农产品种植技术和提高农产品质量,鼓励使用农家肥;二是加大对化肥生产企业的资格审查,淘汰落后产能的力度;三是严厉查处制售假冒伪劣化肥和农药的行为;四是积极推广应用测土配方施肥技术,减少化肥浪费和过量使用现象;五是进一步加大化肥淡储力度和规模,保证资金到位;六是加大对化肥生产和流通企业的监测和巡视力度,加强价格信息服务建设。 ×××××× 20××年××月××日

【评析】这是一篇短期市场预测报告。文章开头运用比较法概述了今年××省农资市场价格呈持续震荡上行的走势,并指出明年农业生产资料价格高位运行的可能性较大,为下文的展开做铺垫。主体分为四个部分,首先,从三个方面介绍了今年农业生产资料价格运行的基本情况,接着分析了影响农业生产资料价格持续攀升的两个主要原因,并对明年农资市场价格进行了预测判断,最后提出六点针对性的建议。文章文字介绍与数据说明相结合,资料充分具体,预测结论令人信服。

【模板归纳】

市场预测报告的参考模板如下所示。

<table>
<tr><td>20××年××省消费市场发展趋势分析</td><td colspan="2">标题</td></tr>
<tr><td>20××年是××省实现经济快速发展的一年。在投资的强力拉动下,全省地区生产总值为12 930.69亿元,GDP增长13.6%,比全国平均水平高4.9个百分点。××省总的形势是消费市场活跃,消费经济保持稳健的增长态势。</td><td>引言</td><td>正文</td></tr>
</table>

续表

<table>
<tr>
<td>
一、消费市场发展现状
据××省统计局提供的初步数据,××省消费市场保持了较快发展的态势。××××年××省消费市场发展的特征是:
1. 消费需求回升(略)
2. 热点领域消费再创新高(略)
3. 居民消费价格升中有降(略)
4. 住宿、餐饮业消费快速增长(略)
5. 高端消费市场持续看好(略)
二、当前××省消费市场中存在的问题
1. 居民消费增长仍然缓慢乏力
2. 政府消费对居民消费的挤出效应突出
3. 消费的增长更偏向于富人
4. 农村居民消费购买力仍然不足
三、下一年××省消费市场需求分析
我国当前,扩大消费需求既有必要性和紧迫性,也存在现实可行性。××GDP增长过去主要靠投资拉动,消费在其中作用还不明显,消费“马车”仍需加鞭。如何扩大居民消费需求,有哪些需求可着力发展,需要做出初步分析。
1. 汽车消费需求:将大幅增长(略)
2. 住房消费需求:稳中有升(略)
3. 家电消费需求:快速增长(略)
四、××省扩大消费需求的对策建议
1. 实施和完善鼓励消费的财税、金融等各项政策措施(略)
2. 增强居民消费增长的可持续动力(略)
3. 开发新消费热点,促进消费需求结构优化升级(略)
4. 加强消费品工作发展,提升消费品供给能力(略)
</td>
<td>主体</td>
<td>正文</td>
</tr>
<tr>
<td>××××××
20××年××月××日</td>
<td colspan="2">落款</td>
</tr>
</table>

【知识检测】

一、填空题

1. 市场预测报告的正文主体,包括________、________和________三部分。

2. 市场预测报告按预测范围划分,可分为________________和________________。

二、选择题

1. 市场预测的依据是(　　)。

A. 科学的方法手段　　B. 明确的预测目标

C. 准确的分析测算　　D. 市场的调查资料

2. 市场预测报告预测部分回答的是(　　)的问题。

A. 过去怎么样　　B. 现在怎么样

C. 将来会怎样　　D. 打算怎么办

三、判断题

1. 市场预测报告最显著的特点是科学性。(　　)

2. 市场预测报告的核心部分是建议部分。(　　)

3. 市场调查工作做得越扎实,市场信息资料收集得越充分,市场预测的准确性、可靠性就越有保证。(　　)

四、简答题

1. 市场预测报告的用途是什么?

2. 市场预测报告的写作结构是什么?

【应用训练】

一、病文诊改

请分析下面材料,并找出下述市场预测报告中存在的问题。

钢材市场预测报告

根据国家信息中心提供的消息,国内有关人士认为,明年钢材市场供给将保持相对平稳、价格小幅度攀升的态势,少数钢材品种在局部地区有可能发生较为明显的波动。

现对明年钢材市场的情况进行预测如下:

一、明年国际钢材市场形式会比较好,但钢材需求总量增幅不会太大,供求会达到大体平衡。

二、明年钢材的供求总体将逐渐平衡,但线材等品种有过剩的可能。

三、全球钢铁企业生产能力提高,钢铁企业将在品种、质量、价格上展开激烈的竞争,销售难度增大。

四、明年钢材资源量增幅不会大,但需求也不会太旺,总体上可以达到供求平衡。

五、明年钢材市场价格将小幅上升,一般不会再次出现暴涨情况。

二、写作训练

1. 请对本校大学生拥有手机的情况做一个调查,并对今后几年本校大学生对于手机的市场需求进行预测,最终形成一篇市场预测报告。

要求:(1)资料详尽,数据真实。

(2)科学统计,准确预测。

(3)建议合理,行文流畅。

2. 为方便学生生活，××学校拟在校区内办一个小型超市。为使经营方向、规模、品种、方式等更切合实际，在做出决策之前，请你进行市场调查与预测，并撰写出预测报告。

第三节　经济活动分析报告

【学习目标】

1. 了解经济活动分析报告的含义、特点、分类及作用；
2. 掌握经济活动分析报告的写作结构与技巧；
3. 能够按照写作要求撰写经济活动分析报告。

【情景引入】

××厂是20××年新建的地方企业，建厂后，虽然产量逐年上升，但经济效益却徘徊不前，远低于生产增长速度，至20××年上半年经济效益仍无明显起色，厂领导班子为增产不增效的问题苦恼不已。为了解决这一突出的问题，厂长责成企管办牵头，厂财务处配合，组建调研小组进行深入的调查分析，寻找增产不增效的问题所在，并向厂部提交《××厂20××年经济效益分析报告》。如果你是企管办主任，你将从哪个角度切入，如何搜集企业活动的信息资料，如何对该厂20××年经济运行的情况进行分析和评价，如何借助书面报告的形式向厂部领导汇报调研分析的结果？

【知识指要】

一、经济活动分析报告的含义

经济活动分析又称经济效益分析，是企业进行现代化管理的一个重要环节和方法。

经济活动分析报告是一种回顾研究性的文书，是反映经济活动分析结果的书面形式，即以计划指标、会计核算、统计数据和调查研究等情况为依据，运用现代科学经济理论和科学分析方法，对某一部门、某一单位已经发生的经济活动状况（包括生产、销售、成本、财务等活动）进行分析评价而写出的书面报告。

二、经济活动分析报告的作用

1. 为决策和计划的制订提供依据

经济活动分析报告要通过对企业运营过程中的经济指标和数据的分析，找出规律性的东西，分析成败得失、经验与教训。这些都是决策中需要掌握的最重要的资料。通过经济活动分析报告，全面了解和掌握过去的经营情况，便于在制订经营计划时有的放矢。

2. 提高经营管理水平

经济活动分析报告能全面、系统地反映企业生产经营各个环节所存在的问题，并提出建设性的意见。使企业能对生产经营活动的计划、决策、组织和调控等环节进行全方位的了解,从而采取有针对性的措施,检查和控制企业的生产经营,提高企业的管理水平和经济效益。

3. 提升企业竞争力

经济活动分析报告不但有纵向的自我分析,还有横向的与国内同行业和国际同类企业的比较与分析,只有在横向对比中找到差距和不足,才能通过加强企业内部管理,提高企业生产经营和管理水平,提升在同行中的竞争力。

三、经济活动分析报告的特点

1. 分析性

没有分析就没有报告。经济活动分析报告不仅要将各种数据进行定量、定性、定时的分析,还要从不同侧面和角度对宏观和微观、全面和局部、有利和不利的因素进行深入的分析和比较说明,得出客观性评价意见。

2. 总结性

经济活动分析报告是对企业或一定区域某一特定时间内的经济活动所做出的分析评价性的书面报告。因此,每份报告都具有总结性的特点,可为经营决策者提供具有参考价值的经验和教训。

3. 专业性

经济活动分析报告涉及生产、销售、成本、财务、利润等多个专门领域。因此,分析经济活动规律,撰写经济活动报告,需要具备经济领域所需的专业知识,还要懂得相关的经济分析方法。

四、经济活动分析报告的分类

按不同的标准,经济活动分析报告可分为以下不同的类型。

按范围划分,可分为宏观经济活动分析报告和微观经济活动分析报告。

按内容划分,可分为综合经济活动分析报告和专题经济活动分析报告。

按时间划分,可分为定期经济活动分析报告和不定期经济活动分析报告。

按对象划分,可分为生产、销售、成本、财务、消费、利润、效益等分析报告。

五、经济活动分析报告的写作要求

1. 明确对象,突出重点

经济活动分析报告要把握好分析对象,不能写得面面俱到、不分主次。要抓住关键问题、突出重点,深入分析,提出有预见性的建议,为经营者提供决策依据。

2. 数据精确,分析透彻

经济活动分析离不开大量的经济指标和统计数据,指标和数据应精准、科学、规范,不能只堆砌数据材料,缺乏分析研究。分析过程应与数据材料相结合,论证充分,使分析透彻可靠。

3. 方法得当,建议可行

由于经济活动分析方法多样,应结合分析目的和侧重点,正确运用分析方法,恰当地阐述和分析问题,并在此基础上提出建议。对策建议不能空发议论,要有的放矢,有针对性,且有理有据,切实可行。

【写作格式】

经济活动分析报告的主体结构和写作要点见表 7-3。

表 7-3　经济活动分析报告的主体结构和写作要点

结构名称		写 作 要 点
标题		标题通常有以下两种形式: 1. 公文式标题。由单位名称 + 分析时限 + 分析内容 + 文种构成,如《××机械厂××××年经济效益分析报告》《××市××××年财政预算完成情况分析》。 2. 文章式标题。只有内容概括,没有文种,如《加强商品购销售过程中的经济核算》《关于迅速处理积压商品的建议》
正文	前言	主要针对分析的问题,简明扼要地说明基本情况,如概括介绍分析的内容、范围、对象、目的、背景等
	主体	主体一般包括三部分: 1. 情况介绍。主要包括数据资料和经济活动的客观事实两方面。一般采用对比、分解、综合的方法,运用大量数据说明经济指标的完成、变化情况及其存在的问题。根据需要可列表并叙述说明。 2. 分析评价。对情况介绍中所提出的问题,运用已掌握的有关数据资料,采取行之有效的分析方法,对影响经济效益的各种因素进行具体分析,从而对企业经济活动的成效和问题作出正确的评价。 3. 对策建议。在分析的基础上有的放矢,提出解决问题、改进工作、提高效益的设想、意见、办法和措施。此部分应针对性强、具体可行,不能泛泛而谈
	结尾	对全文做总结性概括,与前文呼应。此部分可以省略
落款		写清楚提出经济活动分析报告的单位、负责人及日期。如果是用来发表的经济活动分析报告,单位、作者姓名一般都写在标题下

【实例展示】

实例 7-3:

××智能印刷公司上半年经济活动分析报告(摘要)

一、基本情况

××智能印刷公司以智能激光打印等新技术为主要业务。今年上半年,由于受经济危机的影响,出口订单大幅减少,导致激光照排印刷业市场变化较大,大量物资价格提高,致使印刷成本提高。今年上半年完成利润 109 万元,比上年同期下降 30.7%,仅完成年度利润计划 35%。采用绿色生态型印刷技术的新建车间,虽然达产,但生产不能满负荷。新员工操作新设备,劳动生产率极其低下,能耗上升,致使一些原材料造成了不必要的浪费。

续表

二、上半年成本情况分析

（一）生产成本大幅增加。上半年每千印成本为××元，百元产值成本为××元；4 月份每千印成本为××元，百元产值成本为××元，生产成本大幅增加。S597 型纸张每张由单价为××元上升到 6 月份每张单价为××元，每千印成本增加××元，百元产值成本增加××元。新车间能源、物料耗费大，亏损严重。

（二）生产用设备零配件增加。生产一部有三台设备没有到保养期便更换零配件，生产三部更换生产供电系统增加支出××万元，大型工具领用增加，设备备件购置费增加，生产辅助费用也有大幅增加。

（三）办公用品、车辆维修费用增加。

三、改善经济情况的建议

（一）降低一般干印油墨消耗定额，把干印油墨消耗控制在每千印 0.1 公斤左右，绿色生态新车间暂时停产。

（二）建立健全设备的维修、保养新规定，重新核定生产工具，设备备件出库使用定额。

（三）企业管理费的支出要严格控制，合理格式要规范。降低办公车辆的使用费用，二线部门人均办公费用 10%。

××智能印刷公司财务部

××××年××月××日

【评析】这是一篇针对性很强的生产活动分析报告，全文就××智能印刷公司的智能激光打印业务展开分析，对上半年成本情况做了客观总结和科学分析，并对未来改善领域给出建议。文章行文缜密，结构清晰，利用事实和数据说明问题，透彻地分析了成因，提出了可行性很强的解决方案，语言简洁。

【模板归纳】

经济活动分析报告的参考模板如下所示。

<table>
<tr><td rowspan="4">××市电力局20××年上半年经济活动分析（摘要）
半年来，在××的正确领导下，经济态势运行良好，各种营销经济指标较去年均有较大幅度的增长，经济效益明显增强。然而由于受各种条件的限制，尤其是受经济环境和买方市场的约束，我局部分经济指标离系统的要求仍有差距，未能达到预期目标。为了更好地总结经验，找出差距，现将我局 1—6 月营销活动综合分析如下：
一、上半年各项指标完成情况及分析
（一）购电量完成情况
20××年 1—6 月购网电量完成 7 512 384 千瓦时，较上一年 1—6 月完成电量 7 515 552 千瓦时，少购电量 3 168 千瓦时，基本与去年持平。</td><td colspan="2">标题</td></tr>
<tr><td colspan="2">称谓</td></tr>
<tr><td>引言</td><td rowspan="2">正文</td></tr>
<tr><td>主体</td></tr>
</table>

续表

(二)购电平均单价 今年1—6月完成平均电价××元/千瓦时,与去年同期完成××元/千瓦时相比上升了××元/千瓦时,完成内部利润××万元。 (三)电费收缴完成情况 1—6月实现电费结零,收回陈欠电费13.2万元。 (四)节能降损工作 20××年1—6月综合线损率完成24.33%,与去年同期25%相比下降了0.67个百分点。 **二、上半年主要工作** 全面清查,共查出窃电户11户,追回损失××元,查出表计烧坏75户。 一是狠抓用电管理,大力降低线损。 二是提高经济效益,普查商业用电。 三是动力用户及商服用户的计量装置到位。 四是加大清欠工作,确保上级电费月月结零。 五是落实服务承诺,提高服务质量。 **三、目前工作中存在的问题和不足** 1. 线损达标率仍不尽人意,部分公变低压线损依然较高,离“两改”后的标准差距较大,用电检查和反窃电力度不够,因此降损工作仍有潜力可挖。 2. 10千伏安以上台区及用户端没有电容补偿(林业局没有这方面的资金投入),对功率因数存在较大的影响,致使线损增加。 3. 营业管理体制有待按农电系统进行全面改革,规章制度有待进一步完善。 4. 长期以来,我们虽然狠抓员工队伍建设,在这方面也投入了大量财力、物力,但员工的整体素质仍不高。 **四、下半年工作思路** 略	主体	正文
××市电力局 20××年××月××日	落款	

【知识检测】

一、填空题

1.《××厂××××年度上半年生产成本分析报告》的名称属于________标题经济活动分析报告;《关于节支增收、扭亏增盈的意见》的名称属于________标题经济活动分析报告。

2. 经济活动分析报告按照范围划分，可分为＿＿＿＿＿＿＿＿＿＿分析报告和＿＿＿＿＿＿＿＿＿＿分析报告。

二、选择题

1. 经济活动分析报告主要靠(　　)分析说明问题。

A. 事实　　B. 材料　　C. 数据　　D. 论据

2. 经济活动分析报告结构的核心主体部分包括三个层次，依次为(　　)。

A. 分析评价，具体情况，对策建议　　B. 具体情况，分析评价，对策建议

C. 对策建议，分析评价，具体情况　　D. 具体情况，对策建议，分析评价

三、判断题

1. 如果说一般工作总结侧重于定量分析的话，那么经济活动分析报告倾向于定性分析。(　　)

2. 经济活动分析报告必须依靠数据指标来说明问题，因此，只要概略的叙述就可以了，没有必要使用议论的表达方式。(　　)

3. 经济活动分析报告具有总结性的特点，可为经营决策者提供具有参考价值的经验和教训。(　　)

四、简答题

1. 什么是经济活动分析报告？类型有哪些？

2. 经济活动分析报告的写作结构包括什么？

【应用训练】

一、病文诊改

下文材料在文字、内容和结构上都存在问题，请指出本文的问题所在并按经济活动分析报告的写作要求修改全文。

兴达超市××××年第二季度经济活动情况分析

一、本年度第二季度主要经济指标完成情况

本年度第二季度主要经济指标完成情况

项目	计划数	完成数	上季度完成数	增减数	增减百分比
销售总额/万元	205	214	199	+15	+7.5%
税　　金/万元	61.5	68.48	55.2		
成　　本/万元	120	120	122	-2	-1.64%
利　　润/万元	4	25.52	22.28	+3.24	+14.54%
银行存款/万元	23.1	204.1	189.4	+14.7	+7.70%

续表

二、销售状况分析 本季度计划销售总额205万元。由于本季度正值夏季，一些夏令用品特别畅销，因此销售总额直线上升，已经超额完成计划销售总额。本季度共完成214万元的销售总额，比上季度增加15万元，增长率达到7.5%。另外本季度我店进行了广泛的市场调查，摸准销售行情，并开展有奖销售及各种促销活动，使销售额直线上升。 三、成本分析 本季度由于我店采购人员的多方努力，争取各种货源，并从原地进货，所以适当降低了销售成本。本季度，我们开展"节约为商店"的活动，减少商品的损坏、节约水煤等，所以，本季度成本比计划数降低0.4万元，比上季度降低2万元。 四、利润分析 由于本季度提高了销售额、降低了销售成本，因此利润大大提高，本季度共实现利润25.52万元，比计划提高2.42万元，比上季度提高3.24万元，增长14.54%。 五、银行存款 由于利润增加，银行存款也相应增加，到本季度末，共有银行存款204.1万元，比上季度又增加了14.7万元。 总的来说，本季度的经济形势是好的，有利于今后更好地开展销售活动。

二、写作训练

1. 长兴公司是一家出版传媒企业，近期公司计划做一个本年度的企业经营活动分析报告，请你帮助这家公司拟定一个经营活动分析报告的提纲。

2. 请3~5个同学组成一组，以所熟悉的企业或上网查询任一家企业的资料，并以此为背景进行分析研究，撰写一篇该单位经济效益分析报告。

第四节　可行性研究报告

【学习目标】

1. 了解可行性研究报告的含义、特点和分类；
2. 掌握可行性研究报告的写作结构与写作格式；
3. 能够按照写作要求撰写可行性研究报告。

【情景引入】

南方某镇近年人工栽培经济林面积发展迅猛，桃子、葡萄、苹果、草莓等水果产量剧增，当地政府拟上马一个果品加工厂，年产黄桃等带肉果汁10 000吨、功能果汁10 000吨、浓缩果汁10 000吨。上马这样一个颇具规模的果品加工厂，生产出来的果汁有市场吗？什么时候可以收回投资，利润是否丰厚，是否符合政府的经济政策，选址是否符合环保要求……诸如此类的问题，都必须经过充分的可行性论证，才能保证决策的科学性。如果你参与了该镇果品加工厂的可行性研究工作，并承担此项目可行性研究报告的起草任务，你将如何完成此项重任？

【知识指要】

一、可行性研究报告的含义

可行性研究报告是有关企业、部门或专家组对拟出台的决策、拟上马的项目，经过全面调查、分析、论证，写出的实施该决策或项目的可行性、有效性的文书。可行性研究报告又称可行性论证报告。

二、可行性研究报告的作用

1. 科学决策的有效工具

可行性研究报告是建设项目的关键材料。选址、资金、原料、设备、技术、销路、利润等都要通过科学的分析计算得出结论，从而为领导的科学决策打下坚实的基础。

2. 提高效率的可靠保证

可行性研究报告经过定性和定量的分析和计算，使得每一项决定都有充足的依据，因此能够确保项目的切实可行性，从而为企业的经济和社会效益的取得提供可靠的保证。

3. 避免失误的重要手段

可行性研究报告是财政、金融、会计、营销、环保、税务等多个部门的专业人士，在深入分析论证和对比的基础上得出的科学结论，因此在项目的建设和经营过程中能够最大限度地避免失误。

三、可行性研究报告的特点

1. 科学性

可行性研究报告必须依据科学的理论，以及大量准确的数据、资料来论证拟建项目在技术、经济上的可行性、合理性。由此可见，可行性研究报告具有鲜明的科学性。

2. 论证性

可行性研究报告是集思广益进行论证的结果。在项目开始前，要从技术、经济、社会效益等角度对项目进行综合分析，充分论证。没有反复论证就无法形成专业的可行性研究报告。

3. 预测性

可行性研究报告是在项目实施前，对项目可行性及其可能遇到的问题进行科学的预测和估量，对其合理性、可行性做出科学估计，提出合理的对策。其分析的是未来的行动、预期的效果。

4. **综合性**

可行性研究报告的内容涉及诸多学科领域，项目资金的预算、技术方案的可行性、环境的影响、实施措施等不同内容，由多学科共同完成。

四、可行性研究报告的分类

可行性研究报告按照不同的标准，可以分为不同的类型。

1. **从经济活动的对象上划分**

①科技类：包括高科技开发项目、技术引进项目的可行性研究报告。

②生产类：包括开发新产品、建设项目的可行性研究报告。

③经营类：如合资经营可行性研究报告。

2. **从内容上划分**

可分为政策可行性研究报告、建设项目可行性研究报告。

3. **从项目规模上划分**

可分为一般项目可行性研究报告、大中型项目可行性研究报告。

4. **从性质上划分**

可分为肯定性可行性研究报告、否定性可行性研究报告、选择性可行性研究报告。

五、可行性研究报告的写作要求

可行性研究报告所涉及的内容广泛，专业性强，其结论在项目实施中有着极为重要的作用，在写作时必须特别注意以下几点。

1. **实事求是，讲究科学**

可行性研究报告事关项目实施的成败。因此，撰写可行性研究报告之前，必须以客观事实为基础，充分调研，认真分析，多方衡量，最终形成科学的结论。

2. **论证充分，结论明确**

可行性研究报告来源于客观实际，又关联着项目的具体实施。因此，可行性研究报告要分析深刻、论证充分、结论明确。论证过程中，要做到资料详实，事实准确，观点鲜明，论证严密，有说服力。

3. **语言准确，格式规范**

可行性研究报告通常涉及的问题和情况都比较复杂，涉及多学科、多领域问题。所以，在撰写时需要做到条理清晰、层次分明、语言精练、主次分明、格式规范，紧紧围绕项目可行性这个中心论点展开论述。

【写作格式】

一份完整的可行性研究报告一般由封面、目录、正文和附件等部分组成。

封面没有固定要求，一般包括项目名称、编制报告的单位、成文时间等基本的内容。较长的报告还设有摘要和目录。

一般可行性研究报告的主体结构和写作要点见表7-4。

表 7-4　可行性研究报告的主体结构和写作要点

<table>
<tr><th colspan="2">结构名称</th><th>写 作 要 点</th></tr>
<tr><td colspan="2">标题</td><td>标题有两种形式：
1. 完整式。由编写单位＋项目名称＋文种构成,如《××市关于扩建××高科技开发区的可行性分析报告》。
2. 简略式。标题省略编写单位,简化文种名称,只突出项目名称,如《合资经营××有限公司可行性报告》</td></tr>
<tr><td rowspan="3">正文</td><td>前言</td><td>也称概述、概论或总说明。一般介绍立项的原因、目的、依据、范围、实施单位、承担者及报告人的简况,研究工作的依据和范围等</td></tr>
<tr><td>主体</td><td>主体是可行性研究的论证部分,也是报告的核心部分。要求以系统分析为主要方法,以经济效益为核心,围绕影响项目的各种因素,运用大量的数据资料,分析论证拟建项目是否可行,或对各种预选项目的方案进行分析、比较、论证和预测,以得出拟立项目的必要性、可行性、效益性等结论。
具体内容一般包括:市场调查情况;市场需求和发展规模分析;拟建规模分析;技术论证;资金来源分析;经济效益分析;社会效益分析等</td></tr>
<tr><td>结论</td><td>这部分包括结论和建议。通过主体部分论证,对拟建项目做出综合性评价,得出可行或不可行的结论,提出切实可行的建议,以供决策者参考</td></tr>
<tr><td colspan="2">落款</td><td>写清楚报告的完成单位名称或个人姓名,以及完成日期。可以写在正文右下方,也可以写在标题之下</td></tr>
<tr><td colspan="2">附件</td><td>正文结束后附带的材料,主要是无法在正文中写明的各种论证材料,如有关政策文件、调查资料、实验数据、统计图表、设计图纸等</td></tr>
</table>

【实例展示】

实例 7-4：

××市××区农业生态旅游园区项目可行性研究报告(摘要)

一、项目概要

该项目由××市××区财政局申报,××区××镇××村组织实施,农业生态旅游园区坐落在××镇××村,新扩建 2 460 亩,建设时间从××××年 5 月开始,于××××年 4 月结束,时限 3 年。

主要建设内容：

(1)鲜果采摘区扩建 1 500 亩；

(2)鲜花温室基地建设花卉日光温室 70 栋,到第四年年末达到 180 栋,占地 500 亩。

二、背景分析

该园区位于××市东北部,距市中心 12 千米,邻近机场、港口、火车站及高速公路起点,三维交通十分便利。

三、需求分析

1. 市场需求

无公害蔬菜 10 000 亩,商品量 30 000 吨。

续表

2. 社会需求

“以城带乡，城中有乡，乡中有城，城郊一体化”。

3. 生态改善

该园区扩建完成后，植被状况良好，具有水资源涵养保护、调节气候、生物多样性等重要生态功能，达到山清水秀、环境优美的生态效果。

4. 经济发展

园区可吸纳农村剩余劳动力 5 000 人，带动果农增加收入 1 400 万元，花农增加收入 5 600 万元。

四、条件分析

1. 资源条件

2. 原材料条件

3. 交通运输

4. 经营管理能力及技术情况

五、方案设计

1. 目的

2. 实施地点和范围

3. 实施内容

4. 实施计划

5. 支持环节

6. 组织落实

六、效益分析

1. 成本效益分析

2. 财务效益分析

3. 国民经济效益分析

4. 风险分析

七、项目资金筹措

预算筹措渠道及金额：

1. 财政投入

(1)申请中央财政补助；(2)省级财政投入；(3)市地财政投入；(4)县级财政投入。

2. 项目单位投入

3. 银行贷款

4. 其他资金投入

5 ~7(略)

八、项目投资估算(单位：万元)

九、结论

根据以上研究成果，项目投产后，年增加收入××万元，并通过示范基地的示范辐射

续表

<table>
<tr><td>作用，引导和带动周边农民发展花卉、果树、水产养殖和无公害蔬菜生产，可有力地推动我市农业产业结构的进一步调整，促进农村经济的发展。
项目总投资××万元，根据财务评价结果，项目静态投资园收期 4 年，动态投资回收期 6 年，表明项目具有较好的资金回收能力，因为项目具有较好的盈利能力和较强的抗风险能力，因此项目具有经济上的可行性。</td></tr>
</table>

【评析】这是一个完整的可行性研究报告，项目完全依靠数据说话，其中不少是财务数据分析，而且每一个环节，细小的投资，都做了财务投入计划和可行性分析；按照文种的要求，需要论证的地方都能够加以论证。

【模板归纳】

可行性研究报告的参考模板如下所示。

<table>
<tr><td>××××可行性研究报告</td><td colspan="2">标题</td></tr>
<tr><td>一、项目基本情况
1. 项目名称
2. 项目要求
3. 项目申报单位基本情况
4. 合作单位基本情况
5. 项目负责人基本情况，包括姓名、职务、职称、专业、联系电话、与项目相关的主要业绩。
6. 可行性研究报告编制单位基本情况，包括单位名称、地址及邮编、联系电话、法人代表姓名等。</td><td>前言</td><td rowspan="2">正文</td></tr>
<tr><td>二、项目背景和发展概况及依据
1. 项目背景要清楚阐明拟建项目与国家、行业主管部门、当地社会以及本单位事业发展总体规划的适应和衔接。
2. 项目发起的缘由和项目建设的意义、作用与需求的紧迫性。
3. 项目的发展概况要叙述与拟建项目有关的前期研究工作，包括已进行的调查研究课题及其成果、建设地的初勘或初步测量情况、项目建议书的编制及审批过程等。
4. 项目申报依据。
三、项目实施条件
四、项目的技术方案
五、项目的建设内容、规模
六、项目实施的地点
七、项目的组织机构和人力资源
八、项目执行的时间安排</td><td>主体</td></tr>
</table>

续表

<table>
<tr><td>九、项目的经费估算和资金筹措
十、项目的绩效目标和效益评价
十一、结论和建议</td><td>主体</td><td>正文</td></tr>
<tr><td>报告单位或报告人姓名(签字、盖章)
20××年××月××日</td><td colspan="2">落款</td></tr>
</table>

【知识检测】

一、填空题

1. 可行性研究报告具有________、________、________及________四个特点。

2. 可行性研究报告从项目规模上划分,可分为________________、________________研究报告。

二、选择题

1. 有关企业、部门或专家组对拟出台的决策、拟上马的项目,经过全面调查、分析、论证后写出的实施该决策或项目的必要性、可行性或弥补性结论的书面报告是(　　)。

   A. 经济预测报告　　B. 经济活动分析报告

   C. 市场调查报告　　D. 可行性研究报告

2. (　　)不宜放在可行性研究报告的正文中。

   A. 前言　　B. 主体　　C. 结论　　D. 附件

三、判断题

1. 可行性研究报告写于决策和项目实施之前,体现了论证性特点。　(　　)

2. 从结构上看,可行性研究报告的核心是结论部分。　(　　)

3.《××市关于建设污水处理厂的可行性研究报告》属于文章式标题。　(　　)

四、简答题

1. 什么是可行性研究报告?其作用有哪些?

2. 可行性研究报告的结构是什么?正文包括哪些内容?

【应用训练】

一、病文诊改

请阅读下文材料,找出下述可行性研究报告中的问题,并进行调整。

吸发式电推剪生产可行性研究报告

一、国际国内理发业目前使用的电推剪的缺点

据初步调查,国际(亚洲如韩国和日本、美洲如美国、欧洲如意大利、中东如以色列等)国内理发业目前广泛使用的电推剪在进行理发作业时,存在如下缺点:第一,被剪断的发屑以及头屑会散落飞溅到人们的头上、脸上、脖子上、衣服上、理发座椅及其附近地面上,同样会散落或飞溅到理发人员的脸上、双手和衣服上,不仅令人讨厌和难受,而且污染环境,传播皮肤疾病;第二,理发必须由专业理发人员进行。

续表

<table><tr><td>
二、吸发式电推剪的优点
使用专利产品——吸发式电推剪进行理发作业时，它能将被剪断的头发以及头屑方便地收集起来，防止其到处散落和飞溅，使被理发人员和理发人员免除不舒服之感，改变环境卫生和防止皮肤疾病传染。
三、吸发式电推剪的适用对象
因吸发式电推剪克服了本报告第一条所列出的现在普遍使用的电推剪的缺点，具有本报告第二条所列之优点，所以，吸发式电推剪适用于以下消费对象：①家庭；②医院、疗养院、养老院；③美容美发厅；④军队；⑤一般理发店。同时还适用于出口。（具体分析从略）
四、国内吸发式电推剪的市场前景与经济效益量化分析（略）
五、出口的市场前景和经济效益量化分析（暂未计算）（略）
六、实施吸发式电推剪项目，投资少，风险小，组织生产容易（略）
七、吸发式电推剪为专利产品，且设计独特，他人无机可乘，独家生产和销售有法律保障（略）
八、吸发式电推剪出口的专利保护（略）
九、以吸发式电推剪为龙头，可以形成一个生产系列理发工具、洗发护发用品和化妆品的企业群
吸发式电推剪设计独特，为专利产品。如精心组织生产和销售，很容易获得较高知名度。当该产品获得一定知名度后，以该产品为龙头，向该产品的两翼发展，则形成一个生产系列理发工具、洗发护发用品和化妆品的企业群，也并非难事。
</td></tr></table>

二、写作训练

1. 请根据提供的素材，为某商业集团制作一份建设一个大型的综合性商业大厦的可行性研究报告（拟写提纲）。

<table><tr><td>
某市政府拟将长江街打造成全市第三大商业街。长江街地处市中心，早市、夜市常在，小铺、小店多见，但就是缺少大型日用百货商场，仅有的两家超市规模较小且商品品种有限，难以满足周边居民生活需求。市内现有的两大商业街分别在城东和城南，与地处城北的长江街相距甚远，周边居民购物极为不便。长江街城区拓路改造工程已经开始，道路宽阔，交通便利。当地区政府正在大力推进招商引资工作，提出减免税收、减免工商管理费等优惠政策。长江街有一所大学拟联系商家置换搬迁到近郊，该校址除教学楼外，还有800米的环形操场，动迁的琐碎事件少。
</td></tr></table>

2. 请根据下面所给定材料，拟定一份可行性研究报告。

<table><tr><td>
某大学两位大三学生拟在图书馆内开办一个书吧，安排一些座位，兼营咖啡和清茶，让读者休闲聊天，并办理复印业务，为读者提供复印服务。请代其拟一份可行性论证报告。
</td></tr></table>

3. 请根据下面材料，拟定一份可行性研究报告。

> 黄林打算与人合伙在某大学附近开一间观影吧，预算第一个月的资金需求。店租：5 000元/月（100 平方米）；简单装修：20 000 元；设备费（电器、家具、投影仪等）：50 000 元；其他（水电煤、设备维护、宣传等）：1 000 元/月；人工：2 人，0 元/月（合伙人）；消费对象：18～35 岁的青年人。请为他代拟一份可行性研究报告（自行补充所需数据）。

第八章 经济传播文书

如今是经济高速发展的信息时代，纷繁复杂的经济信息充斥着我们的生活，也决定着企业的未来发展。现代社会的竞争最终归结于信息资源的占有上。信息作为一种财富、一种资源，其传播的渠道随着社会的发展而发生相应的变化。然而，作为存储、交流信息基本手段的经济传播文书，无疑会受到现代社会各行各业的关注，并在社会经济活动中发挥着越来越重要的作用。本章主要介绍产品说明书、商业广告、经济新闻三种常用的经济传播文书。

本章的具体架构如下：

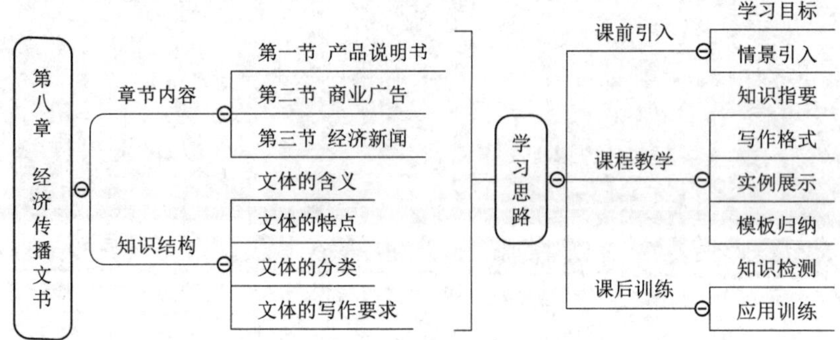

第一节 产品说明书

【学习目标】

1. 了解产品说明书的含义、特点与分类；
2. 掌握产品说明书的写作结构与技巧；
3. 能够根据产品特点和写作要求撰写产品说明书。

【情景引入】

星科公司成立有二年的时间，成立至今一直进行产品的研发工作，近期终于取得了突破性的成果，新产品研制成功，即将推向市场。但是，星科公司发现，该公司产品的绝大多数客户都不是企业产品相关领域的专家，怎么样才能更好地指导用户了解产品、选择产品，正确、安全地使用产品呢？那就是需要制作产品说明书。但怎样才能写好一份能真正起到作用的产品说明书呢？

【知识指要】

一、产品说明书的含义

产品说明书，也称产品（商品）使用说明书，是生产者向消费者说明该产品的成分、性质、功能、作用、使用方法和注意事项等相关知识的书面材料。

产品说明书是一种实用性很强的应用文体，在市场经济条件下，说明书既是顾客消费产品或服务的使用工具，也是企业进行营销宣传的重要手段。产品说明书一般随产品附送。

二、产品说明书的特点

1. 科学性

科学性是指产品说明书要以科学、实事求是的态度、精神，向消费者介绍产品的特点、性能、结构、用途等知识，不得有虚假或欺骗行为。产品的功用和指标要符合国家质量标准，运用的数据要准确无误。

2. 实用性

产品说明书是一种实用性很强的应用文，它要向消费者说明产品的使用方法、维修保养等知识，指导消费者购买产品，最终实现产品使用价值的最大化。

3. 条理性

产品说明书的写作要抓住产品的具体特点，抓住其内在规律性，按照一定的逻辑顺序进行说明。做到条理清晰、层次分明。如药物说明书一般按药品名称、作用类别、成分、性状、功能主治、规格、用法用量、不良反应、禁忌、注意事项等加以说明。

4. 多样性

多样性是指产品说明书的内容可以或繁或简，或多或少；形式可以灵活多样，既可以纯文字说明，也可以图文并茂；既可以纯中文说明，也可以中外文兼用；产品说明书可以采用单页式、折叠式、书本式等。设计独特、制作精美的产品说明书，深受消费者喜爱。

三、产品说明书的分类

产品说明书按照不同的标准，可以划分为不同的类型。

1. 根据表现形式的不同划分

①条文式：就是按照商品构造的规律或操作顺序等，用条文的形式来介绍说明商品的性能、构成、使用方法等，一般日用生活品常用此法。

②表格式：当被说明的商品需要说明的事项较多，用文字不易说清楚，一般采用表格式的写法，如药物、食物的构成成分等。

③短文式：指用短文把有关事项综合述说，上下文贯通一气，使全文相对完整。一般用

于介绍性说明，尤其书刊出版说明、影剧简介等，如果以条款列出，则会破坏整体效果。

2. 根据传播方式的不同划分

①包装式：直接写在产品的外包装上的说明书。其说明的文字比较简短，主要适用于一些常用的普及型产品，如食品、药物等。

②附件式：采用附件的形式，将产品说明书专门印制，有的甚至装订成册，装在产品的包装内，如机器、仪表、电器等。

3. 根据写作方法的不同划分

①说明式：运用说明方式对产品各方面的情况进行平实的介绍。大部分产品说明书属于说明式。

②描述式：指在向人们介绍产品信息的同时，适当采用形象化表达方式介绍产品的特点、风格等。例如，某品牌冰箱的产品说明书中写道：可以根据季节、旅行等不同情况的使用需要，单独开启或关闭冷藏、冷冻室，灵性随心，智能更节能。

四、产品说明书的写作要求

1. 科学客观，真实可靠

写作者必须秉持科学态度，根据产品的真实情况编写说明书，不可弄虚作假，为扩大商业利益而夸大其词、信口开河。即使产品有缺陷或不良反应，也应在说明书中提及，便于消费者全面地认知并购买产品。

2. 抓住特色，突出重点

产品说明书的编写要抓住该产品的优势和特征，并表述清楚，有针对性地向消费者介绍自身产品。不同类型的产品，写作侧重点也有差异。说明书突出重点，既是实用性的要求，也有利于消费者节省时间，促进购买行为。

3. 专业严谨，通俗易懂

产品说明书要将专业和通俗结合起来，既要以严谨的态度编写，又要考虑到广大消费者的接受能力。文字要简洁，语言应通俗易懂，说明要全面，使消费者一目了然。当然，若能做到图文并茂，说明书效果会更佳。

【写作格式】

产品说明书包括标题、正文、落款三个部分。如果是篇幅较长、装成一本的产品说明书，为了便于读者翻查，可以编写目录。如果内容简短，则不需要目录。

产品说明书的主体结构和写作要点见表8-1。

表8-1　产品说明书的主体结构和写作要点

结构名称	写 作 要 点
标题	一般有两种形式： 1. 完整式标题，由产品的商标、型号、货名加文种“说明书”、“使用书”或“使用说明书”构成，如《胃炎胶囊使用说明书》《苏泊尔电压力锅使用说明书》等。 2. 省略式标题，即标题中省略文种或产品名称，即直接以文种作标题，或以产品名称作标题，如《产品说明书》《说明书》《紫光扫描仪》《康华牌西洋参丸》等

续表

结构名称		写作要点
正文	前言	前言部分主要介绍新产品的主要性能特点,或者强调编写产品说明书的目的,或说明维修、使用好新产品的重要性,也可以没有前言。此部分应简明扼要,突出特色
	主体	产品说明书的核心部分,产品不同,需要说明的内容也各有侧重。 一般药物重在说明基本功能和用量,以及构成成分;电器重在说明其使用和保养方法;食品重在说明其成分及食用方法;图书则说明其内容;机械则说明构造原理。 产品说明书往往包括以下内容: 1. 产品的概况(如名称、产地、规格、成分、发展史、制作方法等)。 2. 产品的性能、规格、用途。 3. 安装方法和维修方法。 4. 保养方法和维修方法。 5. 附件、备件及其他需要说明的内容。 主体的写法多种多样,如说明文式、条文式、表格式等。比较常见的有说明文式和条文式,以及两者结合式
落款		说明书最后要标明生产者、生产日期、经销单位的名称、地址、电话、邮政编码、E-mail、二维码等内容,为消费者进行必要的联系提供方便

【实例展示】

实例 8-1:

××超浓缩洗衣粉说明书

产品特点

◆含足量高纯度的表面活性剂和高效能助洗剂,洁力超群,能彻底洗净衣领、衣袖上的顽垢。

◆泡沫少、漂清易,省时、省力、省水。

◆浓缩配方,用量省,更经济划算。

◆衣物洗晒后洁白鲜艳,清香怡人。

用法用量

请用家庭常用的汤匙量取洗衣粉。机洗:普通洗衣量一满匙(30 g);手洗:6~8 件衣物一浅匙(20 g)。对于较脏衣物或较大洗衣量,可适当增加用量。

◆倒入温水中充分溶解(水量以刚浸没衣物为佳)。

◆再放入衣物浸泡 5 分钟以上。

◆按平常洗衣习惯洗涤。

适用范围

◆适用于棉、麻、化纤及混纺等质料之衣物。

◆请勿用于丝质、毛料衣物。

续表

注意事项

◆存放在阴凉、干燥及儿童接触不到的地方。

◆不慎误食或入眼,请立即用水冲洗或及时就诊。

◆若遇易褪色衣物,请将深浅颜色衣物分开洗涤。

执行标准:××××××

保质期:二年

××集团·杭州××日用化工有限公司

【评析】该洗衣粉说明书采用条款式表述,分产品特点、用法用量、适用范围及注意事项四个方面,层次清晰,注重逻辑。首段产品特点的介绍,多角度展示该产品的优点,有广告效应。第二段在说明用量时,做到模糊与精确的统一,方便了产品用户。尾段注意事项体现了厂家以人为本的经营理念,实在中见人情。

实例 8-2:

清凉油说明书

此油系采用各种贵重药料,用科学方法炼制而成,有清凉、解毒之功效,实为家居旅行必备之良药。

主要成分:薄荷脑、薄荷油、樟脑油、桂皮油、樟脑、桉叶油、丁香油、凡士林。

功能与主治:清凉、解毒。用于感冒、头痛、蚊叮虫咬。

用法与用量:外用。需要时擦于太阳穴或患处。

贮藏:密闭,置阴凉处。

××医药保健品有限公司

【评析】这是一则条款式说明书。由于清凉油是大家非常熟悉的日常用品,因而这则清凉油说明书篇幅较短,语言简洁,条理清晰。正文部分简要地说明了产品的主要成分、功效、使用方法、贮藏等事项,使人一目了然。

【模板归纳】

产品说明书的参考模板如下所示。

<table>
<tr><td>浓维生素 E 胶丸说明书</td><td colspan="2">标题</td></tr>
<tr><td>维生素 E 是一种对人体生长、发育、促进健康与预防衰老有重要作用的营养物质。早在 1992 年 Evens 等人已发现它可调节生育机能、防治流产和不育。半个世纪以来,就维生素 E 的生理和机理作用,近代分子生物学学者做了详尽研究,在营养及医疗上有了重要发现。</td><td>前言</td><td rowspan="2">正文</td></tr>
<tr><td>1. 本品能促进人体能量代谢,增强人的体质和活力。
2. 本品能预防因多不饱和脂肪酸(PuFA)异常氧化所致的有害物质积累而损伤正常组织引起的早衰,有延迟衰老的作用。
3. 本品能改善血液循环,促进溃疡愈合。</td><td>主体</td></tr>
</table>

续表

4. 本品能防止胆固醇沉积，能预防治疗动脉硬化。 5. 本品能调整性机能，预防更年期综合征。 6. 本品能保护肝脏。 [适应范围]动脉硬化、脑血管硬化、冠心病、间歇性跛行、胃肠溃疡、皮肤溃疡、血栓性静动脉炎、静脉曲张、肝功能障碍、肌肉萎缩、不孕、习惯性流产、性机能衰退、烧伤、冻伤、贫血以及预防衰老。 [用法与用量] 日服量：每次 50～100 mg，每日三次或遵医嘱。 [规格]50 mg，100 mg。 [贮藏]密闭、遮光、阴凉处保存。 [有效期]24 个月。 [执行标准] ×××××× [批准文号] ×××××× [生产企业] 企业名称：山西××药业有限公司 生产地址：山西省××市××路××号 电话号码：×××××× 如有问题可以与生产企业联系	主体	正文
山西××药业有限公司	落款	

【知识检测】

一、填空题

1. 产品说明书具有________、________、________、________的特点。

2. 产品说明书的主体结构由________、________和________三部分构成。

3. 根据表现形式的不同，产品说明书可以划分为________、________和________三种类型。

二、选择题

1.（　　）产品说明书在介绍产品信息的同时，会适当采用形象化表达方式介绍产品的特点、风格等。

A. 包装式　　B. 附件式　　C. 说明式　　D. 描述式

2. 产品说明书的（　　）特点，是指要向消费者说明产品的使用方法、维修保养等知识，指导消费者购买产品，最终实现产品使用价值的最大化。

A. 科学性　　B. 实用性　　C. 条理性　　D. 多样性

3. 下列产品说明书中语句表述没有问题的一项是（　　）。

A. 若遇易褪色衣物，请将深浅颜色衣物分开洗涤

B. ××手提收录机，款款精良，外形突出美观，质量可靠，设备新颖多元化，是最理想选择的手提收录机

C. 可以说这不仅是SONY技术,而是本世纪最大的科学技术成就之一

D. ××牌磁药系列产品集磁疗、药疗为一体,具有温经通络、活血化瘀,行气止痛

三、判断题

1.《美的电饼铛使用说明书》属于省略式标题。 ( )

2. 产品说明书必须有前言,主要介绍新产品的主要性能特点、使用说明等。 ( )

3. 产品说明书可以较多地使用专业名词、术语。 ( )

四、简答题

1. 产品说明书可以分为什么类型?

2. 产品说明书的结构与写作要求有哪些?

【应用训练】

一、病文诊改

1. 请指出下文材料中产品说明书的不足之处并修改。

××地黄丸说明书

药品名称:××地黄丸

药品单位:瓶

规格:10丸/瓶

功能与主治:本品滋阴补肾。用于肾阴亏损、头晕耳鸣、腰膝酸软、身体盗汗

用法与用量:口服,一次1~2丸,一日三次

药品说明:

1. 主要成分:熟地黄、泽泻、牡丹皮、山药、茯苓、酒萸肉
2. 注册商标:××××
3. 剂型:丸剂

2. 下面是一份产品说明书,试简要分析其内容以及写作格式是否有不当之处。

商品名称:保鲜膜

产品规格:30厘米宽,30厘米长;该产品使用了先进的无毒无味的PE材料,即聚乙烯;产品具有耐高温(最高达100 ℃)和耐低温(-60 ℃)的性能,无论是冰箱还是微波炉都适用;该产品除了可保持食品原味和保鲜的作用外,还具有很强的吸附力,可使食物的汤汁等一点都不渗漏。

等级:合格品

产品保持期:三年

产品使用中需注意的事项:使用微波炉时,不可将PE保鲜膜与高油性仪器直接接触。

3. 请对下面的产品说明书进行诊断，并进行修改。

> **美怡牌特效祛斑霜产品说明书**
>
> 本品引进法国最新祛斑技术，含有名贵植物精华等成分，对祛除顽固性黄褐斑、雀斑、日晒斑及其他原因引起的色斑有显著的效果。使用本产品二十天后，能彻底淡化外部色斑，恢复肌肤细腻白嫩，使你青春永驻，旧颜换新颜。
>
> 使用人群：有黄褐斑、雀斑者。
>
> 使用方法：洁面后，取本品适量均匀涂于面部，轻轻按摩至吸收，早晚各一次。
>
> ××市××化妆品有限公司

二、写作训练

1. 请将下面这则产品广告改写成产品说明书。

> **空气等离子切割机**
>
> 我厂生产的系列切割机是具有国外同类产品水平的先进热切割设备，只要具备电源就可以轻易地切割不锈钢、铸铁、碳钢等一切金属材料。切割厚度从 0.1 mm 到 100 mm，比氧切割每年可节省费用 3 万元～10 万元，比国内同类产品节能 40% 以上。具有速度快、质量好、控制电路无可动触点、自动化程度高等特点。欢迎××城各工矿企业选用。
>
> ××××焊接设备厂
>
> 地址：××市××区××街××号
>
> 电话：××××××
>
> 联系人：××××

2. 下面是关于晨露美白洁面乳的说明材料，请根据下列材料写一份产品说明书，要求格式完整，语言简洁明了。

> ××省××市××美容化妆品有限公司生产的晨露美白洁面乳，含有坚果油，它不仅能畅通毛孔，清除堵塞毛孔的灰尘和污垢，还能有效祛除老化角质及清除脸部色素沉淀，改善缺水现象。使用本产品后，能令肌肤迅速美白，且达到滋润美白的功效。它适用于油性和混合性肌肤。具体使用方法是：取出适量洁面乳放于手掌心，加水揉出丰富的泡沫，然后用于湿润的脸部，用指尖轻轻按摩，再用水清洗。本产品可每天早晚使用。但由于每个人的皮肤特性各异，所以使用后如有不适，请暂停停用。本公司的生产许可证号为 XK21－××××，卫生许可证号为（2021）卫妆准字 27XK××××号，执行标准为 QB/T 2286，生产批号及限期使用日期见产品标注。

3. 请选择一种日常用品，试写一篇产品说明书。

第二节　商业广告

【学习目标】

1. 了解商业广告的含义、特点和分类；

2. 掌握商业广告的写作要求及注意事项；

3. 能够根据不同产品撰写商业广告文案。

【情景引入】

很早之前，南京有家鹤鸣鞋店，牌子虽老，却无人问津。有一天，鞋店员工为老板献计：花钱在市里最大的报纸上登三天的广告。第一天只登个大问号，下面写一行小字："欲知详情，请见明日本报栏。"第二天照旧，等到第三天揭开谜底，广告上写"三人行必有我师，三人行必有我鞋，鹤鸣皮鞋。"老板一听，觉得此计可行，依计行事，广告一登出来果然吸引了很多读者，鹤鸣鞋店顿时家喻户晓，生意红火。那么，什么是商业广告呢？商业广告文案撰写又有什么要求呢？

【知识指要】

一、商业广告的含义

广告有广义与狭义之分。广义的广告指向公众传播信息的一种大众传播活动，即"广而告之"之意，其含义极广，既包括以盈利为目的的广告，也包括不以营利为目的广告，如公益广告。而狭义的广告则专指以盈利为目的的商业广告。

具体来说，商业广告是商品经营者或者服务提供者承担费用，通过一定媒介和形式直接或者间接地介绍自己所推销的商品或者服务的宣传载体。而商业广告的语言文字部分称之为广告文案。

二、商业广告的特点

1. 商品性

商业广告的商品性来源于它所附着的商品或商品性服务。换言之，商业广告实际上是商品或商品性服务的附着物，它与商品或商品性服务是融为一体的。消费者在消费了商品或服务的同时，甚至也不自觉地消费了广告。而被消费了的广告，自然也就具有商品性。

2. 宣传性

宣传性是指商业广告是用来介绍所推销的商品或者所提供的服务，具体表现在两个方面：一是它为展示商品或服务必须寻觅有利于宣传的形式；二是它为展示商品或服务必须借助于作为宣传工作的媒体。

3. 契约性

商业广告虽然都是由作为商家的广告主单方面发布，但在实质上它却是商家对于消费者的一种约定，是商家对于消费者的一种承诺，故其也具有商业合同的性质，这就是商业广告的契约性。

三、商业广告的分类

按照不同的分类标准，商业广告可以分为不同的类型。

按内容范围划分，可分为商品广告、服务（劳务）广告和企业广告。

按写作手法划分，可分为理性诉求广告、情感诉求广告和情理结合诉求广告。

按传播媒介划分，可分为影视广告、广播广告、报纸广告、刊物广告、网络广告、灯箱（光）广告、橱窗广告、车体广告、路牌广告、实物广告、牌匾广告等。

四、商业广告的写作要求

1. 准确定位，有的放矢

广告文案的写作具有很强的定向性，成功的广告文案必须定位准确，针对特定的目标受众，做到有的放矢。具体来说，要明确广告的目标，分析目标受众群体，确定广告文案的内容以及传播媒介的选择，使其具有针对性。

2. 选好角度，确定主题

广告文案的主题，也就是广告诉求的重点，即向受众群体传递什么样的核心信息。一般商品的信息不是单一的，而是多方面的。而一则短小的广告文案中，不可能也没必要把所有的信息全介绍给消费者，而只能有选择地突出某个方面，以此作为广告主题。因此，选好角度，确定主题非常重要。

3. 形象生动、表明创意

广告文案的创作贵在创新，富有新意。要想让消费者认识和接受广告宣传的内容，在广告文案的制作过程中，无论是构思、立意、表现手法、表达形式，还是具体的语言文字，应生动形象，并结合自身的特点和优点，写出新意，给人耳目一新的感觉。

4. 语言精练、上口易记

广告文案在文字语言的使用上，要简明扼要、精练概括。首先，要以尽可能少的语言和文字表达出广告产品的精髓，实现有效的广告信息传播；其次，要使其易识别、易记忆，避免过分追求语言和音韵美，而忽视广告主题，生搬硬套，牵强附会，因文害意。

【写作格式】

广告文案的结构形式比较灵活，从一般规律看，大致分为标题、正文、广告语、附文四部分。

商业广告文案的主体结构和写作要点见表8-2。

表8-2　商业广告文案的主体结构和写作要点

结构名称	写作要点	
标题	广告文案的标题是广告内容的高度概括，标题要醒目，要吸引读者。 广告文案的标题从其表现形式来看有三种	
	直接标题	指在标题中直接写出所要宣传的商品的商标名称、品名、特点或优点等情况

续表

<table>
<tr><th>结构名称</th><th colspan="2">写作要点</th></tr>
<tr><td rowspan="10">标题</td><td>间接标题</td><td>指标题中不会出现品名和商标，而是用一些比较曲折、委婉的手法或一些耐人寻味的词句来反映商品的特点。例如，某眼镜公司广告：“眼睛是灵魂的窗户，为了保护它——您的灵魂，请给窗户安上玻璃吧。”</td></tr>
<tr><td>复合标题</td><td>通常由多行标题组成，写法类似经济新闻标题的写法，分别由引题、正题和副题组成。引题主要交代背景，正题说明内容或特点，副题作补充。例如，
做事要出于心，做人要出于情，品酒要出自真正的名门（引题）
茅台王子酒（正题）
王子尊天下（副题）</td></tr>
<tr><td colspan="2">广告文案标题从句式类型分析，其设计形式有六种</td></tr>
<tr><td>新闻式</td><td>类似新闻标题，用简洁概括的文字给消费者直接传递有关商品的重要信息。例如，上海航空公司广告：上海航空公司增开南京始发航班</td></tr>
<tr><td>疑问式</td><td>这类标题常针对消费对象的心理特点，采用设问方式提问，以打动消费者。例如，你想钓鱼吗？发光鱼漂会使你满载而归</td></tr>
<tr><td>直陈式</td><td>即直截了当地告诉消费者使用商品的好处。例如，某牙膏广告：只要发现早，早期蛀牙完全可以用×××修复</td></tr>
<tr><td>对仗式</td><td>即使用对偶的修辞，使其观之赏心悦目，读之朗朗上口。例如，某复印机广告：可信可靠的机器，尽善尽美的服务</td></tr>
<tr><td>祈使式</td><td>这类标题，站在消费者角度，向消费者提出消费请求。例如，某护肤品广告：要想皮肤好，早晚用××</td></tr>
<tr><td>夸耀式</td><td>这类标题，往往夸耀突出商品某方面的特点和优势，以吸引消费者购买。例如，某饮料广告：挡不住的感觉</td></tr>
<tr><td colspan="2"></td></tr>
<tr><td rowspan="2">正文</td><td>开头</td><td>开头部分一般是用一句话或一段话对所要宣传商品的有关情况进行概括的介绍，以总领全文，有的广告文中可以不写</td></tr>
<tr><td>主体</td><td>主体是广告方案的核心部分，主要是围绕主题对商品开展介绍。其写法和形式多种多样，应注意以下几点：
1. 既可以从头到尾完整地介绍有关情况，也可以抓住某个方面的内容进行强调；
2. 既可以综合运用叙述、描写、抒情、议论等表现手法，也可以加上图片、漫画以增加表达的效果；
3. 在体式上也可灵活运用文章体、诗歌体、对话体、书信体等形式。
总之，要尽可能生动活泼地把有关信息用消费者易于接受的形式表达出来</td></tr>
<tr><td>广告语</td><td colspan="2">也称广告标语、广告口号。用来概括服务宗旨、强化核心信息的文字，常使用简明扼要的标语口号式语句来表达。广告语位置比较自由，它可以灵活出现于广告的任何位置，既可与广告标题合一，代作标题；也可放在广告的结尾处；还可出现在广告的正文中间</td></tr>
<tr><td>附文</td><td colspan="2">附文又称随文，指在广告结尾之后出现的附属内容，主要标明企业或经营者的名称、地址、购买商品或接受服务的方法、通信联络方式、二维码、联系人等，必要时还应附上简单的示意图，以方便销售</td></tr>
</table>

【实例展示】

实例8-3：

别让疲劳弯您腰　三勒浆抗疲劳

每天，您的腰杆也许这样变化

清晨——笔直

中午——打瞌睡

下午——不由自主弯曲

晚上——依靠床来支撑

工作过于紧张，让您缺乏充沛精力，腰杆由直到曲。疲劳的困扰由来已久，如今，三勒浆为您轻松解决。每天一支三勒浆，迎接工作挑战，随时随地挺直腰杆。

抗疲劳，当然三勒浆！

【评析】这是一则保健品广告文案。文案的正文不急于把要传达的主要商品内容表述出来，而是用通俗易懂的语言，将人在一天中不同时候的疲劳特征通过描述的方式展示给读者，让读者明白疲劳就会使人缺乏精力，弯腰曲背。此时，当读者感到困惑，不知怎么办，怎样才能精力充沛、挺直腰杆时，接着广告就用简洁的语言向读者介绍三勒浆的功效——抗疲劳。文案通过标题、正文和广告口号反复强调"三勒浆抗疲劳"，既显得重点突出，又强化读者记忆，具有良好的广告效果。

实例8-4：

××奶粉广告文案——试图让它们相会

亲爱的扣眼：

你好！

我是纽扣，

你记得我们已经有多久没在一起了吗？

尽管每天都能看到你的倩影，

但肥嘟嘟的肚皮横亘在你我之间，

让我们犹如牛郎与织女般的不幸。

不过在此告诉你一个好消息，

主人决定极力促成我们的相聚，

相信在主人食用了××脱脂奶粉后不久，

我们就可以在一起天长地久，

永不分离。

【评析】这是一则具有寓言风格的独白式陈述体广告，它借用纽扣对扣眼的表白，介绍了某种脱脂奶粉既有营养又可减肥的功效。其陈述称得上巧妙、风趣，对产品的说明特点突出、鲜明，这样的广告足以给受众留下非常深刻的印象。文案创意新颖，诉求重点突出，使消费者在富有趣味性的阅读中不知不觉地接受了广告信息，易于引发消费者采取购买行动，具有良好的广告效果。

实例 8-5：

这里曾经弥漫过甲午海战的硝烟；

这里曾被秦始皇称为天之尽头；

如今这里是世界上最适合人类居住的城市之一。

——中国威海

【评析】这是一则宣传威海的城市形象的电视广告。它开辟了中国由政府出资在电视台作城市形象广告宣传的先河。这则广告把威海的历史、名胜、现状，威海的骄人之处，鲜明地呈现在观众面前，引起强烈的反响，起到了良好的宣传作用。

实例 8-6：

经典广告语

今日头条广告——看见更大的世界

海尔电器广告——真诚到永远

英特尔广告——给你一颗奔腾的心

麦斯威尔咖啡广告——滴滴香浓，意犹未尽

农夫山泉广告——农夫山泉有点甜

人头马 XO 广告——人头马一开，好事自然来。

M&M 巧克力广告——只溶在口，不溶在手

贵州青酒广告——喝杯青酒，交个朋友

孔府家酒广告——孔府家酒，叫人想家

伊利牛奶广告——青青大草原，自然好牛奶

维维豆奶广告——维维豆奶，欢乐开怀

福满多方便面——福气多多，满意多多

白沙集团广告——鹤舞白沙，我心飞翔

德芙巧克力广告——牛奶香浓，丝般感受

中国移动广告——中国移动通信，沟通从心开始

丰田汽车广告——车到山前必有路，有路必有丰田车

欧莱雅广告——巴黎欧莱雅，你值得拥有

李宁运动鞋广告——穿李宁鞋，走成功路

戴比尔斯广告——钻石恒久远，一颗永流传

美的电器广告——原来生活可以更美的

新飞冰箱广告——新飞广告做得好，不如新飞冰箱好

伊莱克斯冰箱——众里寻他千百度，想要几度就几度

张裕广告——传奇品质，百年张裕

飞亚达手表广告——一旦拥有，别无所求

【模板归纳】

商业广告文案的参考模板如下所示。

<table>
<tr><td>××应急轮胎修补剂</td><td colspan="2">标题</td></tr>
<tr><td>一罐在手,出行无忧</td><td colspan="2">广告语</td></tr>
<tr><td>欧洲原装进口</td><td>开头</td><td rowspan="2">正文</td></tr>
<tr><td>快速——迅速密封穿刺的轮胎并充气
简单——无须任何工具,无须更换备胎
安全——让您安全、快速地撤离事故现场</td><td>主体</td></tr>
<tr><td>××国家轮胎经销协会官方认可
××国××集团　中国区
地址:上海市浦东新区龙阳路××号××国际大厦××室
电话:××××××
网址:www.××××.cn</td><td colspan="2">附文</td></tr>
</table>

【知识检测】

一、填空题

1. 广告文案的标题“金利来——男人的世界”属于________标题。“把根留住——房地产广告”属于________标题。

2. 一份完整的广告文案,主体结构包括________、________、________和________。

3. ________是在正文之后的必要说明,即附带告诉人们的一些内容。

二、选择题

1. 广告以(　　)为目的来划分,一般可分为商业广告和非商业广告两大类。

A. 设计　　B. 发布　　C. 盈利　　D. 获奖

2. 广告文案的核心灵魂是(　　)。

A. 广告的价值　　B. 广告的主题　　C. 广告的内容　　D. 广告的目标

3. 特仑苏牛奶广告文案的标题是:“专属天然天成,人生所以不同”,其概括主要想表达的主题是(　　)。

A. 喝天然环境出产的牛奶,可以提高人的生活档次

B. 喝专属地域的好奶,体验人生的天壤之别

C. 好环境为我专属,人生为我独享

D. 天然的禀赋以及稀缺资源让特仑苏牛奶产品天生非同一般,更高的人生追求给特仑苏牛奶品牌赋予非凡的气质内涵

三、判断题

1. 做广告追求的是“广而告之”的效果,就是要求所有的消费者都看我做的广告。(　　)

2. 广告文案写作形式上应生动活泼，讲究艺术性，不需要关注消费者的心理。（　　）

3. 农夫山泉广告语："我们不制造水，我们是大自然的搬运工"。针对的消费者主要是"口渴需要饮水的人"。（　　）

四、简答题

1. 商业广告是什么？有什么特点？

2. 商业广告的写作结构是什么？写作时有哪些写作要求？

【应用训练】

一、病文诊改

请分析下面材料，并找出下述商业广告中存在的问题。

并非所有的人都能赢得这样热烈的欢呼

——上海××汽车××系列广告

在这个世界里，这样的热闹并不多，它们出类拔萃，它们以自己超凡的智慧，惊天动地的创造力和脱俗的品位与个性赢得了万众热烈的欢呼和狂热的尾随。几天内，它就要出现在你的面前，如果你有足够耐心去等待，它的出现将大大出乎你的任何预期和想象，但是有一点是毋庸置疑的，那就是它和它的拥有者将赢得万众欢呼的无上荣耀。

二、写作训练

1. 大兴房地产开发公司，新近通过拍卖拿到了该市一郊区地块。该地附近几乎没有其他建筑物，但为地铁××线规划的终点站，并有2路公交车开通。小区即将开工，大兴公司总经理还在为找不到合适的小区名称而苦恼。

要求：(1)请你帮该小区起一个好听的名字。

(2)请你结合该小区的特点，制作一份售楼广告文案。

2. 请根据下文所提供的材料，写一则报纸广告文案。要求广告标题、口号、正文、附文格式完整；正文字数不少于200字。

东湖藕粉食用说明：

食用方法：撕开包装袋，把速溶藕粉倒入容器内，一次性加入90°C左右的开水（藕粉与开水比例为1:6），搅拌至透明糊状即可食用。

配料表：莲藕粉（藕粉纯度100%）。

保质期：常温下12个月。

净含量：162克（18克×9包）。

地址：东湖市石桥路30号。

3. 下面是一则××平面广告创意，请你为这则广告写一句广告语。

国际名模××出现在××广告画面上，她柔亮又飘逸的长发给了消费者一个美丽的许诺：××品牌能为受损头发带来真正的希望。她身后背景显示着一个巨大的表盘和指针，借喻时光倒流，让头发恢复往昔的美丽。广告重点表现只需数周便可以修复发质损伤的产品优点。

4. 请你为你家乡的特产写一则广告文案。

第三节　经济新闻

【学习目标】

1. 了解经济新闻的含义、种类和特点；
2. 掌握经济新闻的写作格式和写作要求；
3. 能够按照写作要求撰写经济新闻。

【情景引入】

在信息大爆炸的社会，各种渠道、各种方式的广告铺天盖地，再加上一些不良商家虚假广告的负面影响。广告对公众的作用在逐渐减退，而迂回的宣传方式似乎成为一种不错的选择。新闻这种建立在真实基础上的文种和企业宣传相结合之后得到了意想不到的效果。吴大勇毕业后自己成立了一家公司，但因创业公司发展时间太短、知名度太低造成市场难以打开，于是想借助经济新闻来帮助公司提升企业的知名度，可是一份能让公众乐于接受并真正能帮助公司提升知名度的经济新闻该如何写作呢？又有哪些写作要求呢？

【知识指要】

一、经济新闻的含义

经济新闻就是新近发生的具有新闻价值的经济活动或经济工作事实的报道。

经济新闻有广义和狭义之分，广义的经济新闻包括经济消息、经济通信、经济调查报告和经济时事评论等文种；狭义的经济新闻专指经济消息。

本书所介绍的是狭义的经济新闻，即经济消息，是对当前经济领域中出现的具有一定社会价值或具有一定影响的事实所作的简要的报道。经济消息从反映的范围来说，是有关经济领域中的各种事情；从时间上来说，是近期出现的事情；从内容上来说，必须是有价值的事情，否则，即使是新近发生的事情也不一定能够成为消息。

二、经济新闻的特点

1. 专业性

经济新闻的专业性是由它报道的内容所决定的。经济新闻的专业性表现在大量使用经济专业术语，离不开经济的指标和数据，如金融危机、通货膨胀、成本、利润等。写作时应注意将经济信息深入浅出，对经济术语和指标数据进行形象化处理，易于为广大受众所理解。

2. 真实性

真实性是新闻的生命。经济新闻的传播要建立在客观、真实的基础上。具体体现在，经济新闻的人物、地点、时间、事件缘由、因果、经过等细节必须有据可查,新闻中引用的资料、数据、引语、史实等现实的和背景的材料要确凿无疑。

3. 新鲜性

新闻即新鲜的见闻,陈旧的信息、过时的事件,即使原来新闻价值很高,但随着时间的推移,也会时过境迁,无人关注。因此,作者应密切关注经济现实发展的动态,捕捉新鲜的富有新闻价值的经济信息,满足受众求新的心理。

4. 时效性

新闻的时效性,随着时间、地点和社会环境等因素的变动而变化。新闻的时效性包含“新”和“快”两方面的内容:一是传播的内容要新鲜,时间新近;二是传播的速度要迅速及时,比如股市新闻,应当“新近发生”,且“引人关注”,做到新闻不过夜。

5. 概括性

经济新闻要讲求时效,报道快速及时,就应该做到简明扼要、篇幅短小。多用概括的语言来写作,用最少的语言文字表达具体、充实的内容,传递丰富的经济信息,以使受众在短时内获得更多有价值的经济信息,更好地满足受众对经济信息的需求。

三、经济新闻的分类

1. 动态新闻

动态新闻指及时迅速地反映某一单位、部门、地区乃至全国、世界范围内经济的新动态、新情况、新问题、新事物、新变化、新气象的简短的新闻报道。大到国家重大经济政策的颁布,小到某个市场开业、某种商品促销均可报道。

2. 典型新闻

典型新闻是对经济领域中一定时期内比较突出的单位、人物或事件进行重点报道,从中引出普遍意义的经验或教训的新闻文体,具有较强的针对性。报道对象可以是正面典型,也可以是反面典型,一般以报道正面典型为主。

3. 综合新闻

综合新闻是指从各个侧面反映较大范围内或较长时间内综合经济情况的新闻文种,是带有全局性的新闻报道。特点是报道面宽、综合性强、结构完整、篇幅较长。

4. 新闻评述

新闻评述是介于新闻与评论之间,把二者有机地结合起来的一种新闻文种。特点是边叙边议,边述边评。一般用于对经济形势的分析和展望。

四、经济新闻的写作要求

1. 主题要新颖、突出、有价值

经济新闻是新闻中的一种,其价值就在于有新鲜的思想见解,有报道价值。要去写那些经济领域的新人、新事、新情况、新问题、新思想、新见解,要反映生活中常见,而文章中不常见的事物,主题新颖有价值。

2. 选材要真实、典型

经济新闻一定要精选真实与典型的材料，用事实说话。真实的材料是指材料用事实说话，客观公正，这可以使经济新闻更有生命力，而典型的材料才能有说服力。

3. 表达方式要以叙述为主

经济新闻要多用叙述语言，通过叙述把事实讲出来，把事实中有关的时间、地点、人物、事件、原因、结果概括地告诉读者。一般不要空发议论。当然有些述评性经济新闻可以适当地使用议论等表达方式，以增加经济新闻的生动性、深刻性，以及吸引读者。

4. 结构要规范

经济新闻的语言应该灵活，而它的结构却是比较规范的。尤其是它的正文部分，一定要先写导语，把新闻的重要内容概括出来，之后是主体，它对导语进行解释与深化，中间穿插必要的背景材料。

【写作格式】

一则完整的经济新闻，由标题、消息头、导语、主体、背景和结语组成。但在通常情况下，其结构往往是不完整的，标题、导语和主体都是新闻中不可缺少的部分，其他部分根据需要可灵活变通。在正文的安排上通常采用“倒金字塔式”的结构。即把新闻中最重要的内容放在最前面，予以突出，引人关注，次重要的内容放在稍后的段落，最次要的内容放在新闻的尾部。这就像倒置的金字塔，顶端宽而重，越往下分量越轻。

经济新闻的主体结构和写作要点见表 8-3。

表 8-3　经济新闻的主体结构和写作要点

<table>
<tr><th>结构名称</th><th colspan="3">写 作 要 点</th></tr>
<tr><td rowspan="5">标题</td><td colspan="3">标题是经济新闻写作重要的组成部分，在新闻宣传中发挥的作用有时甚至会大于新闻的正文。常见的标题有三种</td></tr>
<tr><td>单行标题</td><td colspan="2">即只有一个标题，对新闻内容进行高度概括。要以简明的文字表明新闻主旨，使人一目了然。例如：高铁站见证××经济变迁</td></tr>
<tr><td rowspan="3">双行标题</td><td>正标题</td><td>即有两行标题。正标题是新闻的主标题，反映经济新闻的中心思想。副标题可位于主标题之前或之后</td></tr>
<tr><td>副标题</td><td>副标题如位于正题之前称“引题”，作用是交代背景、烘托气氛、提示意义，以引出正题，引题一般多虚写；
副标题如位于正题之后为“副题”，一般用来补充、注释和说明、印证主题，一般多实写</td></tr>
<tr><td>示例</td><td>他们的心比煤还黑（正题）
山西××“7・12”矿难瞒报事件追踪（副题）
项庄舞剑 意在沛公（引题）
明传人民币贬值 实为投机牟暴利（正题）</td></tr>
</table>

续表

<table>
<tr><th colspan="2">结构名称</th><th colspan="2">写 作 要 点</th></tr>
<tr><td colspan="2" rowspan="8">标题</td><td>三行标题</td><td>即标题由引题、正题、副题组成。三行标题比双行标题内容丰富,常用于比较重要的经济新闻。拟写标题时三者之间的相互配合非常重要,各标题要注意各司其职,并注意主从之间的逻辑关系,用引题或副题突出正题。例如:
新股发行体制改革意见“靴子”落地(引题)
股票发行向注册制迈出重要一步(正题)
A股市场IPO即将重启(副题)</td></tr>
<tr><td colspan="2">标题写作要求:一要贴切,二要简洁,三要新颖。
根据这个要求,换一个角度表述,可将标题分为六种形式。</td></tr>
<tr><td>陈述式</td><td>科学兴农助推农业发展(引题)
××县粮食增产3亿公斤(正题)</td></tr>
<tr><td>描写式</td><td>欢歌动地　奇迹惊天</td></tr>
<tr><td>抒情式</td><td>××市明天更美好(正题)
新区蓝图拟就,建设帷幕拉开(副题)</td></tr>
<tr><td>结论式</td><td>一周引进外资20亿美元(引题)
××市金秋座谈会成果丰硕(正题)</td></tr>
<tr><td>比喻式</td><td>“北上序曲”未终　“南下乐章”又起(引题)
××高等级公路建设拉开帷幕(正题)</td></tr>
<tr><td>反问式</td><td>楼市将何去何从?</td></tr>
<tr><td colspan="2">消息头</td><td colspan="2">消息头又称电头,即“本报讯”或“××社××地××月××日电”的字样。消息头是消息的标志,是对发出消息的单位、地点和时间的说明</td></tr>
<tr><td rowspan="6">正文</td><td rowspan="6">导语</td><td colspan="2">导语是经济新闻的开头部分,就是用一句话或一个段落将消息中最有价值、最重要、最具个性特点的内容简洁地表述出来,最大限度地激发读者的阅读兴趣。
导语的形式主要有五种</td></tr>
<tr><td>概述式</td><td>用摘录或综合的方法,把新闻中最新鲜、最主要的事实简明扼要地写出来。例如:
中共中央总书记、国家主席、中央军委主席习近平16日上午在人民大会堂会见受到表彰的全国援外医疗工作先进集体和先进个人代表,代表党中央、国务院,向他们表示热烈的祝贺,向曾经参加和正在国外执行任务的援外医疗队全体同志致以诚挚的慰问</td></tr>
<tr><td>描写式</td><td>对新闻的主要事实或某一有意义的侧面做简洁朴素而又有特色的描写,以营造气氛。例如:
晚上7点刚过,××的大街上便响起了鞭炮,一条消息在鞭炮声中口口相传:××市出去的××荣获2021年度全国××大奖</td></tr>
<tr><td>提问式</td><td>先揭露矛盾,鲜明地、尖锐地提出问题,再做简要的回答,引起读着的关注和思考。例如:
一个人的生命可以燃烧几次?在这个喧嚣浮躁的时代,又有多少人可以静下心来,全心全意去做一件事,为的却是他人的利益与幸福?有着35年党龄的×××正在这样做着</td></tr>
<tr><td>结论式</td><td>把结论写在开头,提示报道某一事物的意义或目的(或做总结)。例如:
经过近10年的探索,我国农业发展在政策扶持、科技支撑、农业机械化等方面形成了一套行之有效的机制,走出了一条特色粮食增产之路</td></tr>
<tr><td>评论式</td><td>提出号召,给读者指出方向和奋斗目标。例如:
今年,我国将首次开展对国外援助项目执行情况的审计调查。这不仅将对加强项目资金管理、提高项目资金使用效益发挥积极的推动作用,还将填补我国政府审计在国外援助领域中的空白</td></tr>
</table>

续表

<table>
<tr><th colspan="2">结构名称</th><th colspan="2">写 作 要 点</th></tr>
<tr><td rowspan="2">正文</td><td rowspan="2">主体</td><td colspan="2">另外导语还有摘要式、号召式、综合式、解释式等形式</td></tr>
<tr><td colspan="2">主体是经济新闻的主干部分。它紧接导语之后，对导语做具体全面的阐述，具体展开事实或进一步突出中心，从而写出导语所概括的内容，表现全篇新闻的主题思想。主体部分在写作时可按“时间顺序”或“逻辑顺序”进行，但仍然要先写主要的，再写次要的</td></tr>
<tr><td colspan="2" rowspan="4">背景</td><td colspan="2">新闻背景是指新闻事件的历史背景、周围环境及与其他方面的联系等，是新闻的从属部分。写新闻有时要交代背景，目的在于帮助读者深刻理解新闻的内容和价值，起到衬托、深化主题的作用，旨在帮助读者更好地理解新闻事实。常见的经济新闻背景有三种类型</td></tr>
<tr><td>对比性材料</td><td>即对事物进行前后、正反的比较对照，以突出事件的重要性</td></tr>
<tr><td>说明性材料</td><td>即介绍政治背景、地理位置、历史演变、生产面貌等</td></tr>
<tr><td>注释性材料</td><td>即人物生平的说明、专业术语的介绍、历史典故的解释等，以帮助读者理解新闻的内容</td></tr>
<tr><td colspan="2">结语</td><td colspan="2">结语是为了深化新闻主题、强化新闻价值或扩大新闻的信息容量，根据新闻内容，精心设计的新闻的收尾部分。通常是经济新闻中的最后一段或主体中的最后一句话，不是必备部分。结语的写法有多种形式。
1. 概括性小结新闻内容，加深读者印象；
2. 写出新闻事实的发展趋势，引起读者关注；
3. 用激励式的话语，启发读者思考。
经济新闻有无结语，如何结语，要根据经济新闻的内容和要求来决定</td></tr>
</table>

【实例展示】

实例 8-7：

RCEP 成员国将推动协定于明年 1 月 1 日生效

新华社北京 3 月 22 日电（记者于佳欣）商务部国际司司长余本林 22 日说，区域全面经济伙伴关系协定（RCEP）所有成员国均表示，将在年底前批准这一协定，推动协定于明年 1 月 1 日生效。

余本林是在商务部 22 日举办的 RCEP 第二次线上专题培训班上表示的。他说，RCEP 协定要求，6 个东盟成员国和 3 个非东盟成员国批准后，就可在这些批准的国家之间相互生效。目前，中国已完成核准，成为率先批准协定的国家。泰国也已经批准协定。

协定一经生效，各国之间就会按协定规定立即降税，履行服务投资开放承诺，执行协定各领域的规则。

据介绍，商务部已会同有关部门梳理了协定中涉及中方的 701 条约束性义务，已有 613 条完成实施准备，占全部义务的 87%。“其他条目在协定实施前也可以准备到位，中国能够在协定生效时全面履行协定义务。”余本林说。

RCEP 是全球最大自贸区，15 个成员国总人口达 22.7 亿，GDP 达 26 万亿美元，出口总额达 5.2 万亿美元，占全球总量约 30%。据美国彼得森国际经济研究所测算，到 2030 年，RCEP 有望带动成员国出口净增加 5 190 亿美元，国民收入净增加 1 860 亿美元。

续表

余本林建议,企业在抓住协定带来机遇的同时也要妥善应对挑战,包括吃透货物贸易对产业发展影响并采取有效应对策略;用好原产地累积规则,深度参与产业链供应链动态调整;抓住 RCEP 服务业和投资开放带来的新机遇等,提升管理水平和利用协定的能力,增强参与国际合作与竞争的本领。

此前,商务部于 1 月中旬举办了第一次 RCEP 全国线上培训班,覆盖全部省、市和自治区商务、海关、贸促系统和商协会近 6 000 人。这是第二次线上培训,面向范围更大,报名参训人数超过 6 万人,70% 以上是企业代表。

【评析】这是一篇动态性很强的经济新闻,全文就 RCEP 成员国推动协定一事进行了报道,首先对协定的内容做了概括,激发读者兴趣,然后具体展开事实,表现全篇新闻的主题。文章行文缜密结构清晰,语言简洁,结构规范。

实例 8-8:

中国 2020 年在欧洲专利局申请数量创新高

新华社柏林 3 月 16 日电(记者任珂 张远)欧洲专利局 16 日发布的数据显示,2020 年收到来自中国的 13 432 项专利申请,同比增长 9.9% ,中国在欧洲专利局的专利申请数量创历史新高。

与 2019 年相比,欧洲专利局收到的大多数技术领先地区的专利申请数量都有所下降。美国的申请数量下降4.1% ,欧洲地区的申请数量下降 1.3% ,日本的申请数量下降 1.1% 。增长较大的国家除中国外还有韩国,韩国的申请数量增长 9.2% 。前五大专利申请国是美国、德国、日本、中国和法国。

中国专利申请最多的三个技术领域是数字通信、计算机技术,以及作为一个领域的“电力机械、仪器、能源”,其中数字通信领域专利申请占所有国家在欧洲专利局同领域专利申请的 26.5% 。

华为是 2020 年欧洲专利局第二大专利申请人,共申请 3 113 项专利,仅次于韩国三星。OPPO、小米、京东方和中兴也位于欧洲专利局 50 大专利申请人之列。

受疫情影响,制药和生物技术两个领域的专利申请在所有技术领域中增长势头最猛,分别增长了 10.2% 和6.3% 。运输业专利申请在 2020 年跌幅最大,下降 5.5%。

【评析】这是一篇兼具新鲜性与时效性的经济新闻,全文就中国在欧洲专利局申请专利数量进行报道,对 2020 年的专利申请数量进行了总结,并于 2019 年其他各国情况进行了对比。文章结构清晰,用数据说明问题,并进行了详细分析。

【模板归纳】

经济新闻的参考模板如下所示。

<table>
<tr><td>突破2 000亿元 广州技术合同成交额跃居全国第二</td><td colspan="2">标题</td></tr>
<tr><td rowspan="3">科技日报讯(记者叶青)记者近日从广州市科技局获悉,科技部火炬中心公布的2020年全国技术合同交易数据,广州为2 256.53亿元,在全国城市排名中仅次于北京,居第二;北京以6 316.16亿元蝉联全国第一;上海为1 815.27亿元,排名第三。</td><td>消息头</td><td rowspan="3">正文</td></tr>
<tr><td>导语</td></tr>
<tr><td rowspan="2">主体</td></tr>
<tr><td>技术合同成交额是衡量科技成果转化的重要指标。广州技术合同成交额在“十三五”时期增长近7倍。其中,2017年成交额357.51亿元,仅排名全国第九,低于深圳;2018年成交额719.38亿元,同比增长逾一倍;2019年成交额1 273.36亿元,同比大幅增长77%,保持全省首位,在全国副省级城市中排名第二;2020年再度同比增长了77%,历史性突破2 000亿元,跃居全国城市第二。</td></tr>
<tr><td>技术合同登记是科技创新工作中重要一环,合同成交数据实现飞跃与科技创新高质量发展密不可分。当前,广州全力打造“1+1+4+4+N”战略创新平台体系,推动各类优质创新资源高效聚集。2020年广州地区输出技术合同成交额2 089.09亿元,同比增长70.57%;同时,吸纳技术合同成交额1 633.09亿元,同比增长82.30%,首次超越了深圳。
广州以中新广州知识城、南沙科学城为极点,以“一区三城”为主阵地,打造链接全市科技创新关键节点的科技创新轴,构建承载广州创新发展引擎的主脉络。2020年,天河区、黄埔区、越秀区、海珠区、南沙区技术合同成交额超百亿。广州企业继续保持技术市场主体的地位,企业主导的技术合同成交额达2 055.93亿元,占全市技术合同成交额的91.11%,同比增长72.06%。</td><td colspan="2">背景</td></tr>
<tr><td>值得一提的是,按照科技部等九部门《赋予科研人员职务科技成果所有权或长期使用权试点实施方案》的部署,广州有序组织建设高校和科研机构开展成果转移转化试点,进一步释放科技成果转移转化活力。2020年,广州地区高校、科研院所主导的技术交易活动大幅增加,其中成交的技术合同有7 408项、同比增长87.17%,技术合同成交额169.75亿元、同比增长139.36%。</td><td colspan="2">结语</td></tr>
</table>

【知识检测】

一、填空题

1. ________就是新近发生的具有新闻价值的经济活动或经济工作事实的报道。

2. 经济新闻分为________、________、________和________四种类型。

3. 一则完整的经济新闻,由________、________、________、________、________和________六个部分组成。

二、选择题

1. 在新闻写作中把最重要最核心的内容放到最前面，依次为重要内容、次要内容，这里属于我们常说的(　　)。

A. 散文式结构　　B. 时间顺序结构
C. 并列式结构　　D. 倒金字塔结构

2. "本报讯作为中国内地第一只可分离交易基金，亮相在即的长盛同庆可分离交易基金，以其创新的可分离交易模式获得市场关注。"根据这段文字的内容及在新闻中的位置判断，这是这则新闻的(　　)。

A. 主体　　B. 导语　　C. 背景　　D. 结尾

3. 经济新闻的人物、地点、时间、事件缘由、因果、经过等细节必须有据可查，体现了新闻的(　　)特点。

A. 专业性　　B. 真实性　　C. 新鲜性　　D. 时效性

三、判断题

1. 新闻是经济新闻的一个部分，所有新闻都包含在经济新闻之中。　(　　)

2. 紧随电头的一句话或一段话我们把它称为经济新闻的导语。　(　　)

3. 导语"7 月 10 日，雨过天晴，刚刚被雨水冲洗过的××市，绿意葱茏，鸟语花香。"是概述式。　(　　)

四、简答题

1. 什么是经济新闻？经济新闻有哪些特点？

2. 经济新闻的写作结构包括什么？

【应用训练】

一、病文诊改

1. 下文材料在文字、内容和结构上都存在问题，请指出本文的问题所在，并按经济新闻的写作要求修改全文。

> **信用债扎堆推迟或取消发行**
>
> 业内人士表示，"今年债市的压力会比较大。债务违约的情况依然存在，机构对于拿券的热情不高。一些低等级的债券甚至无人问津，即使要发行也面临融资成本高的尴尬局面。"
>
> 3 月 19 日，凯盛科技集团公告称，鉴于近期市场波动较大，取消发行"GC 凯盛 01"。3 月 18 日，哈尔滨投资集团有限责任公司公告称，鉴于近期市场波动较大，取消发行"21 哈尔滨投 CP001"；吉安市井冈山开发区金庐陵经济发展有限公司发布公告称，由于近期市场波动较大，公司决定取消发行"21 吉安井开 SCP002"，并将择时重新发行。
>
> 根据 Wind 最新数据统计，今年以来，有 905 只信用债推迟或发行失败，涉及金额 3 445.7亿元，而去年同期只有 631 只，金额为 2 491.2 亿元，数量及规模分别上涨 43.4% 和 38.3%。

2. 下文材料在文字、内容和结构上都存在问题，请指出本文的问题所在，并按经济新闻的写作要求修改全文。

> **人工智能出手**
>
> 中国经济新闻网讯：
>
> 3 月 17 日，记者从中国科学技术大学地球和空间科学学院获悉，该学院张捷教授课题组在监测地震、应用人工智能实时估算地震震源破裂机制参数领域取得突破性进展，研究成果已在《自然·通讯》杂志上发表。
>
> 从地震记录推算震源机制参数是个耗时的计算过程，目前世界各地地震监测台网在地震速报信息里只有发震时刻、震级、地点和深度，不包括震源机制参数，地震发生几分钟或更长的时间后才能报出震源机制参数。
>
> 而采用人工智能方法则可有效地解决这个复杂计算问题。科研人员应用完备的理论地震大数据训练人工智能神经网络，完善了该系统的准确性和可靠性，当地震发生后，实际地震数据进入人工智能系统，在不到 1 s 的时间内系统会准确地估算出震源机制参数，大量实际数据测试证实了该方法的有效性。

二、写作训练

1. 请结合经济新闻写作要求，完成下列训练题目：

(1) 请结合近期的经济时事，按照单行标题、双行标题和三行标题的标题形式，以及陈述式、描写式、抒情式、结论式、比喻式、反问式标题类型，分别拟定经济新闻的标题。

(2) 请上网查看近期的经济新闻，分别列举出概述式、描写式、提问式、结论式、评论式等形式的经济新闻导语。

2. 请结合你所在的地区最近发生的经济事实，写一篇经济新闻。要求使用双行或三行标题，字数 500 字左右。

第九章 经济诉讼文书

在纷繁复杂的经济活动中，由于政治、法律、文化、科技以及人为因素，极易导致经济纠纷的发生。当企业发生经济纠纷与争议时，最好的解决办法是协商。但如若协商不成，就需要通过仲裁或诉讼的法律途径解决问题，维护自身的权益。而经济诉讼文书正是用来处理各种经济事务、解决在经济纠纷诉讼案件中需要的各种文书的总和，在经济应用文中占有非常重要的地位。本章主要介绍仲裁申请书、仲裁答辩书、经济纠纷起诉状、经济纠纷上诉状和经济纠纷答辩状五种常用经济诉讼文书的撰写。

本章的具体架构如下：

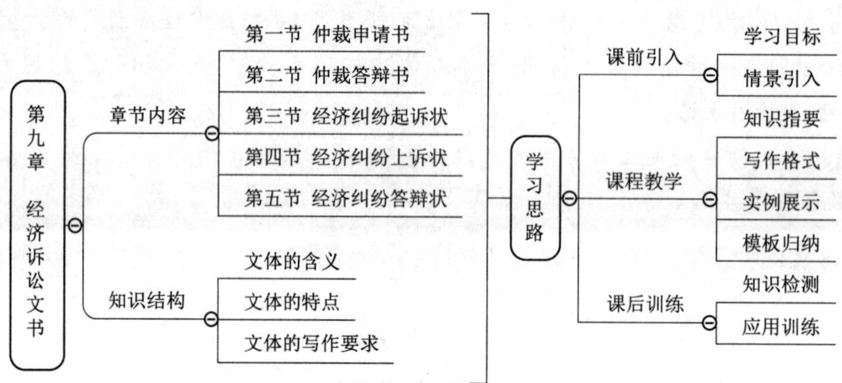

第一节 仲裁申请书

【学习目标】

1. 了解仲裁申请书的含义、特点及类型；
2. 掌握仲裁申请书的构成要素与写作要求；
3. 能够按照写作要求撰写仲裁申请书。

【情景引入】

新民家居用品生产厂与千盛商场签订了供销合同一份。合同约定千盛商场向新民家居用品生产厂采购家居产品,采购的价款、数量、规格、付款时间、交货时间等均在合同中有明确的约定。然而,新民家居用品生产厂按期将产品交付给千盛商场并经过合格验收后,对方迟迟不支付货款,后来又称资金紧张,一时难于支付货款。为此,新民家居厂打算向××市仲裁委员会提请仲裁。可是,仲裁申请书应该如何撰写呢?

【知识指要】

一、仲裁申请书的含义

仲裁是指发生争议的双方当事人,根据其在争议发生前或发生后所达成的协议,自愿将该争议提交中立的第三者进行裁决的争议解决制度和方式。

当事人采用仲裁方式解决纠纷,应有仲裁协议(合同中的仲裁条款视同仲裁协议),没有仲裁协议,仲裁委员会不予受理。有效的仲裁协议,一般情况下可排除人民法院的管辖。

仲裁申请书是经济纠纷当事人一方(申请人或申诉人)为维护自己的合法权益,向仲裁机构提交的请求仲裁自己与他方当事人(被申请人或被申诉人)经济纠纷的申请文书。

二、仲裁申请书的特点

1. 申述性

经济仲裁申请书具有陈述经济纠纷事实、申诉理由的特性。

2. 参证性

经济仲裁申请书提供的事实和理由,能为仲裁机构开展协商、调解提供参考依据。

3. 启动仲裁程序性

递交经济仲裁申请书本身就是对仲裁程序的启动,是产生仲裁程序的条件。

三、仲裁申请书的写作要求

陈述事实与理由应实事求是,条理清楚,准确简练;仲裁申请书请求事项应以事实为依据,合情合理合法;语言得体,讲究分寸。既要维护自己的合法权益,又不能因言语过激伤害对方。

【写作格式】

仲裁申请书包括标题、首部、正文、尾部四个部分。仲裁申请书主体结构和具体写作要点见表9-1。

表 9-1　仲裁申请书的主体结构和写作要点

结构名称		写作要点
标题		首页居中写“仲裁申请书”
首部	当事人基本情况	写明申请人、被申请人的名称、住所、法定代表人、职务等基本情况
	案由	概括写明因为何事申请仲裁
正文	请求事项	写明申请仲裁的具体事项、要求达到的最终目的
	事实和理由	概括叙述经济纠纷的事实经过，说明请求仲裁的法律依据，指出有关证据、证据来源、证人姓名和住所等。此部分是仲裁申请书写作的核心和重点所在
尾部	呈文对象	按信函格式写“此致”“××仲裁委员会”，“此致”需要退格书写，“××仲裁委员会”需要另起顶格书写
	附件	提交证据的名称及份数，并按照编号顺序附于仲裁申请书之后。需要说明证据来源或需要列出证人的一并列出
	落款	在右下方申请人签名或盖章，写明申请仲裁的日期

【实例展示】

实例 9-1：

仲裁申请书

申诉方：美舒源床上用品有限公司。住址：××市太北区南阳路 25 号。

法定代表人：程坤，经理，电话：××××××

委托代理人：袁彬，××市立诚律师事务所律师。

被申诉方：××省××市南华百货（集团）股份有限公司

法定代表人：司文明，经理

案由：购销合同纠纷

请求事项：

1. 立即支付货款××××元。

2. 赔偿损失费××××元。

事实与理由：

20××年 4 月 20 日，被申诉方××省××市南华百货（集团）股份有限公司与我公司在××市签订供销合同一份，采购我公司生产的蚕丝被××床。合同对蚕丝被的用料、规格、数量和单价都做了明确约定，交货日期为 20××年 7 月。我公司按期向被申诉方交付了蚕丝被并经过合格验收，但对方却迟迟不支付货款，后来又称有部分蚕丝被不符合要求，公司资金紧张，一时难于支付货款。由于××省××市南华百货（集团）股份有限公司违约拒不支付货款，我公司几次到××省××市往返交涉，给我公司造成了很大的经济损失。

由于上述情况，根据原合同中约定的仲裁条款，特申请××××经济仲裁委员予以仲裁。

续表

<table>
<tr><td>此致
××××仲裁委员会
附件：
1. 本仲裁申请书副本 1 份
2. 证据目录和主要证据复印件 2 份
申诉方：美舒源床上用品有限公司
20××年 11 月 15 日</td></tr>
</table>

【评析】上述是一份格式规范、内容齐备的经济纠纷仲裁申请书。当事人基本情况、案由、仲裁请求事项、事实与理由、尾部等都符合仲裁申请书的写作规范。正文的事实与理由部分，能够抓住要点，思路清晰，文字简练。

【模板归纳】

仲裁申请书的参考模板如下所示。

<table>
<tr><td>仲裁申请书</td><td colspan="2">标题</td></tr>
<tr><td>申诉方：正达纺织有限公司，住址××县××镇
法定代表人：钱斌，董事长
被申诉方：黎华投资有限公司，地址：××市××路 36 号
法定代表人：鲁翔，董事长</td><td>当事人基本情况</td><td rowspan="2">首部</td></tr>
<tr><td>案由：被诉方单方终止合同</td><td>案由</td></tr>
<tr><td>请求事项：
1. 裁决被申诉方继续履行协议；
2. 裁决被申诉方赔偿申诉方经济损失 80 万元；
3. 裁决被申诉方支付本案仲裁费。</td><td>请求事项</td><td rowspan="2">正文</td></tr>
<tr><td>事实与理由：
20××年 3 月 5 日，申诉方与被申诉方签订《投资建立正达服装厂协议书》，协议书约定：双方共同投资 400 万元，在正达纺织有限公司所在地建立正达服装厂，申诉方与被申诉方各出资 200 万元，各占 50% 的股份。投产后利润按投资比例共享利润、共担风险。协议书第 12 条规定："本协议签订后，双方信守协议，不得以任何理由单方终止。任何一方终止协议，一切后果由提出终止协议方负责。"
根据协议，双方第一批投资各 100 万元已于××××年 3 月底到位（第二批投资各 100 万协议约定同年 7 月底到位）。随后，服装厂厂房于××××年 4 月开始施工，工程进度符合计划要求。不料被申诉方于××××年 7 月 27 日突然提出："经我方研究决定，不再给服装厂投资。"为此，申诉方多次找被申诉方协商，要求其履行协议书规定的义务。对于申诉方的要求，被申诉方非但不予理会，还故意给施工工作设置障碍，致使申诉方产生损失 80 万元。</td><td>事实与理由</td></tr>
</table>

续表

被申诉方的违约行为，严重地违反了《中华人民共和国合同法》的规定和双方签订的协议书的约定，侵害了申诉方的合法权益。为此申诉方特向贵委员会提出上述请求，请依法裁决。	事实与理由	正文
此致 ××××仲裁委员会	呈文对象	
附件： 1. 投资建立正达服装厂协议书 1 份； 2. 被申诉方擅自终止协议的函件 1 份； 3. 造成申诉方损失的证据××份。	附件	尾部
申诉方：正达纺织有限公司（公章） 20××年 8 月 20 日	落款	

【知识检测】

一、填空题

1. 仲裁申请书在结构上包括________、________、________及________四部分。

2. 仲裁申请书的首部应写明______________和______________。

二、选择题

1. 仲裁申请书中，(　　)部分是申请书的核心内容。

A. 当事人基本情况　　B. 案由

C. 事实与理由　　D. 附件

2. 仲裁申请书提供的事实和理由，能为仲裁机构开展调解提供依据，体现了(　　)的特点。

A. 申述性　　B. 参证性

C. 程序性　　D. 时效性

三、判断题

1. 仲裁申请过程中，首先提交仲裁申请书的一方是申请人，相对方为被申请人。(　　)

2. 只要当事人双方发生纠纷，无论双方是否有仲裁协议都可以提请仲裁解决。(　　)

3. 仲裁申请书应在请求事项部分写清楚产生纠纷的原因、经过及结果。(　　)

四、简答题

1. 什么是仲裁申请书？仲裁申请书有什么特点？

2. 仲裁申请书的写作结构与注意要点有哪些？

【应用训练】

一、病文诊改

请指出下面仲裁申请书的问题，并进行修改。

仲裁申请书

致中国国际贸易委员会对外贸易仲裁委员会

申诉人:中国A有限公司

住　址:中国北京市××路××号

被诉人:B国C公司(英文:×××××)

住　址:B国C市××街××号(英文:×××××)

B国C公司与我公司之间,由于该公司未履行合同中所规定的义务而产生了争议,我公司现申请对外贸易仲裁委员会予以裁决。

索赔:50万元人民币。

索赔理由:被诉人未履行20××年4月27日双方签订的第068号合同所规定的将在20××年6月16日前开具即期保兑不可撤销信用证的义务,致使申诉人无法装运出货,从而蒙受损失。

仲裁手续费:由败诉方负担。

请将开庭审理日期及时通知我们。

附件:合同复印件一份

中国A有限公司(章)

20××年10月××日

二、写作训练

1. 请根据仲裁申请书写作要点,结合以下材料,代为撰写一份仲裁申请书。

美华建筑设计公司与现代建筑有限公司于20××年4月25日签订了《××××建筑工程设计合同》,根据合同条款即付申诉人40万元定金(是设计总额的20%)。后因工程建设投资较大,现代建筑有限公司只能是入股经营,与现代建筑有限公司合资的另一方要求从设计到施工完全由他们负责。现代建筑有限公司于20××年8月1日向美华建筑设计公司说明情况并提出终止设计合同。

事后双方经过多次磋商,未能达成协议,于是美华建筑设计公司向仲裁委员会申请仲裁,仲裁请求如下:

(1)美华建筑设计公司要求现代建筑有限公司支付方案设计费60万元,要求支付延期款3万元;

(2)美华建筑设计公司要求现代建筑有限公司赔偿其经济损失27万元,其中施工图设计费24万元,逾期违约金3万元。

2. 请阅读下面材料,并代为撰写一份仲裁申请书。

××镇××村村委会与××县×××厂于20××年6月5日，签订“联办农具厂协议书”，约定双方共同投资建厂。村委会投资为1/3，某厂投资为2/3，投产后利润按投资比例分成。协议书第12条规定：“本协议签订后，双方信守协议，不得以任何理由单方终止。任何一方终止协议，一切后果由提出终止协议方负责。”双方于7月开始筹建施工。双方各投资20万元，计划12月度建成反产。不料，某厂9月突然提出：“经请示县经计委，不再给农具厂投资。”为此，村委会多次找某厂协商，同时主动向县经计委申明情况，希望督促某厂履约。但某厂不予理会，公然单方面终止协议，不但不承担任何经济损失，还要求村委会承担某厂全部投资款项。双方发生矛盾纠纷。如果你是该村村厂，请帮其拟定一份仲裁申请书。

第二节　仲裁答辩书

【学习目标】

1. 了解仲裁答辩书的含义、特点及类型；
2. 掌握仲裁答辩书的构成要素与写作要求；
3. 能够按照写作要求撰写仲裁答辩书。

【情景引入】

任宇鹏大学毕业后，自己经营一家商务贸易公司，近几年经营业绩良好。可是，最近任宇鹏却比较烦恼，原因是他在与一家多年合作厂商合作的过程中，产生了经济纠纷。合作厂商到××市仲裁委员会提交了仲裁申请，××市仲裁委员会要求任宇鹏在规定的时间内提交仲裁答辩书，那么仲裁答辩书应该如何撰写呢？

【知识指要】

一、仲裁答辩书的含义

仲裁答辩书是被诉人（被诉方）为了维护自己的经济权益，针对申诉人（申诉方）在仲裁申请书中提出的要求及所依据的事实和理由，向仲裁机构做出的答复和辩解的文书。

被诉人在收到仲裁申请书后，应在仲裁规则规定的期限内向仲裁机构提交仲裁答辩书。仲裁机构收到被诉人的答辩书后，可以审理仲裁。若被诉人不按期提交答辩书，并不影响仲裁机构进行仲裁。

二、仲裁答辩书的特点

1. 特定性

经济仲裁答辩书只能由被诉人或其委托代理人提出，不能由申诉人提出。因此，使用对象具有特定性。

2. 针对性

经济仲裁答辩书答复和辩解的问题，皆是申诉人在经济仲裁申请书中所提出的事项和要求。因此，具有针对性的特点。

三、仲裁答辩书的写作要求

仲裁答辩书要针对仲裁申请书中申诉人提出的问题、所依据的事实证据及理由，逐一表述自己的答辩观点，做到有的放矢。答辩意见陈述要实事求是，明确具体，条理清晰，有理有据。答辩书语言要平和得体。既具有论辩色彩，又掌握好措辞分寸，避免言辞过激。

【写作格式】

仲裁答辩书包括标题、首部、正文、尾部四个部分。仲裁答辩书主体结构和具体写作要点见表 9-2。

表 9-2　仲裁答辩书的主体结构和写作要点

结构名称		写作要点
标题		首页居中写“仲裁答辩书”
首部	当事人基本情况	写明答辩人（被诉）、被答辩人（申诉人）的单位名称、住所、法定代表人、职务等基本情况
正文	前言	一般用案由作为正文的开头语使用，引出答辩意见。写法一般比较固定，如：“答辩人因与申请人……纠纷一案，现提出答辩意见如下。”
	陈述答辩意见	陈述事实过程，指明责任，反驳申诉人在仲裁申请书中提出的事实、理由，说明自己的辩驳理由和依据，做出对己方有利的陈述
	答辩主张	一般在正文最后可用“综上所述，……”的句式，对答辩意见作简明扼要概括，表明自己的态度与主张，并请求仲裁机构驳回申请人的请求或依法裁决等
尾部	呈文对象	正文之后另起行空两字写“此致”，转行顶格写“××仲裁委员会”
	附件	提交证据的名称及份数，并按照编号顺序附于仲裁答辩书之后
	落款	在右下方写明答辩人姓名或盖章，注明答辩日期

【实例展示】

实例 9-2:

仲裁答辩书

答辩人:××市佳益房地产开发公司,住址××市宏南路 25 号,法定代表人徐峰,公司经理。

因申请人××市第一建筑设计院向贵委员会申请仲裁设计合同纠纷一案,我公司提出以下答辩意见,请贵委员会审议裁决。

一、我公司已向申请人发出了解除合同的通知

我公司与申请人××市第一建筑设计院于 20××年××月××日签订了《商贸楼设计合同》。根据合同规定,我公司向申请人支付了设计费总额的 20% 即 6 万元人民币作为定金。后因情况变化我公司遂于同年××月××日向申请人说明情况,并以丧失定金为代价提出终止合同要求。并不是像申请人所说的,是我方未通知申请人无故解除合同。

二、申请人要求我公司支付"设计方案意见费"9 万元毫无依据

根据《工程设计收费标准》规定,"设计费按设计进度分期拨付,合同生效后,委托方应向设计单位预付设计费的 20% 作为定金,初步设计书完成后拨付 30% ,施工图完成后拨付 50% 。"然而申请人向我公司提交的是《设计方案意见书》,并不是初步设计书。根据规定,初步设计书应包括初步说明,初步设计概算书及设备、结构、电器三个专业图纸,申请人交付的文件并没有这些。我公司认为申请人没有完成合乎规定的初步设计书,因此不能按规定支付设计费。

我公司与申请人签订的设计合同第五条第二款规定:"方案设计完成后 20 天内,甲方即向乙方支付设计费 9 万元。"该规定也是指初步设计书完成后付 9 万元,并不是指《设计方案意见书》完成后支付 9 万元,申请人把两个不同概念混为一谈,向我公司追索 9 万元,既不符合国家的有关规完,也不符合合同的条款规定,因此,我公司拒绝申请人的请求于法有据。

综上所述,申请人的请求事项毫无法律依据也不符合合同约定,请贵委员会依法做出公正裁决。

此致

××××仲裁委员会

附件:

1.《商贸楼设计合同》1 份

2. 定金收据 1 份

3.《设计方案意见书》1 份

4.《关于要求终止合同的函》1 份

答辩人:××市佳益房地产开发公司(公章)

法定代表人:徐峰(签字)

20××年××月××日

【评析】上述仲裁答辩书格式规范,答辩内容紧紧围绕合同解除、《设计方案意见书》、对方损失等问题进行了辩解。事实描述清晰、理由充分、法律依据具体，给人留下观点鲜明、辩解有力的印象。

【模板归纳】

仲裁申请书的参考模板如下所示。

<table>
<tr><td>仲裁答辩书</td><td colspan="2">标题</td></tr>
<tr><td>答辩人：×××，地址××××××
法定代表人：×××
委托代理人：×××</td><td>当事人基本情况</td><td>首部</td></tr>
<tr><td>答辩人于××××年××月××日收到××仲裁委员会交来的申诉方因××××的仲裁请求，现就申诉人的仲裁申请答辩如下。</td><td>前言</td><td rowspan="3">正文</td></tr>
<tr><td>一、对申诉人申诉的某些事实的澄清
××××××××
二、申诉人申诉的理由不能成立的理由
××××××××</td><td>陈述答辩意见</td></tr>
<tr><td>三、答辩人的要求
1. 驳回申诉人的各项××××要求。
2. 申诉应补偿答辩人因办理本案而支出的律师费用和其他费用。
3. 仲裁费用由申诉人承担。
我公司请求仲裁委员会做出公正裁决。</td><td>答辩主张</td></tr>
<tr><td>此致
××××仲裁委员会</td><td>呈文对象</td><td rowspan="3">尾部</td></tr>
<tr><td>附件：
1. 本答辩书副本1份
2. 证据：××份</td><td>附件</td></tr>
<tr><td>答辩人：××××××（公章）
20××年××月××日</td><td>落款</td></tr>
</table>

【知识检测】

一、填空题

1. 仲裁答辩书在结构上包括________、________、________及________四部分。
2. 仲裁答辩书的正文包括________、________和________三部分。

二、选择题

1. 仲裁答辩书中，(　　)部分是答辩书的重要内容。

A. 首部　　B. 答辩起因　　C. 陈述答辩意见　　D. 结尾

2. 仲裁答辩书中,(　　)部分表达了答辩人的态度。

A. 当事人基本情况　B. 前言　C. 答辩意见　D. 答辩主张

三、判断题

1. 被诉人未提交仲裁答辩书,仲裁机构不能进行仲裁。（　　）
2. 仲裁答辩书可以由申诉人、被诉人或其委托代理人提出。（　　）
3. 仲裁答辩书应在规定的时限内提交。（　　）

四、简答题

1. 什么是仲裁答辩书？仲裁答辩书有什么特点？
2. 仲裁答辩书的写作结构与注意要点有哪些？

【应用训练】

一、病文诊改

请指出下文仲裁答辩书的问题,并进行修改。

仲裁答辩书

致××仲裁委员会:

因申请人××省××设备厂(以下简称"设备厂")诉我公司拒付加油机货款一案,提出答辩如下:

答辩人:××贸易公司

地址:××市××路××号

法定代表人:××总经理

意见:合同未成立,拒付货款有理;仓储费只能由设备厂承担。

理由如下:

申请人认为该厂向社会发出的加油机广告是一种要约,而我公司的要货电报是一种承诺,至此双方合同即已成立。这种说法不能成立。

首先,看本案的主要事实。××××年10月10日,我公司要求设备厂接电后即以快件发运3台加油机到××北站。但货物是在12月20日才到××北站的,我公司拒收货物,也拒付货款。其次,我们的合同完全符合合同成立的程序。

其次,从本案的事实和合同成立程序结合看。本案涉及的设备厂向社会发出的有加油机供应的广告,没有特定的对象,因此只能视为要约人的一种引诱,其本身不具备要约的条件。当然我公司就没有权利收货,也没有义务付款。另外,由于合同并未成立,申请人要求我公司承担加油机在车站的仓储费,也理所当然是无理要求。

最后,还要说明一点,我公司之所以要求该厂用快件发货,是因为我公司与某单位口头约定供应加油机,时间为20天内交货。设备厂如用慢件发货,势必影响我公司的利益,这就是我公司对设备厂新要约不作承诺的主因。

答辩人:××贸易公司(公章)

法定代表人:×××(签章)

××××年××月××日

二、写作训练

1. 请结合本章第一节“仲裁申请书”写作训练任务第1、2题的内容，以被诉方的名义草拟一份仲裁答辩书。

2. 请3~5个同学组成一组，自拟案由分别撰写仲裁申请书、仲裁答辩书。

第三节　经济纠纷起诉状

【学习目标】

1. 了解经济纠纷起诉状的含义、特点及类型；
2. 掌握经济纠纷起诉状的构成要素和写作要求；
3. 能够按照写作要求撰写经济纠纷起诉状。

【情景引入】

鲁明大学毕业后自己经营一家公司，但他的公司在经营一段时间后遇到了一件麻烦事，他的一家供应商没有按照合同写明的质量交付货品，而且经过和供应商的再三洽谈后，供应商拒绝更换货品，并且不愿支付违约金，鲁明无奈之下决定利用法律的武器保护自己，打算一纸诉状将供应商告上法庭，交由法院来解决此次纠纷，可是诉状该如何写，情况该以什么样的方式加以说明，才能让法院更好地了解情况，并从法律角度给予公司保护？

【知识指要】

一、经济纠纷起诉状的含义

经济纠纷是指法人之间、法人与公民个人之间或公民个人之间，发生在经济方面的权利与义务的争端。起诉状俗称“状子”，分为民事起诉状和刑事起诉状。本节所要讲的经济诉讼起诉状属于民事起诉状。

经济纠纷起诉状又称为经济诉状，是指经济纠纷案件的当事人一方，在自己合法权益受到损害或与当事人的另一方对有关权利和义务问题发生争执而未能协商解决时，向人民法院起诉，要求依法审理、裁决的诉讼文书。

起诉状中的当事人，起诉的一方称为原告，被诉的一方称为被告。根据需要，各自都可以授权委托一人至两人作为诉讼代理人。

二、经济纠纷起诉状的特点

1. 请求诉讼性

任何国家机关、社会团体、企事业单位和公民个人或其法定代理人向人民法院递交经济纠纷起诉状，便是提出了诉讼请求。

2. 适用范围的特定性

经济纠纷起诉状针对的是归人民法院管辖而未被审理过的案件。

3. 处理案件的参证性

经济纠纷起诉状本身就是一种处理案件时的证据。

三、起诉书的写作要求

1. 证据确凿，实事求是

撰写经济纠纷起诉状时，一定要以事实为依据。所提出事实，有根有据；提出理由，充分有力；提出请求，合情合理，明确具体；提出证据，说服力强，经得起检验。不能歪曲事实，弄虚作假。

2. 援引条文，准确恰当

经济纠纷起诉状中，引用有关法律条款和政策条文时要准确恰当，讲明出处，具体明确，不能断章取义，更不能感情用事，强词夺理。

3. 陈述分析，有理有据

陈述分析事实和理由时，观点要明确，论据要充分，抓住重点，提出主要情节，写明因果关系。提出请求事项，一定要具体明确，不可模棱两可，含糊其词。

4. 用语准确，格式规范

经济纠纷起诉状语言表达要准确无误，简练严肃，通俗易懂，恰当运用规范的法律专业术语。撰写时要按统一格式，符合规范要求。切忌文字拖沓冗长。

【写作格式】

经济纠纷起诉状包括标题、首部、正文、尾部四个部分。经济纠纷起诉状主体结构和具体写作要点见表9-3。

表9-3　经济纠纷起诉状主体结构和写作要点

结构名称			写作要点
标题			起诉状的名称，根据诉状的性质和内容来确定标题。经济案件的诉状标题可以写作“经济纠纷起诉状”或“经济起诉状”，有的则写作“起诉状”
首部	状头		写明当事人的基本情况，一般先写明原告和被告的姓名、性别、年龄、民族、籍贯、职业、地址等。 顺序为先原告，后被告，最后是诉讼第三人。如有代理人，写在被代理人之后。凡法人、非法人团体起诉时，应写明自己的名称、所在地、法定代表人姓名。由诉讼代理人起诉时，应记明代理人姓名、所在单位或代理权限。 如有若干原告、被告，应依他们在案中的地位与作用，逐次说明其个人的基本情况
正文	诉讼请求		写明请求人民法院依法解决的有关经济权益争议的具体问题，即诉讼标的。例如，请求履行合同、合同违约罚款，请求给付货款，请求赔偿经济损失、偿还债务等。如不是单一请求，可分条写
正文	事实和理由	叙述事实	在诉讼中居于核心地位，是提起诉讼的主要内容。主要叙述经济纠纷的具体事实，要交代清楚下列问题： 1. 当事人之间是什么关系，双方争执的是什么事情。 2. 双方纠纷的时间、地点、原因和经过等。 3. 结果和被告应承担的法律责任

续表

<table>
<tr><th colspan="3">结构名称</th><th>写作要点</th></tr>
<tr><td rowspan="2">正文</td><td rowspan="2">事实和理由</td><td>提供证据</td><td>事实写清楚后，要向法院提供可供证明事实的证据。如人证、物证、书证及其他有关的证据材料，同时要交代证据的来源，证人的姓名、单位等</td></tr>
<tr><td>阐明理由</td><td>理由篇幅通常所占不大，但却十分重要，它是提出诉讼请求的依据。阐述理由主要应写明以下几点：
1. 根据事实和证据，认定被告侵权或违法行为所造成的后果以及应承担的责任。
2. 论证为什么被告应承担法律责任。
3. 援引法律条文，写明提出诉讼请求的法律依据是什么。
最后，用一两句话结束全文，如“据上所述，请依法判决。”或扼要概括全文，重申诉讼理由</td></tr>
<tr><td rowspan="3">尾部</td><td colspan="2">呈文对象</td><td>写明诉讼所提交的人民法院名称。用“此致”“××××人民法院”句式表示</td></tr>
<tr><td colspan="2">附项</td><td>写明本状副本××项；物证××份；书证××份</td></tr>
<tr><td colspan="2">落款</td><td>具状人签名、盖章，写明具状日期</td></tr>
</table>

【实例展示】

实例 9-3：

啤酒货款拖欠起诉状

原告人：××市××区新发酒业公司　　　地址：××市××区松新路 28 号

法人代表：刘贺新，公司经理

被告人：××市××区百兴超市　　　　地址：××市××区南建路 110 号

案由：追索货款，赔偿损失

诉讼请求：

1. 责令被告偿还原告啤酒货款 30 万元。
2. 责令被告赔偿拖欠原告啤酒货款 15 个月的利息损失。
3. 责令被告赔偿原告提起诉讼而产生的一切经济损失，包括诉讼费、律师费等。

诉讼事实和理由：

原告和被告 20××年×月×日合同商定，被告从原告处购进啤酒 2 000 箱，价值 30 万元。原告根据经销合同，于三个月后，去被告处百兴超市拿回 30 万元转账支票。原告在第二天去银行转账时，被告开户银行告知，被告账户上只有 2 万元存款，不足清偿全部货款。由于被告透支，支票被银行退回。当原告再次找被告索要啤酒货款时，被告推脱说，最近超市货款周转不好，请谅解，再过三个月后，肯定全部清偿。原告急于扩展市场，陆续又送了第二批货。三个月后，原告再次向被告索要货款。超市经理手机关机，驻店经理说超市经理出差不在，以后再追要时，超市都以经理不在为由推脱。

根据《中华人民共和国民法通则》第 106 条第 1 款和第 134 条第 1 款第 7 项的规定，被告应当承担民事责任，原告有权要求被告偿还啤酒货款，并赔偿由于被告拖欠货款而给原告带来的一切经济损失。

证据和证据来源：

1. 被告收到货后签收的收条 1 份。

续表

2. 银行退回的被告方开的支票1张。

3. 法院和律师事务所的收费收据×张。

此致

××××区人民法院

附项：

1. 本状副本×份

2. 书证××份

起诉人：××市××区新发酒业公司(公章)

20××年××月××日

【评析】这是一份典型的经济纠纷引起的起诉状，案由是拖欠啤酒货款。法律依据、事实、诉求均陈述清楚，格式完全按照固定的法律文书要求撰写。

【模板归纳】

经济纠纷起诉状撰写参考模板如下所示。

<table>
<tr><td rowspan="4">起诉状
原告：××市××工厂，地址××××××
法定代表人：杨××，男，××岁，厂长
被告：××省××县××公司
法定代表人：谢××，男，××岁，经理
请求事项：
要求追回被告所欠我厂货款13 700元及滞纳金2 713.15元。
事实与理由：
××县××公司于××××年××月派人到我厂洽谈业务，声称他公司有AO铝锭10吨，每吨单价36 000元，款到发货，并由他公司负责运到××市轧铝厂交货，运费由我厂负担。经协商，达成协议并签订订货合同。合同生效后，我厂于××××年××月××日银行汇给被告货款36 000元。而被告收到货款后却迟迟不能交货。后经我厂了解，才知他们根本无货。于是我厂令其退款。经多次催要，被告于××××年××月××日才退回20 000元，同年××月又退回2 300元。其余13 700元拖欠至今仍拒不退还。
由上述事实可见，被告无货而签订供货合同，本属欺骗行为。对所欠我厂货款又迟迟不肯退还，其中13 700元时至今日仍不偿还，虽经我厂多次催要，但无济于事，这更属耍赖行为。被告的不法行为给我厂造成了一定程度的经济损失。</td><td colspan="2">标题</td></tr>
<tr><td>状头</td><td>首部</td></tr>
<tr><td>诉讼请求</td><td rowspan="2">正文</td></tr>
<tr><td>事实和理由</td></tr>
</table>

续表

为此，特向你院提出诉讼，请求维护我厂合法权益，判定被告偿还我厂货款13 700元，并按照中国人民银行关于延期付款每日交付万分之三滞纳金的规定，判定对方向我厂交滞纳金，从××××年××月××日起至今。	事实和理由	正文
此致 ××县人民法院	呈文对象	尾部
附项： 1. 原订货合同1份 2. 本状副本2份	附项	
具状人：××市××工厂（公章） 20××年××月××日	落款	

【知识检测】

一、填空题

1. 经济纠纷起诉状中状头的书写顺序是先________，后________，最后是诉讼第三人。
2. 经济纠纷起诉状的正文包括________、________两部分。

二、选择题

1. 经济纠纷起诉状中，(　　)部分主要是写明当事人基本情况。

   A. 状头　　B. 请求事项

   C. 事实与理由　　D. 附项

2. 经济纠纷起诉状的作用主要是(　　)请法院保护自身的合法权益。

   A. 被告　　B. 原告　　C. 第三人　　D. 以上均不是

三、判断题

1. 被告一方在原告起诉后向人民法院提出的答辩文书也可叫起诉状。（　　）
2. 经济纠纷诉讼过程中，起诉的一方称为被告，被诉的一方称为原告。（　　）
3. 起诉状应写明双方当事人的基本情况、诉讼的事实、理由、请求和证据等事项。（　　）

四、简答题

1. 什么是经济纠纷起诉状？其具有什么特点？
2. 经济纠纷起诉状的写作结构与写作要求有哪些？

【应用训练】

一、病文诊改

请指出下文起诉状中的问题，并进行修改。

诉　状

被告人:韩大为("××商场"负责人)

原告人:××市商旅发展有限公司

法定代表人:林小东,职务:董事长

事实和理由:原告人于2017年4月8日与韩大为签订房屋合同,双方约定将旅游购物城一楼营业大厅(建筑面积为500平方米)租给韩大为用于商业经营,约定租期为六年,自2017年4月9日至2023年4月8日止;年租金180万元,于每年4月8日之前付清下年度租金,合同还约定,如被告人连续两期不支付租金,原告人有权解除合同。

被告人韩大为承租后,自2019年起连续两期没有缴付租金,累计欠租金360万元,后经原告人多次催缴,其仍继续拖欠。为维护原告人的合法权益,现诉至人民法院,提出以下请求,望法院依法支持。

诉讼请求:

1. 判令被告人支付拖欠的租金共计360万元

2. 判令解除房屋租赁合同

3. 判令本案诉讼费由被告人承担

此致

××人民法院

具状人:××市商旅发展有限公司

2020年12月××日

二、写作训练

1. 请根据下文材料写一份起诉状,要求格式正确、叙事清楚、说理透彻。

基本情况:陈女士,38岁,××市××区人。韩先生,41岁,××市××区人。××市福兴房地产中介公司。

20××年6月,陈女士通过××市福兴中介看中了韩先生的房子,总价在100万元左右,陈女士付了定金10万元。根据合同约定陈女士帮韩先生还清按揭款后便可办理过户,双方口头约定陈女士垫30万元。韩先生垫10万元。40天后,双方到约定的地点办理过户,由于当时房价已经涨了30多万元,韩先生突然改口说自己没有答应过垫付按揭款的事情,反说陈女士不按合同办事,而陈女士一时又凑不到钱,到合同到期日,韩先生反告陈女士违约,要吞没10万元定金,陈女士不得不向法院起诉。虽然在中介的协调下,陈女士撤诉,最终拿回了10万元定金,却难以得到其他赔偿。

请替陈女士写一份经济纠纷起诉状,要求有理有据、叙事合理,能起到较好的效果。

2. 请根据以下材料,拟写一份起诉状。

2018年4月23日,某小区业主委员会成立,并在所在地政府进行备案。2021年5月21日,该小区新一届业主委员会选举产生,并在所在地政府备案。2021年,该小区业主委员会开始对小区自行管理,同年制定了《自治管理办法(试行)》,明确了自治管理的范围、内容及收费标准等。陈某系该小区业主,其没有按照业主委员会确定的收费标准及收费时间缴纳物业服务费用。该小区业主委员会遂将陈某起诉至法院,要求其缴纳拖欠的物业服务费用。

第四节　经济纠纷上诉状

【学习目标】

1. 了解经济纠纷上诉状的含义、特点及类型；
2. 掌握经济纠纷上诉状的构成要素和写作要求；
3. 能够按照写作要求撰写经济纠纷上诉状。

【情景引入】

小张身份证遗失(已经立刻去公安局补办,有证明,但没有登报申明),被人拾取并办了一系列假证,到交通银行做了抵押车的贷款将近30万元。现在贷款人一直没有还钱,交通银行把小张告上了法院,要求还清债务。但小张直到收到法院传票才知道此事,由于一审的时候没有钱做指纹鉴定,所以被判败诉。

现在小张要上诉,并补交指纹鉴定(一审小张提交的证据:失业证明,小张根本不会开车,没有驾驶证,更加没有能力购车;当初指纹鉴定由于没有钱没有做,但是小张有申请延迟鉴定的申请书)。小张现在打算上诉,如何撰写一份经济纠纷上诉状呢?

【知识指要】

一、经济纠纷上诉状的含义

经济纠纷上诉状是指经济纠纷诉讼当事人或其法定代理人不服人民法院的第一审判断或裁定,依照法定程序在规定期限内向上级人民法院提起上诉,请求撤销、变更第一审判决或者重新审判而提出的诉讼文书。

上诉是审判程序中一项重要的审判制度,也是当事人的一项重要诉讼权利。只有通过上诉状才能引起二审程序的发生。上一级人民法院只有在收到上诉状后,才能组织合议庭开始二审程序的审理。经济纠纷上诉状是第二审法院受理案件,并进行审理的依据。对于二审法院全面了解案情,审理案件,保护当事人的合法权益、提高办案质量具有重要的作用。

二、经济纠纷上诉状的特点

1. 特定性

上诉状必须是具有法定身份的人才有权按照法定程序提出。经济诉讼中有权提起上诉的人,只能是一审程序中的原告或被告及其法定代理人;被上诉人也只能是一审程序的当事人或有独立请求权的第三人。

2. 针对性

上诉状必须是诉讼当事人及其法定代理人在不服原审判决或裁定的前提下,才有权提出。上诉状针对法院第一审判决和裁定而写,必须直接指出原判定认定的事实错误或适用法律的错误,并有针对性地写出不服一审判决的意见、看法及自己的请求。

3. 时限性

上诉时间有很严格的限制。上诉人必须在法院规定的有效时间内进行上诉,超过了规定时间则会被视作服从一审判决。不服原审判决的上诉期限为 15 天。

三、经济纠纷上诉状的写作要求

1. 针对性强，有的放矢

经济纠纷上诉状是针对人民法院一审判决或裁定而写，因此要清楚阐述原审判决或裁定的问题所在，抓住关键问题，再紧紧围绕这些问题进行辩驳，摆清事实，讲明道理，表明观点。

2. 实事求是，理由充分

经济纠纷上诉状提出的事实和论据，必须实事求是，经得起二审法院的调查核对。避免过分要求和不合理的主张。对原审判决的反驳，要有理有据，章法有序。

3. 语言明晰，表达恰当

经济纠纷上诉状在提出不服之处并阐述理由时，语言要简洁，措辞要有分寸，应条理清晰。以理服人，以法服人，避免使用进行人身攻击的语言。

【写作格式】

经济纠纷上诉状包括标题、首部、正文、尾部四个部分。经济纠纷上诉状主体结构和具体写作要点见表 9-4。

表 9-4　经济纠纷上诉状的主体结构和写作要点

结构名称		写作要点
标题		写明“经济纠纷上诉状”或“上诉状”
首部	状头	写明上诉人与被上诉人的基本情况。写明姓名、性别、年龄、民族、籍贯、职业及住址。上诉人是法人的，写明单位全称，所在地址及法定代表人姓名、职务和电话号码等
正文	案由	写明不服第一审判决或裁定的缘由。案由需概括上诉人因何案，不服人民法院于何时、以何字号民（××字第×号）发出的判决或裁定而提出上诉 例如，“上诉人因××纠纷一案不服××人民法院××××年××月××日民初字第×号民事判决，现提起上诉”
	上诉请求	这是上诉的目的所在。必须概括写明请求第二审法院撤销或变更原审判断或裁定，或请求重新审理
	上诉理由	上诉理由是上诉人根据事实和法律，针对原审裁判中的不当之处进行辩解，针对上诉人的请求进行论证，是上诉状的核心内容。通常从四个方面撰写： 1. 针对原审判断和裁定对事实的认定有错误、出入和遗漏，或证据不足，提出纠正或否定的事实和证据； 2. 针对原审判决或裁定对事实的定性不当，提出恰当的定性判断； 3. 针对原审判决或裁定引用的法律条文不准、不对，提出正确适用的法律根据； 4. 针对原审判决或裁定不合法定程序，提出纠正的法律依据。 上诉理由应当先用概括的语言指出一审裁判的错误，然后进行反驳。原审裁判有数项错误的，可以总体指出错误，然后逐项予以反驳；也可以指出一项错误后即予反驳
尾部	呈文对象	正文之后另起行空两字写“此致”，转行顶格写“××人民法院”
	附项	写明上诉状副本份数，书证、物证件数
	落款	在右下方写明起诉人姓名或盖章，注明日期

【实例展示】

实例 9-4：

经济纠纷上诉状

上诉人：××市××乡镇银行，住址××市××区松北路 32 号

法定代表人：彭林，男，45 岁，××市××乡镇银行分理部经理

代理人：王平，女，××市××区南洋律师事务所律师

被上诉人：××省××市××银行

地址：××市石源区北平路 20 号

上诉人因不服××市××区人民法院 20××年×月×日[20××]法经判字第 9 号判决，返还银行贷款一案，现依法提起上诉。

上诉请求：

1. 要求撤销一审法院判决，重新查清事宜，保护我方合法权益。

2. 要求判令被上诉人承担相应的经济责任。

上诉理由：

1. 一审法院判决认为，我方采取胁迫手段清贷，致使民营木材公司老板赵某不得不到××省××市××银行骗取贷款。我方认为，银行有权对逾期贷款进行催要，必要时可以采取强制措施收贷。如果银行对拖欠贷款的借贷者催收严紧一些，就被认为是“胁迫”，银行就无法如期收贷，银行合法的收贷权就得不到保障。况且，我方如期催要贷款与民营木材公司到××省××市××银行骗取贷款没有因果关系。我方既没有明示也没有暗示民营木材公司老板赵某到××银行骗取贷款。所以，我方认为一审法院在这方面认定事实不清，证据不充分，要求二审法院进行重新认定。

2. 我方在收贷时，没有查问借贷者的款项是如何筹措来的。借贷还钱，天经地义，只要借贷者如数归还贷款，我方就理应如数收贷。这是××银行信贷规章制度所承认的。

3. 民营木材公司老板赵某在我区搞不法经营被查封，我方正催促他偿还贷款，而此时某区正把赵某作为“人才”引进并聘用，而忽略了对赵某资信状况和人品的政审，没要求借贷方提供担保人，也没有去监控赵某在××区所办公司的经营状况，而是盲目放贷，所以，××市××银行贷款××××万元是不符合法律规定的。

为此，特向贵法院上诉，请求依法撤销原判决，以实现上述请求。

此致

××省高级人民法院

附项：

1. 本上诉状副本一份

2. 一审判决书

上诉人：××省××市××乡镇银行

20××年××月××日

【评析】这份经济纠纷上诉状针对一审判决的关键问题，依据事实有的放矢进行辩驳。

先引述原裁判内容中的不妥之处，然后根据事实和法律，提出自己的意见。在阐述上诉理由时，有条不紊地论证了自己的上诉请求。

【模板归纳】

经济纠纷上诉状的参考模板如下所示。

内容	结构	部分
经济纠纷上诉状	标题	
上诉人：××××（单位全称），地址×××××× 法定代表人：×××（姓名、职务、年龄、电话等） 被上诉人：××××（单位全称），地址×××××× 法定代表人：×××（姓名、职务、年龄、电话等）	状头	首部
案由： 上诉人因合同纠纷一案，不服××市××区人民法院××判决书判决，请上级法院重新审理改判。	案由	正文
上诉请求： 1. 请求撤销（变更）××××××； 2. 责令被告向原告支付违约金××元； 3. 责令被告承担本案的诉讼费用。	上诉请求	
上诉事实和理由： 1. 原判决第×款："××××"不符合《××××》第××条"××××××"之规定，应改为×××××××××。 2. 原判决第×款："××××"不符合事实，应改为×××××××。	上诉理由	
此致 ××××人民法院	呈文对象	尾部
附： 1. 本上诉状副本1份 2. 证据××份	附项	
上诉人：××××公司（公章） 20××年××月××日	落款	

【知识检测】

一、填空题

1. 经济纠纷上诉状具有________、________、________特点。
2. 经济纠纷上诉状的正文包括________、________和________三个部分。

二、选择题

1. 经济纠纷上诉状中，(　　)部分是上诉状的核心内容。

   A. 案由　　B. 上诉请求　　C. 上诉理由　　D. 附项

2. 不服原审判决进行上诉的期限是(　　)。

   A. 30 天　　B. 20 天　　C. 10 天　　D. 15 天

三、判断题

1. 经济纠纷上诉状是针对法院第一审判决和裁定而写的。　（　　）
2. 经济纠纷上诉状写完应送交到原审法院进行审理。　（　　）
3. 经济纠纷上诉状只能由一审案件中的原告提出上诉。　（　　）

四、简答题

1. 什么是经济纠纷上诉状？上诉状有什么特点？
2. 经济纠纷上诉状的写作结构是什么？

【应用训练】

一、病文诊改

请指出下面上诉状的问题，并进行修改。

民事上诉状

上诉人（原审被告）：××市旭日商贸责任有限公司，住址××市××区××路×号

法定代表人：李××，职务董事长

被上诉人（原审原告）：张××，男，40 岁，汉族，个体工商户经营者，住址××市朝阳路 30 号

上诉人因不服××人民法院（2020）民初字第 28 号判决，现提起上诉

上诉请求：

1. 撤销××人民法院（2020）民初字第 28 号判决
2. 驳回被上诉人的诉讼请求

事实与理由：

上诉人与被上诉人于 2018 年 5 月 3 日签订了《××成果及专利技术推广经营代理协议》，而被上诉人却曲解该协议内容并夸大其所谓"损失"而要上诉人赔偿，这与事实不符、于法无据。

1. 上诉人与被上诉人于 2018 年 5 月 3 日签订的协议是双方在平等自愿基础上，经过充分协商而订立的，是双方真实的意思表示，其内容亦无违法事项，因此该协议合法有效。

2. 专利申请费、年费等，是任何一个取得专利权的人必须缴纳的，它是取得专利权的代价。被上诉人要求上诉人赔偿其支付的专利费既无法律规定又无合同约定。

3. 被上诉人要求解除合同，违反协议第十二条的规定，除非被上诉人按协议第十三条规定承担赔偿责任，否则上诉人不同意解除合同。

综上所述，被上诉人的所有诉讼请求都于法无据且违反合同约定，请求贵院依法撤销一审法院判决并驳回被上诉人的诉讼请求。

此致

××市××区人民法院

附件：一审判决书复印件 1 份

答辩人：××市旭日商贸责任有限公司（公章）

法定代表人：李××（签字）

2020 年 12 月 12 日

二、写作训练

1. 下面是一篇产生上诉的背景材料，请仔细阅读，并拟写一份经济纠纷上诉状。

> 某市华源经贸公司委托非本公司人员李焕之去黑龙江省采购木材。李受委托后，与黑龙江省某林场订立了一份木材购销合同，并于20××年7月将50多立方米板材发给华源经贸公司，货款尚欠10万余元。20××年11月，黑龙江省某林场以李焕之为被告，向法院起诉，请求偿还木材款。法院受理后，在审理时，将李焕之个人经营的长发木器加工厂作为被告，并做出判决如下：①由被告偿还原告板材欠款10万元；②被告于20××年12月底前将欠款全部付清；③诉讼费由被告江太平承担。
>
> 收到判决后李焕之不服法院判决，认为自己根本不欠黑龙江某林场货款。在一审中某林场所追索的货款，是其同华源经贸公司之间发生的业务，而长发木器加工厂当时还没有成立，从未与某林场发生业务。另外，李焕之认为自己没有付款义务。因为他是受华源经贸公司的委托作为代理人为其购买木材，货是直接发给华源经贸公司，该经贸公司验收使用，理所当然要付货款。故李焕之决定提起上诉。

2. 请自拟案由撰写一份经济纠纷上诉状。

> ××贸易公司于××××年×月×日向××光源公司订购××牌节能灯管60箱，货款金额合计1.5万元，发票编号为×××××。现已超过付款日期但仍未见该贸易公司按合同付款。请你以××光源公司财务处的名义，给××贸易公司写一份催款函。

第五节　经济纠纷答辩状

【学习目标】

1. 了解经济纠纷答辩状的含义、特点及类型；
2. 掌握经济纠纷答辩状的构成要素和写作要求；
3. 能够按照写作要求撰写经济纠纷答辩状。

【情景引入】

文文的丈夫在她不知情的情况下借了钱，这钱她既不知情也没有用过。后来她丈夫一直未还钱，被债权人起诉，文文也被作为第二被告起诉。遇到这种情况，文文该如何答辩呢？答辩状又该如何撰写呢？

【知识指要】

一、经济纠纷答辩状的含义

经济纠纷答辩状是指被告针对原告的起诉状，或被上诉人针对上诉人的上诉状向人民法院递交的进行辩护、反驳或答复的一种诉讼文书。

经济纠纷答辩状一般在两种情况下使用:一是原告向第一审人民法院起诉后,被告人在法定期限内,就起诉状进行答辩,递交答辩状;二是案件经第一审人民法院审理终结后,一方当事人不服判决和裁定,依法向二审法院提出上诉,被上诉人针对上诉人进行答辩,递交答辩状。不论是对起诉的答辩,还是对上诉状的答辩,均需在收到起诉状(上诉状)副本之日起十五天内提出答辩状。被告不提出答辩状的,不影响人民法院审理。

通过经济纠纷答辩状可以有效维护被告人或被上诉人的合法权益,同时有利于人民法院全面了解诉讼双方的意见、要求和主张,从而作出合理的裁判,正确审理案件,保证司法公正。

二、经济纠纷答辩状的特点

1. 答复性

答辩状是一种应诉法律行为。原告人或上诉人在诉状或上诉状中对被告人进行指控,为维护自身权益,被告人或被上诉人就要对这种指控进行回答。因此,答辩状具有答复性的特点。

2. 论辩性

为了达到最好的答辩效果,答辩状在写作中必须运用确凿的事实、充分的论据和相关的法律条文,通过有力的论证和针锋相对的反驳,尽力驳倒对方的观点和论据,证明自己的观点正确。

三、经济纠纷答辩状的写作要求

1. 据理力争,针锋相对

答辩状是对起诉状、上诉状的反驳,在撰写时一定要针对起诉状或上诉状中提出的诉讼请求、事实、理由及根据进行认真研究,对其中的无理之处进行有力反驳。论证过程要做到摆事实、讲道理,切忌泛泛而谈。

2. 实事求是,抓住关键

答辩人在撰写答辩状时,一定要以事实和法律为依据,实事求是、以理服人,切不可歪曲事实、强词夺理。针对起诉状或上诉状的诉讼请求而进行的答复和反驳,应当避开枝节,抓住案件中双方争执的焦点,分清主次,一语中的。

3. 语言简练,文字通顺

答辩状使用语言应表意明确、词锋犀利,深刻准确地揭露对方的错误及漏洞,理直气壮地陈述己见,语言精练简洁,富有说服性。

【写作格式】

经济纠纷答辩状包括标题、首部、正文、尾部四个部分。经济纠纷答辩状主体结构和具体写作要点见表9-5。

表 9-5　经济纠纷答辩状的主体结构和写作要点

<table>
<tr><th colspan="2">结构名称</th><th colspan="2">写 作 要 点</th></tr>
<tr><td colspan="2">标题</td><td colspan="2">写明“经济纠纷答辩状”。如属二审程序的答辩，要写明“上诉答辩状”字样</td></tr>
<tr><td>首部</td><td>答辩人
基本情况</td><td colspan="2">答辩人可以是公民，也可以是法人或其他经济组织。应写明答辩人的姓名、性别、出生日期、民族、职业或工作单位和职务、地址等。
对方当事人的基本情况不必写</td></tr>
<tr><td rowspan="3">正文</td><td>答辩案由</td><td colspan="2">概括写明针对何人起诉或上诉的何案进行答辩，有两种常见写法：
一种是“关于××诉答辩人××一案，特提出以下答辩：……”；另一种写法是“答辩人因原告××诉答辩人……（案由）诉讼一案，现提出答辩如下：……”，或者写：“答辩人于××××年×月×日收到你院转来原告××提起××××之诉一案的起诉状副本，现提出如下答辩：……”</td></tr>
<tr><td>答辩理由</td><td colspan="2">答辩理由应针对起诉状和上诉状所提出的事实、证据、理由和法律依据，据理反驳。这是答辩状的主体部分，是决定答辩成败的关键所在。一般叙写答辩理由可以从以下几个方面提出：
1. 针对所写事实不实之处进行反驳；
2. 针对适用法律不当进行反驳；
3. 针对对方违反法定程序进行反驳。如已超过诉讼时效或不具备起诉条件等</td></tr>
<tr><td>答辩意见</td><td colspan="2">答辩意见一般分几个层次来写：
1. 根据事实与法律，说明自己某些行为或全部行为的合理、合法性；
2. 指出对方指控的失实程度及其诉讼请求的不合理之处；
3. 提出自己的主张，请求人民法院依法公正裁判。
答辩意见是根据答辩理由得出的结论，可表述为“基于以上事实和理由，请求××人民法院驳回原告的全部请求”，二审答辩状可表述为“请详查事实，予以公正审理”</td></tr>
<tr><td colspan="2" rowspan="3">尾部</td><td>呈文对象</td><td>写明答辩状递交的法院名称。
正文之后另起行空两字写“此致”，转行顶格写“××人民法院”</td></tr>
<tr><td>附项</td><td>写明答辩状副本份数及物证、书证的份（件）数等</td></tr>
<tr><td>落款</td><td>答辩人签名盖章、写明日期。如果有律师代书，应注明律师单位和姓名</td></tr>
</table>

【实例展示】

实例 9-5：

答辩状

答辩人：××省 B 县××银行　地址：××省××县××街×号

法定代表人：张××，行长

委托代表人：××市××律师事务所律师

为××省 A 县××银行某信用社因不服××地区中级人民法院××××年×月×日字第×号经济纠纷判决提出上诉，我方就其上诉理由答辩如下：

1. 上诉人 A 县××银行信用社在收贷时，明知借贷人于某在短时间内不可能合法取得 220 万元用来还贷，但上诉人仍然收贷，这种做法实际上默认了借贷人以不法手段筹措还贷的行为。上诉人明知道借贷人一时无力还贷，仍胁迫借贷人迅速还贷，从而诱发了借贷人诈骗的动机。因此，对于我方被骗的贷款，上诉人负有不可推卸的责任。根据《中华人民共和国民法通则》第五十八条规定，以胁迫手段使对方在违背真实意思的情况下所为的恶意串通，损坏国家、集体或者第三人利益的行为，属于无效的民事行为，所以，一审法院判决 A 县××银行某信用社全数返还贷款是符合法律规定的。

续表

2. 我方向个体户于某贷款是为了让他办公司，搞合法经营，但他却把这部分钱用来还贷，违反了贷款专款专用的原则。因此，个体户于某的还贷行为属于无效的民事行为，A县××银行某信用社的收贷行为也是无效的民事行为，他们之间的收还贷行为不受法律保护。

3. 个体户于某在A县办公司时，其不法经营行为已触犯了刑法，早该绳之以法。但A县××银行某信用社为了收回贷款，不到法院控告个体户于某，害怕他一进监狱，就无力还贷，因此放纵了罪犯，为他到我县进行诈骗行为提供了机会，使不法分子得以继续进行买空卖空的诈骗行为，给我方造成了巨大损失。

我们认为一审法院的判决是公正的，上诉人的上诉理由是没有法律根据的，恳请二审人民法院公正审理，维持原判。

此致

××省高级人民法院

附：本答辩状副本1份

答辩人：B县××银行（盖章）

20××年××月××日

【评析】这是一份二审答辩状，是申请人不服已生效的法院判决，请求重新审理后为二审所做的答辩。首部写了答辩人的情况，内容详细清楚。正文的案由部分写明了答辩的原因，表述清晰。主体部分针对上诉人诉讼理由有的放矢地答辩，其主旨是说明原审判决是正确的，从三个方面对上诉理由进行反驳与分析，条理清晰。最后概括要求二审法院维持原判。此答辩状针对性强，主旨突出，语言准确精练。

【模板归纳】

经济纠纷答辩状的参考模板如下所示。

<table>
<tr><td>经济纠纷答辩状</td><td colspan="2">标题</td></tr>
<tr><td>答辩人：××科技有限公司，地址：××省××市××路××号
法定代表人：钱林平
委托代理人：韩峰，××市立信律师事务所律师
被答辩人：××商贸公司，地址：××省××市××路××号
法定代表人：黄鹏</td><td>当事人基本情况</td><td>首部</td></tr>
<tr><td>答辩人于20××年××月××日收到法院交来上诉人因××案的起诉状（或上诉状），现答辩如下：</td><td>案由</td><td rowspan="2">正文</td></tr>
<tr><td>1. 答辩人与被答辩人于20××年9月3日签订买卖合同壹份，答辩人按照合同约定提供了符合要求的金属探测器，其质量无任何问题。
2. 根据合同第五条约定，若金属探测器有任何质量问题，被答辩人须在签收后3日内提出书面异议，若未提出书面异议视为答辩人提供的金属探测器符合质量要求，但是至今答辩人仍未收到被答辩人的任何书面异议。</td><td>答辩理由</td></tr>
</table>

续表

3. 根据合同的相对性原理，本案的权利义务及违约责任仅限于答辩人与被答辩人之间，被答辩人诉状中提到的××有限公司与本合同及本案无关： (1)答辩人提供的金属探测器符合答辩人与被答辩人之间合同约定的质量标准，且双方并没有约定以第三人(××有限公司)的检验标准作为双方之间的验收标准，被答辩人购买该产品后另行出售、其第三人之间约定的质量标准及该产品是否能够与第三人的产品匹配不能约束被答辩人，对被答辩人不发生法律效力； (2)根据违约责任的相对性原理，被答辩人因与第三人的合同纠纷造成的损失与答辩人无关，其主张要求答辩人赔偿损失 35 600 元无任何法律依据。	答辩理由	正文
综上所述，答辩人提供了符合合同约定的产品且合同已经履行完毕，被答辩人的诉讼请求没有事实和法律依据，请予依法驳回。	答辩意见	
此致 ××××人民法院	呈文对象	尾部
附： 1. 本答辩书副本 1 份 2. 证据：××份	附项	
答辩人：××科技有限公司(公章) 20××年××月××日	落款	

【知识检测】

一、填空题

1. 经济纠纷答辩状的正文包括________、________、________三部分。

2. 经济纠纷答辩状的________部分概括写明针对何人起诉或上诉的何案进行答辩。

二、选择题

1. 经济纠纷答辩状中，(　　)部分是答辩状的关键所在。

A. 首部　　B. 答辩案由　　C. 答辩理由　　D. 答辩意见

2. 为维护自身权益，被告人在答辩状中要针对原告人对被告人的指控进行回答，体现了答辩状(　　)的特点。

A. 针对性　　B. 答复性　　C. 论辩性　　D. 时限性

三、判断题

1. 答辩人应在收到起诉状之起 10 日内提交答辩状。(　　)

2. 答辩状是指被告针对起诉状的内容，进行回答并提出反驳理由的书状。(　　)

3. 答辩状中提出答辩的一方称为答辩人，另一方称为被答辩人。(　　)

四、简答题

1. 什么是经济纠纷答辩书？其具有什么特点？
2. 经济纠纷答辩书的写作结构包括什么？

【应用训练】

一、病文诊改

1. 下文答辩状是一则病文，请分析其存在的问题并进行修改。

答辩状

答辩人(一审被告)：××市凯旋锅炉有限公司

法定代表人：杨××，董事长

作为答辩人，我公司做出答辩如下：

答辩理由：

答辩人认为××区人民法院对本案的判决是正确的，判决根据事实和法律，就原告和被告双方争议的主要问题所做的两项处理决定也是有理有据的。具体分析如下：

(1)确认原告中途退货的根据及理由。上诉人在上诉中提出，合同规定交货日期为2020年11月底，上诉人在2020年12月提出退货，因此不是中途退货，至于上诉人在上诉中提出的，答辩人在2020年12月并未制造出锅炉等，是没有任何意义和根据的。

(2)锅炉在运输中造成的损坏责任划分，原判决基本是正确的。原判决原则上划分了双方的责任，基本正确。原判决原告(上诉人)承担损失的，被告(答辩人)承担损失的，仍不合理，也缺乏根据。我们认为，按照过错责任原则，根据各自应负具体责任划分处理较妥。意见如下：

①答辩人单方发货，应负错发货物的责任，承担往返运费和其他实际支出的费用。

②锅炉造成损坏的损失，是由于上诉人过错延误索赔期限，损失应当全部由上诉人承担。

附件：上诉状副本

答辩人：××市凯旋锅炉有限公司(章)

法定代表人：杨××(签章)

2021年4月8日

2. 下文答辩状是一则病文，请分析其存在的问题并进行修改。

答辩状

答辩人：烁天灯饰有限公司，地址：某市人民路48号，邮政编码：××××××

法定代表人：李林兴，经理

委托代表人：程峰，大成律师事务所律师

答辩人因长明灯饰制造厂(以下简称长明)诉飞逸灯饰有限公司(以下简称飞逸公司)还款一案，现提出答辩如下：

续表

长明与飞逸公司曾签订10万元灯饰的购销合同，由答辩人对有关的款项进行担保，答辩人也在合同上确认了这一点。但是，这种担保只是一般担保，而不是连带担保，按照我国《担保法》的规定，被告飞逸公司是有还款能力的，不应由答辩人承担担保责任。而且原、被告曾就还款事项修改过合同内容，又没有通知答辩人，因此答辩人不应承担担保责任。请法院考虑上述原因，做出公正的判决。

此致

××区人民法院

答辩人：烁天灯饰有限公司

法定代表人：李林兴

20××年×月×日

二、写作训练

1. 请根据下文起诉状，写一份答辩状，事实理由可省略不写。

起诉状

原告：李峰，男，××××年××月出生，北京市××××律师事务所执业律师，住北京市××××××，手机：136××××2522

被告：吕银华，男，湖南省××市××县人民法院院长

案由：名誉权纠纷

诉讼请求：

1. 判令被告向原告公开赔礼道歉，消除影响；

2. 判令被告赔偿原告精神损失费人民币一元。

事实与理由：(略)

北京市××区人民法院

2. 请根据以下案情材料，拟写一份答辩状。

原告：田××，田，40岁，工人，住××市××区××路××号

被告：王小兵(13岁)，2020年4月3日，与同学陈欣玩耍时，曾用土块打陈欣未中，就回到教室。两天后，老师到被告家中通知王小兵将田子涵打伤。被告父母到医院时，田子涵正在看书，三天后，精神也很正常。被告父母要求见医生询问病情，原告父母不同意。田子涵于11月23日出院，但25日再度入院。过了两天，被告父母要求转院到医大一院诊断，原告父母不同意。田子涵12月16日出院，原告起诉。

被告认为：(1)王小兵未必打中田子涵，因为田子涵能继续上课，三天后诊断为颅骨骨折。(2)原告称田子涵已神志不清，与被告所见不符。

3. 请根据下面的案情材料，以原告人的身份写一份经济纠纷起诉状，以两被告人的身份写一份经济纠纷答辩状。

原告人：××市××村民

被告人：××市供种站

被告人：××省水稻研究所原种场

××××年××月××日，供种站将从原种场购买桂花一号早稻种子900千克，分别销售给××村民播种。用种户按照原种场随种子提供的技术资料，对种植在304亩责任田里的早稻实施田间管理，结果出现了抽穗不齐和早熟现象，经××市农业局高级农艺师核实：用种户的早稻亩产量只能达到240千克，比原种场的技术资料中提供的最低亩产量数据少209千克，减产损失达8万余元。经调查，原种场提供给供种站的900千克桂花一号稻种，是区域小面积试种品系，未经省农作物品种审定委员会审定。供种站称，稻谷出现抽穗、成熟不齐的现象后，供种站曾5次电告原种场派人来处理，但原种场均以种种借口未到现场处理，原种场称，××村民使用的桂花一号稻种，是原种场培育的新品种，因为今年气候反常，××村民未能采取相应的栽培措施，以致水稻减产，《种子管理条例农作物种子实施细则》第三十三条规定："未经审定或审定未通过的品种不得经营、生产推广、报奖和广告"；第四十条规定："生产商品种子实行《种子生产许可证》制度。"

参考文献

[1] 钟新. 新编经济应用文写作[M]. 北京:中国人民大学出版社,2019.
[2] 徐顽强. 应用文写作[M]. 北京:科学出版社,2017.
[3] 杨天松. 新编财经应用文写作[M]. 大连:大连理工大学出版社,2018.
[4] 邱宣煌. 财经应用文写作[M]. 大连:东北财经大学出版社,2020.
[5] 刘文琦,吴福才. 新编应用文写作教程[M]. 北京:北京大学出版社,2015.
[6] 程玥. 财经应用文写作[M]. 北京:中国人民大学出版社,2018.
[7] 朱孔阳,潘有华. 应用文写作实用教程[M]. 大连:东北财经大学出版社,2016.
[8] 王世法,李隽,许同桃. 新编经济应用文写作[M]. 大连:大连理工大学出版社,2015.
[9] 刘春丹. 财经应用文写作[M]. 北京:北京大学出版社,2020.
[10] 秦效宏,递春. 财经应用文写作[M]. 北京:清华大学出版社,2020.
[11] 张立章. 企业实用文书写作与范例[M]. 北京:清华大学出版社,2018.
[12] 肖华平. 应用文写作[M]. 北京:科学出版社,2019.
[13] 傅宏宇. 财经应用文写作[M]. 北京:北京大学出版社,2019.
[14] 韦茂繁. 经济应用文写作实训教程[M]. 大连:大连理工大学出版社,2016.
[15] 蔡文泉. 经济应用文写作教程[M]. 北京:清华大学出版社,2019.
[16] 陈承欢. 财经应用文[M]. 北京:人民邮电出版社,2019.
[17] 张耀辉. 简明财经写作[M]. 北京:高等教育出版社,2017.
[18] 王桂清,卢翠莲,王冬艳. 应用文写作教程[M]. 北京:科学出版社,2020.
[19] 杨晶. 经济应用文写作理实一体化教程[M]. 北京:电子工业出版社,2015.
[20] 胡立和. 财经应用文写作[M]. 北京:中国铁道出版社,2019.
[21] 刘常宝. 财经应用文写作[M]. 北京:机械工业出版社,2020.